L'ENNEMI

HÉRÉDITAIRE

LES INVASIONS GERMANIQUES EN FRANCE

L'EUROPE DÉLIMITÉE PAR LA PRUSSE

AVEC TROIS CARTES

PAR

VICTOR DE SAINT-GENIS

Correspondant du Ministère pour les Travaux historiques
Lauréat de l'Institut
Officier des Saints-Maurice-et-Lazare d'Italie, etc.

PARIS
E. DENTU, ÉDITEUR
PALAIS-ROYAL, 17 ET 19, GALERIE D'ORLÉANS
1876
—
Tous droits réservés

L'ENNEMI HÉRÉDITAIRE

POITIERS. — IMPRIMERIE GÉNÉRALE DE L'OUEST.

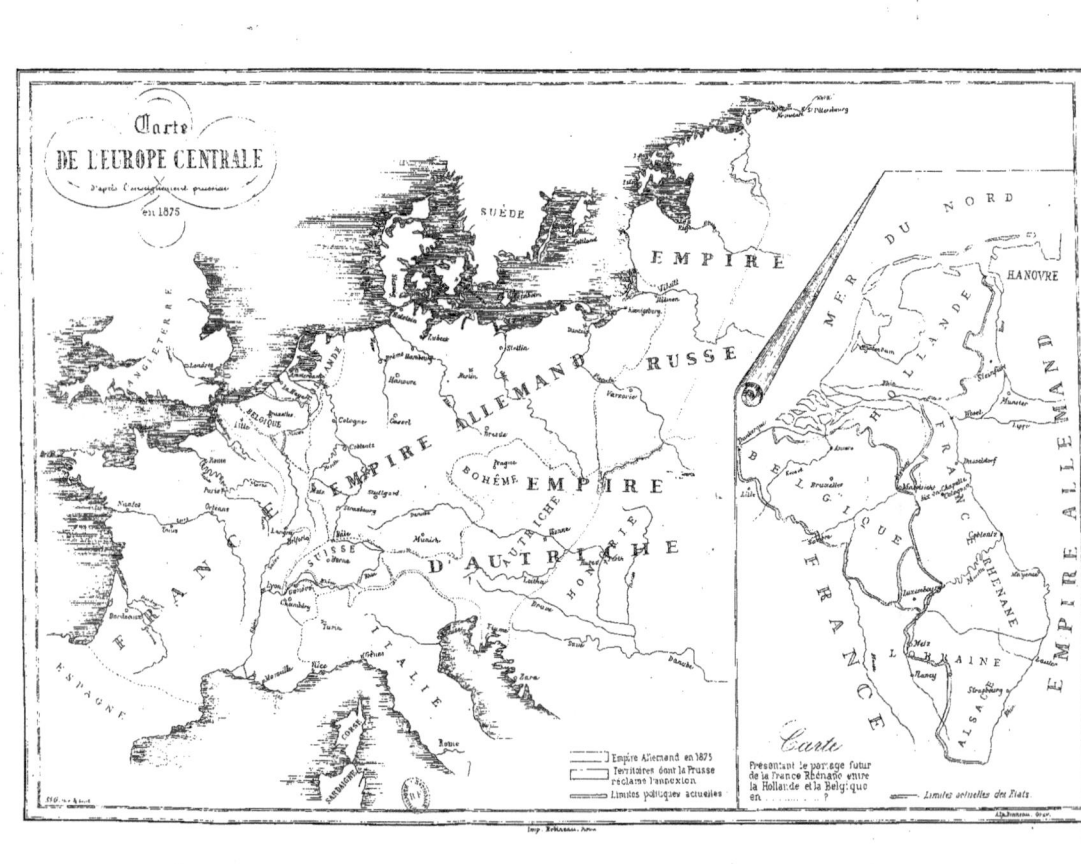

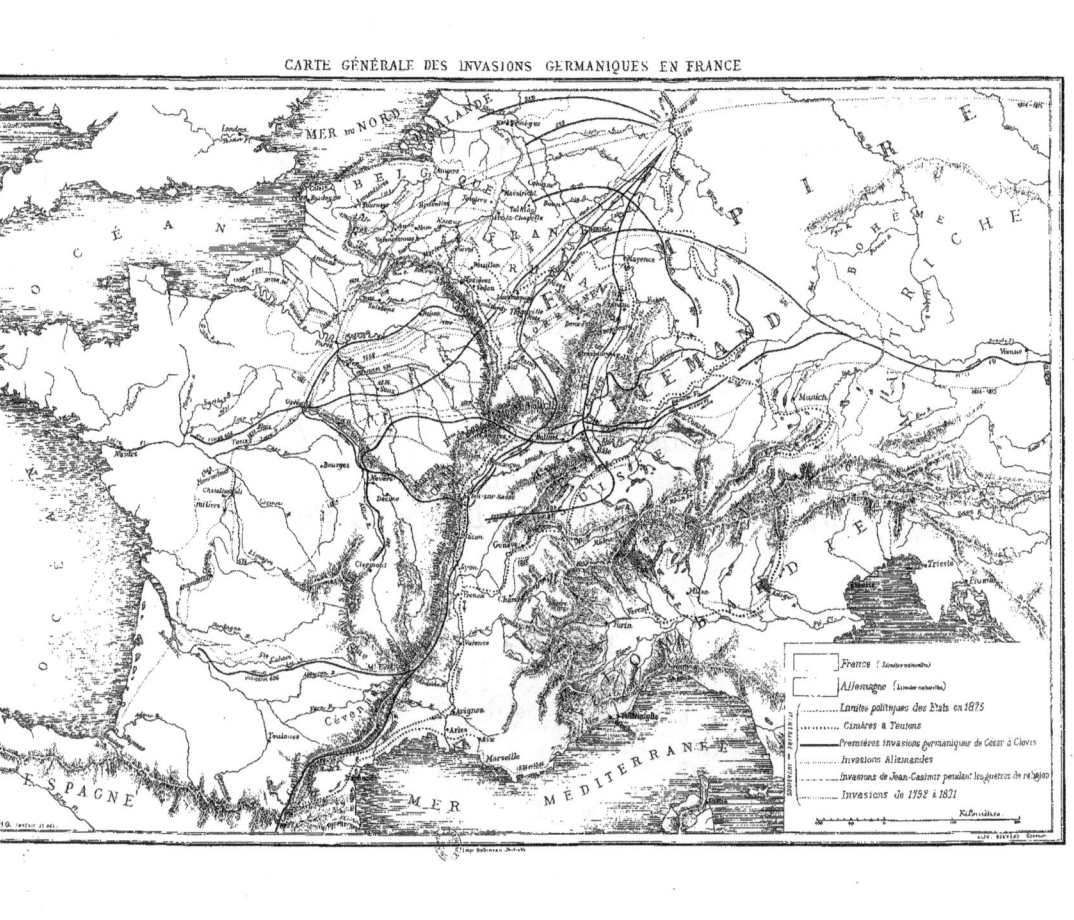

L'ENNEMI

HÉRÉDITAIRE

LES INVASIONS GERMANIQUES EN FRANCE

L'EUROPE DÉLIMITÉE PAR LA PRUSSE

(avec trois Cartes)

PAR

VICTOR DE SAINT-GENIS

Correspondant du Ministère pour les Travaux historiques
Lauréat de l'Institut
Officier des Saints-Maurice-et-Lazare d'Italie, etc.

PARIS

E. DENTU, ÉDITEUR

PALAIS-ROYAL, 17 ET 19, GALERIE D'ORLÉANS

1876

AU LECTEUR FRANÇAIS

—

> *Sine irâ et studio.*
> TACITE.

Le Français sort peu de chez lui, au propre et au figuré. Les peuples voyageurs, les Anglais, les Allemands, les Slaves, sont occupés à courir le monde et à y prendre la place que nos pères s'y étaient faite; nous autres, c'est tout au plus si nous cherchons à savoir ce qui se passe à deux pas de nos frontières : l'insouciance de l'Espagnol, la torpeur de l'Asiatique nous pénètrent insensiblement. Prenez garde !

Il n'y a plus d'esprit public. Nos désastres d'hier semblent avoir effleuré l'épiderme social ; ils n'ont pas creusé la blessure, ils n'ont point *secoué la race*. Telle qu'un violent orage qui brise les arbres, abat les blés, foudroie les toits, *l'année terrible* a passé ; puis, l'eau s'écoule, le vent s'apaise, le bleu reparaît, et l'on sent dans toute la nature comme un frémissement de joie et de surprise. C'est l'égoïsme instinctif qui s'épanouit. Plus profonde a été la chute, plus rapide l'effort du relèvement, plus intense devrait être le travail de réflexion et de méditation d'un pays aussi cruellement frappé que le nôtre par d'ineffaçables et d'inénarrables calamités. Prenez garde!

Nous ne jugeons que par les événements ; il serait temps de mesurer notre opinion à la justice et de ne plus conclure avant d'avoir raisonné. Quand une société se décompose, dira-t-on ; quand il y va de l'existence de chacun et de tous, quand on n'est pas sûr d'un avenir d'un jour, qui se soucie de l'étude? Et qui veut s'apitoyer sur les naufrages du passé lorsque nous nous trouvons engagés dans le naufrage du monde contemporain? Certes, il serait indiscret de tant demander à des hommes qui vont disparaître. Mais il est permis de crier à ces hommes, s'ils sont aveugles et sourds : Prenez garde ! L'abîme est à vos pieds! Saisissez cette corde, ou le flot vous emporte !

La lutte des partis se réveille avec plus d'ardeur que jamais; nous n'avons pas d'alliés ; et, sans l'amitié de la Russie, nous resterions, à toute heure, sous le coup d'une nouvelle invasion. Tout est-il donc à ce point compromis que nous soyions condamnés à subir la dédaigneuse compassion du *Times* et les impertinences de la *Gazette nationale* ?

Non. Pour tranquilliser notre amour-propre et raffermir les imaginations trop facilement ébranlées, il suffit d'ouvrir l'histoire ; non point cette histoire de commande qui sert aux avocats des mauvaises causes à tourmenter la vérité, mais la véritable histoire, celle des documents originaux et des traités publics, dégagés du commentaire de la passion ou du parti pris.

Ce n'est point d'hier que l'Allemagne cherche querelle à la France ; le proverbe n'a pas menti ; et il y a deux siècles et demi que la Prusse prépare notre abaissement.

Les historiens allemands, dans tous leurs livres, avec l'espoir de donner le change à l'Europe, s'élèvent contre *l'ennemi héréditaire* de leur race et accusent la France d'agressions continuelles, opiniâtres, implacables. C'est l'inverse qui est la vérité.

Pourquoi cette haine jalouse ? D'où vient cette hypocrisie qui reproche à autrui le crime qu'on médite ? Un mot de Blaise de Montluc nous révèle ce secret.

C'était au siége du château de Lans, en Piémont,

l'an 1552 ; on hésitait à forcer le passage : *Et,* dit Montluc, *faut-il faire si grand état de ces Allemands? Je gagerais que des 3,000, les 1,500 n'ont point de chausses, et que nos soldats, la plupart, ont chausses de velours et de satin. Laissez-les venir ; nous les épousseterons.*

Oui, c'est parce qu'ils n'ont point de chausses qu'ils veulent prendre les nôtres.

Les Reîtres du XVIe siècle faisaient revivre les Suèves du temps de César et les Germains de Tacite ; les Allemands de 1870 sont toujours des Reîtres. *Le diable, chez nous, n'a que faire de changer de peau,* disait Henri Heine, dans sa brutale franchise.

Feuilletons nos annales, nous y trouverons, à chaque page, la trace des pillages germains et des incendies tudesques. Il est bon que l'on sache ces choses, que l'on en finisse avec la légende de l'ambition française, et qu'on ne perde pas de vue, à l'horizon, la silhouette des uhlans qui nous guettent.

Je ne voudrais pas, pour ce qui me reste à vivre, disait M. de Chateaubriand en 1827, *recommencer les dix-huit mois qui viennent de s'écouler.* Nous pourrions répéter ces paroles mélancoliques à propos de cette navrante période, d'août 1870 à décembre 1871, que nul de nous ne voudrait avoir vécue. Une consolation nous reste, celle de prendre dans le passé la revanche du présent et d'y retrouver ce que peut être l'avenir.

Le faux enthousiasme ne mène pas loin ; l'amour de la patrie, dans sa forme la plus grave et la plus austère, peut seul, en s'enracinant au fond des cœurs, nous rendre à nos destinées.

En écrivant ce livre, mon but a été de montrer que la France n'est pas seule intéressée à étudier dans l'histoire la marche et les progrès de l'ambition allemande, c'est-à-dire de la domination prussienne. Le Danemark (et, avec le Danemark, la Suède et la Norwège), la Hollande, la Belgique, la Suisse, sont menacés comme nous. L'Autriche-Hongrie, *la Russie elle-même,* ne trouvent pas grâce devant les géographes de Berlin, pour qui les limites de l'empire allemand sont la Baltique, la mer du Nord, *une ligne de Boulogne à Langres et à Belfort,* le Jura, *le Rhône,* les Alpes, *la mer Adriatique,* les Karpathes de Hongrie et *la Narova, dans le golfe de Finlande, à trente-cinq lieues de Saint-Pétersbourg.*

Je veux prouver aussi que l'histoire, faussée avec préméditation, est devenue entre les mains des Prussiens une dangereuse hypocrisie. Les Allemands ont envahi *vingt-huit fois* la France, et ils accusent notre ambition ! J'éviterai, dans ce travail pénible, toute vivacité de langage ; je n'emprunterai point à des Français, mais seulement à des étrangers, les dures vérités qu'on a dites aux Allemands. Je ne cherche point à faire détester la Prusse, mais à faire aimer la France; l'esprit de vengeance est un sentiment stérile; il faut éviter les torts qu'on reproche à son ennemi. C'est surtout en face d'une haine froide et patiente qu'il convient de se piquer de courtoisie.

I

Les frontières naturelles de la France et l'unité française. — L'histoire falsifiée suivant les besoins de la politique est, en Allemagne, une arme de guerre et un moyen de gouvernement. — Comment l'enseignement des écoles de Prusse est organisé pour entretenir le Patriotisme et exalter le sentiment national. — Conséquences actuelles des découvertes de l'érudition allemande. — Les limites naturelles de l'Empire allemand en 1875. — L'Europe entière est menacée. — La Prusse doit écraser la France, ou devenir son amie. — La Russie, arbitre de la paix universelle. — Conditions de cette paix.

Tout le monde a entendu parler des *frontière naturelles de la France ;* tout le monde en parle. Mais sait-on bien ce que cela veut dire? A quels besoins répond cette formule? Et surtout ce que cette idée représente, dans les siècles passés, d'efforts obstinés, de combinaisons étudiées, d'héroïsme dépensé?

Quand l'histoire n'est qu'un amas de faits qui n'ont laissé aucune trace, *quand elle n'est qu'un tableau confus d'ambitieux en armes tués les uns par les autres*, autant vaudrait tenir registre des combats des bêtes, disait Voltaire [1]. Son influence grandit à mesure que la portée des événements s'en dégage mieux, que des vues d'ensemble permettent d'apercevoir les vrais motifs de certaines tendances. *La partie la plus essentielle de l'histoire*, écrivait Rollin [2], *est celle qui fait connaître les caractères et les mœurs;* on peut dire que c'est là l'âme de l'histoire, tandis que les faits n'en sont que le corps.

Si donc on veut examiner les causes de cette haine héréditaire que nourrit la Prusse contre la France, puis étudier les faits qui ont créé à ces deux États des intérêts opposés, il faut se reporter aux origines des nationalités européennes. On saisira, par cette étude seulement, la gravité des questions en litige et, se dégageant ainsi des erreurs d'appréciation qu'entraîne l'oubli des événements du passé, on découvrira plus facilement le remède aux maux du présent.

Le récit qui va suivre a pour objet de rappeler à qui l'oublie *ce qui a séparé la France de l'Allemagne* et ce qui nous rapproche des autres peuples, ensuite de raconter sommairement l'histoire peu connue de a frontière de l'Est, et de remettre en lumière les droits anciens, imprescriptibles des Français sur les frontières naturelles de l'ancienne Gaule. Après avoir vu pourquoi et comment nos pères en furent dépossédés dans un équivoque espoir de paix européenne, on sera moins surpris des revendications que la

France n'a cessé de faire d'un territoire qui lui appartient et des efforts que nos voisins ont prodigués pour s'en saisir, croyant ainsi nous tenir en tutelle.

Il y a dix siècles et demi que des politiques clairvoyants imaginèrent de remplacer le Rhin, *ce fossé que le démon de la guerre franchit d'un bond*, dit Schiller, par une solide barrière formée de petits États indépendants, dont la neutralité fit la force, et qui fussent en quelque sorte solidaires les uns des autres. Les évêques qui, l'an 843, rédigèrent le traité de Verdun, voulurent séparer les Gaulois des Allemands par une combinaison politique; ce fut le premier essai d'équilibre européen. Les Allemands ne cessèrent pas de donner l'assaut à cette muraille; les Gallo-Romains et les Franks-Gaulois furent parfois obligés, pour leur propre défense, de l'entamer à leur tour.

Cette zone neutre avait été empruntée par les diplomates du ixe siècle au territoire gaulois, elle était quasi germanisée; à mesure que l'unité française se fortifia, on sentit la nécessité de la ressaisir et de rendre à la vieille Gaule ses limites naturelles des Alpes et du Rhin. Mais le succès est un aussi mauvais conseiller que l'excès du malheur. Chaque fois que la Gaule voulut dépasser la frontière que lui créa la nature, et prendre pied soit au-delà des Alpes, soit dans les vallées du Necker, du Mein et de la Lippe, elle fut rejetée en arrière, et même dépossédée de celles de ces conquêtes qui étaient légitimes : ainsi en 1559 (traité de Cateau-Cambrésis), en 1697 (traité de Ryswick), en 1748 (second traité d'Aix-la-Chapelle), en 1815 (second traité de Paris).

On a écrit l'*Histoire des invasions germaniques en France* [3] ; et l'on a montré ce que fut *la défense nationale* des Gaules aux mains des diverses dynasties qui ont eu l'honneur de constituer ou de refaire la nation française [4]. Mais ce qu'on ne pourra jamais assez mettre en lumière, c'est le caractère intraitable et dominateur de ces soldats du Nord dont les Prussiens de 1870 sont le type le plus achevé, c'est l'appétit inassouvi qui les pousse de leurs plaines sablonneuses et de leurs froides forêts dans nos vignobles et dans nos villes, c'est le danger de laisser notre généreuse imprévoyance en contact avec ces instincts patients et ces surprises préméditées.

A d'autres de se débattre dans les rancunes de l'esprit de parti, dans les ambitions malsaines et les petitesses de la politique au jour le jour ; interrogeons l'histoire, sans illusions comme sans jactance ; nous y trouverons la réponse à bien des préjugés. En France, le rôle des publicistes est de suppléer à l'insuffisance de l'instruction, et de mettre l'histoire à la portée des intelligences paresseuses où nul n'a jeté la lumière et la chaleur du Patriotisme.

Sachons apprécier dans nos ennemis certaines qualités qui nous manquent; et ne craignons pas d'admirer en eux des vertus civiques et des habiletés nationales dont nous avons l'instinct, mais que notre légèreté proverbiale juge inutile de développer.

Qui donc dans nos écoles de village, et même dans nos lycées, parle de Patrie? En France, où tout se fait par programme et règlement, quels sont les moyens mis en œuvre pour intéresser les jeunes générations à l'histoire nationale et les imprégner de ce sentiment qui fait les grands citoyens, si humble que soit leur destinée?

En Allemagne, au contraire, l'instruction, dans les écoles de garçons et dans les écoles de filles, se fait l'auxiliaire intelligente du patriotisme. *Le passé de l'histoire germanique depuis les temps les plus reculés est présenté en une série de tableaux qui sont faits pour transporter de jeunes têtes* [5]. En France, nous dépeignons les premiers temps de notre histoire comme une époque de barbarie et de superstition; il a fallu que le contact des Romains et des Grecs apportât une civilisation supérieure, que le christianisme répandît des croyances plus élevées et une morale plus pure. Chez nos voisins, le temps de leur vie sauvage est présenté comme une époque de force intacte et de noble indépendance. Tout est calculé pour provoquer l'enthousiasme dans une imagination un peu vive. La suite de l'histoire est traitée dans le même esprit; la vieille littérature nationale, des gravures, des éditions populaires, des cartes, tout est prévu pour séduire et diriger l'intelligence de l'enfant et l'habituer à ne rien voir de plus noble, de plus digne de respect que le passé de son pays : c'est ainsi qu'on obtient cet enthousiasme réfléchi, cette foi profonde, ce sentiment exagéré du devoir qui lui rend tout permis, tout possible, justifiant l'espionnage, le mensonge, et même le vol, quand il s'agit de la Patrie.

Quand donc mettrons-nous, en France, le patriotisme dans l'enseignement, sans toutefois le dépraver à ce point, et quand donnerons-nous à nos professeurs, à nos maîtres d'école, cette situation de *magistrats* dont ils exercent les fonctions? Mais il faudrait avant tout nous dégager des toiles d'araignée de la politique.

Les Allemands, dont le sens pratique est remarquable, n'acceptent de changement qu'à bon escient et sont hostiles à toute innovation qui modifie des habitudes anciennes et des résultats éprouvés; ce n'est pas chez eux qu'on accepte ou qu'on rejette une loi en raison uniquement de l'homme qui la propose. La méthode domine tout en Allemagne. C'est à l'esprit de suite, à l'obéissance à la règle, au respect des maîtres que la Prusse a dû ses succès. Son développement a été comme une dernière invasion de barbares, non pas une invasion naïvement brutale à la façon des hordes germaniques du ve siècle, mais une invasion civilisée, d'autant plus redoutable qu'elle mettait les arts, la science, la littérature au service de son ambition, et que, dissimulant ses desseins avec adresse, elle pesait sur l'opinion avant de brusquer ses coups de force.

Un des traits les plus saillants du caractère allemand est cette simplicité relative, mêlée d'une souplesse d'instinct, qui lui rend l'obéissance facile, même dans des conditions qui paraîtraient insupportables à un Français. La domesticité, en Allemagne, n'est pas une profession ; c'est une étape de la vie qu'il faut que chacun traverse. De là des accommodements dont un gouvernement absolu, rigide, habile, se sert pour le profit de la nation. Les ingénieurs tournent vers l'art de la guerre toutes les ressources de leur esprit ; les artistes, les poëtes, reçoivent mission de faire revivre les ancêtres en les idéalisant ; les émigrants, de tout sexe, de toute condition, dispersent leur curiosité patriotique sur la surface du globe ; l'histoire devient la complaisante de la politique.

Nous avons appris à nos dépens ce que cachait de trames sourdes *l'érudition allemande*. Leurs savants ont refait l'histoire romaine pour s'y mêler en la falsifiant ; *ils ont remis la vie aux veines de l'Europe*, et, à les croire, toutes les nations de l'univers ne sont que des essaims sortis de la souche teutonique [6]. Un ethnographe d'outre-Rhin appelait récemment l'Angleterre une île allemande *(eine deutsche Insel)* [7] ; d'autres ont essayé de nous brouiller aussi avec les Italiens. La tâche était malaisée ; ils ont été près d'y réussir tant leur haine est ingénieuse. Pourtant, les migrations du Nord ont toujours menacé à la fois la Gaule et l'Italie ; les deux nations

— 8 —

sœurs seront à perpétuité le double objectif des attaques de la race allemande. Les invasions teutoniques n'ont-elles pas laissé dans la Péninsule des traces ineffaçables ? Qui donc en a chassé les derniers soldats ? Et contre quel peuple les Prussiens viennent-ils d'élever la statue d'Hermann, ce facile vainqueur du guet-apens où périt Varus ?

Mais qui se soucie de la vérité historique chez nos savants ennemis ? L'essentiel n'est-il pas d'obéir au mot d'ordre et d'apprêter pour les conquêtes futures des armes de toutes sortes ? Aussi le poëte populaire de Londres a-t-il pu s'écrier :

> Where is the German Fatherland ?
> Wherever greed can close her hand,
> Wherever power can crush the weak,
> Or war can sheath her bloody beak
> In Freedom's heart, there take your s'and,
> There, German, is your Fatherland [8] !

En ce qui concerne la France, les Prussiens furent à la fois plus audacieux, plus habiles et plus heureux. A les entendre, jamais le flambeau de l'histoire n'avait été porté d'une main plus ferme jusque dans les plus secrètes ténèbres des siècles évanouis. Nous-mêmes, si ignorants de notre propre passé, nous avons failli les croire. Les discours de M. Dupin aîné, de M. Thiers, les livres de M. François Combes, de M. Cherbuliez, de M. de Laveley, de M. de Quatrefages, de M. Jules Zeller, de M. Saint-René Taillandier, ont à peine suffi à nous désabuser.

Depuis deux siècles, les Prussiens écrivent et font écrire que la France, ambitieuse, insolente, révolutionnaire, est possédée de l'esprit de conquête, *qu'il faut la brider et serrer le mors*, qu'elle est pour la paix du continent un éternel foyer d'incendies. Ils ont transformé, dans leur enseignement historique, leurs propres attaques en guerres défensives, et ils démontrent, dans leurs écoles, que les invasions germaniques en France n'ont jamais été que les revanches des invasions romaines, gauloises et françaises.

Rien n'est plus faux. La France, incessamment assaillie *par la rapacité germaine*, selon le mot de Tacite, a perdu de bonne heure, sous le flot des invasions, ses frontières naturelles du Rhin et des Alpes; elle n'a, dans le cours des siècles, tenté de les ressaisir *ou de les confier à des voisins amis et neutralisés* que dans un intérêt de défense nationale, justifié par les assauts de l'Allemagne au Nord et à l'Est. C'est le premier empereur allemand de la dynastie saxonne, Othon le Grand, qui enlève pour la première fois l'Alsace à nos pères, vers l'an 955. Cette vaillante province *rachetée* par nos rois en 1648, du consentement de l'Europe, nous est arrachée de nouveau, en 1871, par le premier empereur allemand de la dynastie des Hohenzollern.

C'est le saint-empire romain-germanique qui, pendant des siècles, lutte contre les ducs de France et les rois de Bourgogne et d'Arles en Lorraine, dans les vallées de la Moselle et de la Meuse, en Bourgogne, en Suisse, en Savoie, en Provence, dans les vallées de la Saône et du Rhône. La race tudesque emploie mille ruses pour pénétrer au cœur des Gaules comme au cœur de l'Italie : arbitrages, querelles religieuses, mariages, successions contestées, testaments contredits, achats de droits équivoques, guerres, vols, invasions. Il n'est point d'annales plus dégouttantes de sang et de hontes que celles de ces princes tudesques, tant de fois couronnés par les Italiens, tant de fois battus par les Français.

Les Allemands ont envahi la France *vingt-huit fois*, pour ne parler que des grandes guerres ; ces invasions furent repoussées vingt-cinq fois ; nous sommes moins heureux que nos pères. Ils ont assiégé Paris *quatre fois*, en 977, en 1814, en 1815 et en 1870. Ils avaient brûlé Milan et Rome sept fois.

A quelles époques avons-nous envahi le sol allemand, à moins d'y être forcés pour notre défense ou entraînés à la poursuite d'armées en déroute? Et, quand nous sommes revenus de ce côté du Rhin, sur la terre française, étions-nous chargés de sacs pleins d'or et de bijoux comme les Reîtres de Jean-Casimir ? Traînions-nous derrière nos canons de pesants chariots comme les soudards de Blücher ou les Poméraniens de Werder? Il serait instructif de calculer le profit matériel que les Allemands ont retiré de ces vingt-huit invasions. Ce serait possible à partir du xvi⁰ siècle; mais on taxerait ces évaluations d'excessives, malgré leur indiscutable authenticité, et il vaut mieux qu'on ne sache pas *à quelles saignées*, comme disait Blaise de Montluc, peut suffire l'épargne française.

A plusieurs reprises, en 843 *(traité de Verdun)*, en 1610 *(projets de fédération d'Henri IV)*, en 1632 *alliance avec la Hollande et la Suède)*, en 1704 *(projets de neutralisation de la Savoie, de la Lorraine et des évêchés de la rive gauche du Rhin)*, en 1812 *(essai d'équilibre allemand et slave)*, en 1831 *(conférence de Londres)*, des politiques à vues prévoyantes, essayèrent de transformer les deux rives du Rhin en une zone d'États neutralisés, destinés à protéger la France, laborieuse, productive, intelligente, contre les furieux assauts des besoigneux du Hartz ou des affamés de la Poméranie.

Ils échouèrent devant la haine héréditaire que portent certains Allemands à tout ce qui est plus riche et plus heureux qu'eux-mêmes. La falsification de l'histoire avait pour objet d'exalter l'idée nationale du *Vaterland*, tout en jetant des doutes sur le droit de propriété, sur l'origine et l'autonomie des peuples dont on convoitait les dépouilles. Les Universitaires prussiens l'avouent; ministres et professeurs ont un but unique : discréditer la nation française, irriter contre elle le sentiment national, prouver *que l'invasion est une revanche et la conquête une restitution*.

Les preuves abondent pour établir que l'enseignement allemand prend soin d'armer l'élève non pas seulement pour le combat de la vie, mais *pour la lutte historique des nations et des races.* Le mot d'ordre est de faire passer les Français pour les éternels ennemis de la paix ; on suppose que l'ambition, l'orgueil national ont été le motif de tous les événements de notre histoire [9]. Le programme du collége de Magdebourg, pour l'année 1856, s'exprime ainsi :

Quand ce devrait être aux dépens d'autres sciences, il faut implanter par l'histoire et par la géographie nationales le patriotisme dans les âmes juvéniles. Laissez donc de côté les mathématiques, si vous manquez de temps pour montrer ce voisin de l'Ouest, que Dieu a placé près de nous comme les Cananéens pour les enfants d'Israël; laissez l'algèbre et la logique, si vous manquez de temps pour comparer la vieille frontière allemande à celle que nous ont donnée les traités publics, pour secouer les jeunes âmes par le terrible châtiment de Dieu, lequel a livré l'Alsace aux mains des Welches pour avertir et pour punir l'Allemagne.

Par un procédé que je m'abstiens de qualifier, mais qui n'est, après tout, que la déduction logique de cet amas de faussetés qu'élaborent si patiemment nos voisins, et avec tant de succès, on vante la loyauté allemande par opposition à la perfidie française. *Nous ne faussons pas l'histoire et la géographie,* ose dire le professeur Palmer [10], *comme on le fait de l'autre côté du Rhin, où l'on inculque à chaque enfant de la grande nation, comme un dogme sacré, comme une volonté divine méchamment méconnue par les hommes, que la frontière naturelle de la France est le Rhin.*

C'est par de tels moyens qu'on perpétue la colère et l'indignation, qu'on pousse aux représailles de griefs déjà maintes fois vengés ; c'est ainsi que, *chez les Allemands, le ressentiment augmente avec l'instruction.* Ce sont leurs Universitaires qui ont bombardé Paris.

On ne saurait trop répandre la connaissance de ces faits. Notre insouciante légèreté, se moquant du *chauvinisme*, a singulièrement altéré le patriotisme. On éprouve quelque gêne à laisser voir qu'on souffre des humiliations de sa patrie et qu'on s'enorgueillirait joyeusement de ses victoires. La réaction se fait enfin contre cette peste morale de l'indifférence ; chacun y doit aider, dans la mesure de ses forces.

Arrière ces utopies d'un idéal humanitaire qui serait la confusion des langues et le chaos des destinées sociales ! Ne sacrifions jamais la grande image de la Patrie à ces rêves-creux de la solidarité humaine.

Chaque fois que la France est menacée dans le principe vital de son indépendance par le contact immédiat d'un puissant et jaloux ennemi, l'équilibre de l'Europe est atteint. Par un juste retour, cet équilibre est également troublé lorsque la France, dans ses légitimes tentatives pour ressaisir les frontières naturelles qu'on lui retient, dépasse ces frontières et, entraînée par le succès, exagère la mesure de ses réclamations.

La leçon que nous tirons de notre histoire est double. En premier lieu, toutes les fois que la France a défendu les États secondaires, les a groupés autour d'elle, les a réunis en un faisceau pour constituer ou maintenir l'équilibre européen, vieux mot, mais chose toujours actuelle, vivante et nécessaire, autant de fois elle a été victorieuse. Quand, au contraire, elle a sacrifié l'intérêt des nations ou l'indépendance de ses alliés à l'ambition des dynasties qui la gouvernaient, elle a été écrasée par des coalitions. L'unité française a pour appuis nécessaires les petites et sympathiques nationalités qui lui font comme un rempart d'amitiés fidèles.

« *La nationalité*, disait un homme illustre dans
» une circonstance mémorable [11], *c'est ce que le
» temps a fait de nous*, en nous faisant vivre pendant
» des siècles les uns avec les autres, en nous inspi-
» rant les mêmes goûts, en nous faisant traverser
» les mêmes vicissitudes, en nous donnant pendant
» des siècles les mêmes joies et les mêmes douleurs.
» Voilà ce qui constitue la nationalité, et celle-là est
» la seule véritable, la seule universellement recon-
» naissable par les hommes. »

Les Prussiens n'ont pas de la nationalité cette idée aussi large que juste. *Ubi præda, ibi patria*, disait d'eux Pomponius Méla : *ils considèrent comme leur patrie tous les pays où ils peuvent satisfaire leur passion de conquête,* et je traduis ainsi par discrétion. Leurs mœurs sont restées les mêmes, et aussi leur procédé favori de combat [12].

Une nation qui conserve à travers les âges les caractères essentiels de son origine barbare est redoutable. Cette race prolifique, exubérante, habitant un sol aux deux tiers ingrat et qui ne peut nourrir ses habitants, a l'instinct et le génie de l'invasion. La civilisation leur a donné une sorte de pudeur ; au lieu de se jeter brutalement sur leur proie, ils commencent par l'assiéger de réclamations, de querelles, de revendications, et tout ce verbiage donne une apparence légale à leurs entreprises les plus injustement audacieuses. Ils ont inventé la prescription par l'effronterie.

En effet, tandis qu'ils se posaient en victimes héréditaires des soi-disant agressions latines, les Allemands du Nord, appliquant les principes émis dans leurs livres et plantant audacieusement sur le terrain du voisin les jalons posés dans l'opinion par leurs historiens en renom, revendiquaient dans leurs cartes, dans leurs écrits techniques, au nom de la science pure, de la vérité naturelle, les droits qu'ils ne tarderont pas à faire passer de la théorie dans la pratique, de l'idée spéculative dans le domaine de la politique.

Le *Traité de géographie* de Daniel, dont l'usage officiel est prescrit dans toutes les écoles publiques de la Prusse, contient, au début, le passage suivant que je traduis textuellement de l'édition de 1875[13] :

« — Les limites naturelles de l'Empire allemand
» sont la Baltique, la mer du Nord, *la ligne de par-*
» *tage des eaux entre le bassin du Rhin et le bassin*
» *de la Seine courant de Boulogne à Langres*, les monts
» Faucilles, le Jura *qui sépare comme une muraille la*
» *France de l'Allemagne,* le *Rhône,* les Alpes, *l'A-*
» *driatique* (golfe de Fiume), les Karpathes de Hongrie
» et la Narova, dans le golfe de Finlande, à *trente-*
» *cinq lieues de Saint-Pétersbourg.* — Les limites
» politiques de l'empire allemand (lisez: *de la Prusse*
» *dirigeante*) sont de beaucoup en arrière, en 1875,
» de ses limites naturelles, *et nous avons le regret*
» *d'avouer que le tiers environ de la patrie alle-*
» *mande est encore retenu par nos voisins.* »

Ce n'est donc pas la France seule que menace cet esprit intraitable et absorbant, d'autant plus dangereux qu'il prélude à ses violences par d'hypocrites revendications qu'il prétend imposées par une science dont il dicte les concessions et par un sentiment national dont il a lui-même prévu, conduit et réglé l'explosion. *En tout ceci,* ajoute avec une feinte bonhomie le rédacteur officiel de l'enseignement primaire prussien, *les Allemands n'invoquent pas le droit brutal de la conquête; ils s'appuient uniquement sur la nature et sur les traditions du passé.*

C'est à ce titre que la Prusse, d'un trait de plume, s'annexe, à l'Ouest, le Danemark, la rive gauche du

Rhin, des Alpes *et du Rhône* jusqu'à la mer, c'est-à-dire la Hollande, la Belgique, le Luxembourg, l'Artois, la Flandre, la Lorraine; au Sud, la Suisse; à l'Est, les provinces allemandes de l'Autriche, *la Bohême;* au Nord, la Pologne et les provinces slaves, comprises entre la Vistule, la mer Baltique et la Narova, et que, recommençant contre la Russie l'invasion des XIIe, XIIIe, XIVe et XVe siècles en Livonie et en Courlande, s'emparant pour y jeter ses flottes futures des ports de l'Elbe, du Zuiderzée et de l'Escaut, elle ose prendre pied dans la mer Adriatique, menaçant ainsi les ports italiens, les ports austro-hongrois, et laissant deviner son rêve d'Orient, cette chimère qui a toujours passionné, entraîné et perdu les peuples du Nord.

L'Autriche et la Russie ne prennent point encore au sérieux les forfanteries des maîtres d'école prussiens; mais la semence qu'on jette dans les cerveaux des jeunes générations allemandes fermente et lève; encore un peu de temps, et lorsque retentira soudain le canon d'un second Sadowa ou d'un autre Sedan, nous aurons à combattre des soldats enflammés par l'orgueil de la victoire et par la conviction qu'en envahissant ou l'Autriche, ou la Russie, ou la France, ils ne font que ressaisir le vieil héritage de leurs pères, spolié par d'ambitieux voisins.

Les Hohenzollern du XIXe siècle sont plus redoutables que les Habsbourg du XVIe et du XVIIe; le péril a passé du midi au nord de l'Europe, des mains catholiques aux mains protestantes, et il s'en est accru, n'ayant plus de contre-poids. La Russie, qui a tant fait pour l'unité française, en 1815, en 1818, en 1871, en 1875, et à qui la France en reste profondément reconnaissante, la Russie peut seule conjurer le danger. L'Angleterre s'est désintéressée, sans à propos ni honneur, des affaires du continent. Mais il est encore trois nations vaillantes, auxquelles nous attachent des liens étroits de sympathie et de gratitude, la Suède, le Portugal, l'Italie, et qui seront avec nous dans cette coalition pacifique.

Ce qu'il faut répéter à l'Europe, ce qu'il nous faut apprendre nous-mêmes, nous qui l'avons trop oublié, c'est ceci.

Depuis les origines historiques, le Rhin a séparé deux races qui n'ont pu se mêler ni s'unir ; la nécessité de défendre son unité a toujours jeté la France sur les Alpes et sur le Rhin, et l'y jettera toujours. L'œuvre de la vieille royauté française a été de reconstituer l'antique unité gauloise, brisée par l'invasion des Barbares ; c'est le devoir national auquel, d'instinct, a dû se consacrer chacune des dynasties de nos princes. Après la royauté traditionnelle, l'Empire lui-même, né d'un droit public nouveau, a maintenu ce pacte avec l'histoire.

Aujourd'hui, quelles que soient les destinées intérieures de la France et les transformations possibles de son gouvernement, il est une nécessité à laquelle elle ne saurait échapper, celle de ressaisir les moyens de vivre et de compter en Europe. Morcelée, vaincue, atteinte dans sa dignité et dans son histoire, la France portera au flanc une plaie saignante tant qu'elle n'aura pas recouvré les provinces qui, au temps de César et de Tacite, lui servaient de barrière contre les hordes affamées sorties des forêts teutoniques, provinces que lui fit perdre la première coalition de l'an 843 et que Louis XIV et Napoléon Ier avaient reconquises sur l'Allemagne.

Mais l'heure de cette restitution est entre les mains de la Providence. Nos prévisions humaines, surtout à une époque où les chutes inattendues sont si soudaines, ne peuvent s'étendre sans présomption à des changements qui impliqueraient le rétablissement complet de l'équilibre européen, renversé une première fois en 1815, une seconde fois en 1866.

Le désir de la paix est universel en Europe, et cependant la guerre est imminente. Tout le monde le dit, tout le monde le sent et le pense. La Prusse ne peut porter longtemps encore sur ses épaules le poids trop lourd de la victoire ; elle a peur que sa proie ne lui échappe, que ses annexions allemandes ne se dérobent à sa dictature, que le catholicisme de la Bavière, de la Saxe, de la rive gauche du Rhin ne se lasse de la persécution, que l'Angleterre ne se fatigue de la voir avancer la main sur la Belgique et la Hollande, que l'Autriche ne se sente étouffée par le sang de Sadowa et les États scandinaves exaltés par les hontes héroïques du Sleswig. La Prusse arme sans relâche ; elle se hérisse de fer et d'acier ; elle épuise nos milliards, et, quand il ne lui restera plus que son crédit, il faudra s'arrêter : ou désarmer, ou envahir. C'est la guerre à brève échéance. Le ver rongeur du déficit tue la Prusse ; et, dans son suicide, elle voudra entraîner l'Europe qui la jalouse et qui la craint.

Pourquoi ne pas essayer avant la guerre ce qui serait le résultat inévitable de la guerre ?

Depuis quelques semaines, il semble qu'un mot d'ordre ait été donné à la presse étrangère ; les organes les plus accrédités de la publicité internationale s'accordent à faire remarquer *les symptômes d'un rapprochement sensible entre la France et l'Allemagne*. Pour qu'on s'impressionne à Vienne, à Rome, et même à Londres, de symptômes encore inaperçus en France, ne faut-il pas que quelqu'un y ait intérêt ? Et, si la politique, jusqu'ici âpre et hautaine, de M. de Bismarck vis-à-vis de la France s'est modifiée dans un sens plus conciliant, est-il présomptueux de supposer que le secret de ce brusque changement d'allures réside uniquement dans la nécessité ?

Rien n'est bien solide en Europe ; nul ne peut prévoir les hasards du lendemain ; l'Allemagne a besoin de se mouvoir librement en face des complications possibles. Elle ne le peut faire tant qu'à deux pas d'elle s'agite une France fiévreuse, inquiète, ulcérée. Une telle situation, aussi tendue, aussi délicate, ne peut durer. *La Prusse ne peut vivre avec ce vautour au sein*, selon le mot du prince d'Orange. Quel remède? Anéantir la France ou s'en faire une amie; point de milieu entre ces deux alternatives, également audacieuses, si l'on réfléchit à l'état de malaise où se traîne depuis bientôt six années la diplomatie des gouvernements européens.

M. de Bismarck, plein d'illusions dans sa puissance, a eu pour première pensée d'écraser la France, *cet ennemi héréditaire*, comme disent les historiens prussiens et les annexés à leur solde. Quelle plus facile et plus simple solution de la question d'Alsace! Les motifs de rupture étaient nombreux ; s'ils avaient manqué, n'était-il pas toujours aisé d'en faire surgir? Une brusque invasion ne pouvait rencontrer de résistance sérieuse ; quelques milliers de braves gens tués à distance par l'artillerie du baron Krupp, et la France, enfin démembrée, abandonnait à l'empire allemand ces fameuses frontières naturelles du *Vaterland* qui suivent la ligne de partage des eaux entre le bassin de la Seine et le bassin du Rhin, ainsi que l'enseignent aux petits Prussiens tous les maîtres d'école de la Moselle jusqu'au Niémen. A deux reprises, depuis deux ans, la clairvoyance et l'équité de l'empereur de Russie ont sauvé la France de cet attentat et l'Europe d'une terrible secousse.

M. de Bismarck a compris par cette double déception que le temps des coups de force était passé. Le résultat de la persécution qu'il dirige depuis quatre ans contre les catholiques allemands avec une ténacité si impitoyable, un luxe d'arguments si raffiné, lui prouve que l'intérêt immédiat n'est pas l'unique mobile de l'homme, que toutes les consciences ne sont pas vénales et que si le temps amortit les afflictions et les querelles parce qu'on change, il est certaines grandeurs morales, la foi, la justice, contre lesquelles la force ne prévaut point, si victorieuse qu'elle ait paru un instant.

Il a tourné, paraît-il, du violent au pacifique. Il n'est sorte d'avances que ses agents ne fassent, dans la presse, dans les salons, dans les rencontres internationales, aussi bien à *l'Exposition florale* de Cologne qu'au *Centenaire* de Michel-Ange, à ces Welches qu'il y a trois mois la *Gazette nationale* vouait à l'exécration des races futures comme les plagiaires de Varus.

Cette liberté d'action que recherche la Prusse, elle ne peut la ressaisir qu'en s'assurant l'alliance de la France, ou tout au moins sa neutralité. *Puisque l'Allemagne ne peut détruire sa rivale*, disait récemment le journal *l'Italie*, dont les attaches avec le Quirinal sont bien connues, *il faut qu'elle s'en fasse une amie; sans quoi elle devra renoncer, pour bien longtemps peut-être, à une action dirigeante sur la marche des affaires européennes.* Cet abandon d'un rôle actif et prépondérant est-il possible de la part d'un homme de la trempe de M. de Bismarck ? Et la souplesse de son esprit ne trouvera-t-elle pas mille moyens d'arriver au but sans avoir l'air de rompre avec ses desseins primitifs?

La crise financière et commerciale que subit l'Allemagne ne doit pas davantage être étrangère aux nouvelles résolutions que témoigne la Prusse. Ce pays, qui a encaissé nos milliards, est forcé de recourir aux mêmes impôts que nous-mêmes; le travail s'y ralentit, l'argent y est rare, la misère y monte du peuple à la bourgeoisie.

La France, pour sa part, repousse la pensée d'une revanche armée. Ce qu'elle souhaite, ce que tout bon Français doit appeler de ses vœux, c'est le retour aux saines traditions de la diplomatie d'avant 1789, alors qu'on se préoccupait moins de la dynastie que du pays, d'un soi-disant principe que de la nation, et que les ministres ne se croyaient pas le droit, s'ils tombaient, d'essayer leur apologie en violant le secret des papiers d'État.

Mais, dira-t-on, comment résoudre brusquement un problème qui a causé vingt siècles de guerre? Comment supprimer la plus irritante de nos blessures? Ce livre a pour dessein de le démontrer; *neutralisation du Rhin*, extension dans les limites de la France rhénane de la Hollande et de la Belgique, pour suppléer aux conquêtes que les Français ne peuvent plus tenter en-deçà du Rhin sans ingratitude; *rachat de l'Alsace et de la Lorraine;* telles sont les trois conditions auxquelles l'Europe peut espérer cette paix perpétuelle que les arbitrages n'obtiendront jamais, sans cela, que boiteuse et provisoire.

M. de Bismarck a commis une lourde faute en exigeant le démembrement de la France ; il est encore temps de la réparer. Puisque nous sommes retournés au temps de Pomponius Méla et des prisonniers qu'on vend pour battre monnaie, puisque l'Europe indifférente comprend à peine que son tour est venu, échangeons nos filles prisonnières contre de l'or ; elles ne nous furent jamais plus chères que depuis que nous les avons perdues.

Les préparatifs de guerre engendrent la guerre ; les arsenaux de toutes les nations enfouissent des trésors qui, d'ici à quelques mois, vont peut-être se dissiper en fumée sinistre, jetant le deuil parmi des milliers de familles. Arrêtez tout cela. Qu'un congrès fixe la rançon de l'Alsace et de la Lorraine. La France est assez riche pour payer sa gloire, disait-on en d'autres temps ; elle l'est certes assez pour payer sa tendresse. Le travail annuel de ses enfants, leur épargne, les bénédictions de Dieu sur un pays qui se reprendrait à prier, à obéir et à vaincre, lui auront vite rendu les deux milliards que réclamerait peut-être l'avidité besoigneuse de nos voisins.

Ce qui suit est la preuve que cette solution est possible, qu'elle est nécessaire, urgente, indiscutable, si mieux on ne veut encore déchaîner la tempête ; et, hormis Dieu, qui sait où, cette fois, tomberait la foudre ?

II

Les Alpes et le Rhin, limites naturelles de la Gaule avant la conquête romaine. — Instincts contraires des races gauloise et germanique. — Les Allemands jugés par les auteurs anciens.

Tout ce qui tombe dans le Rhin est allemand, dit un proverbe tudesque. D'où la conséquence, poussée jusqu'à ses limites extrêmes par l'enseignement scolaire prussien et la géographie officielle, que le versant occidental du bassin du Rhin, c'est-à-dire *les vallées de la Moselle, de la Meuse, de l'Escaut appartiennent à l'Allemagne,* prétention qui reporte la frontière française entre les sources de la Lys et celles de la Canche.

Cette nouveauté s'appuie-t-elle sur des raisons péremptoires? Le Rhin n'est-il plus un fleuve international? Trouve-t-on dans les auteurs anciens et dans la géographie historique du passé des données suffisantes pour trancher le débat?

Les premiers écrivains qui ont traité de la géographie de l'Europe occidentale ont distingué la Germanie des Gaules. « La Gaule, dit César, se divise entre les Belges, *séparés des Germains par le cours inférieur du Rhin;* les Celtes ou Gaulois qui, par la tribu des Helvètes, *s'étendent jusqu'aux Alpes et au cours supérieur du Rhin;* et les Aquitains, entre les Pyrénées et l'Océan [14]. »

« *La Germanie,* reprend Tacite, *est séparée de la Gaule par le Rhin,* des Rhétiens et des Pannoniens par le Danube, des Sarmates et des Daces par une crainte réciproque ou par de hautes montagnes [15]. »

Il fut un temps, ajoute César, *où les Gaulois surpassaient les Germains en valeur, portaient la guerre chez eux, et envoyaient au-delà du Rhin des colonies pour soulager leur territoire d'un excès de population* [16].

Puis, les Gaulois, décimés par la guerre latine, affaiblis par la double invasion du luxe et des armes de Rome, pressés au Nord et au Midi par des ennemis bien différents, mais également implacables, se laissèrent envahir à leur tour. L'inépuisable fécondité germaine les inonda d'émigrants, avides, affamés, *et le grand fossé du Rhin* servit de champ clos à ces luttes sans cesse renouvelées et dont le début se perd dans la nuit des temps.

Car, remarque Tacite, en rappelant les primitives invasions des Gaulois au-delà du Rhin, *quel faible obstacle qu'une rivière pour empêcher la nation devenue la plus forte de changer de demeure et de* s'emparer de pays sans frontières, et qui n'étaient pas encore partagés en royaumes [17] ?

Les dissensions intestines des Gaulois ont toujours causé leur perte ; s'ils n'étaient pas tourmentés par la folie de l'opposition et s'ils avaient davantage le respect des lois, qui pourrait lutter avec eux ? C'est à titre d'arbitres armés que les Germains furent, pour la première fois, introduits dans les Gaules. Fatale imprudence ! Dès qu'ils eurent appris à connaître *les champs celtiques, leurs récoltes abondantes, le luxe relatif des habitations* [18], ils ne discontinuèrent pas d'émigrer ; ils s'avançaient à travers les bois *comme l'eau filtre à travers la mousse. Dans peu d'années, tous les Germains auront passé le Rhin et chassé les Gaulois*, s'écriait Divitiac en demandant secours à César contre Arioviste. César débarrassa, pour un temps, la Gaule des Barbares ; mais il fit payer cher ce service. A vrai dire, la conquête romaine, avec ses routes, ses lois, sa civilisation, valait mieux que l'incendie et le pillage qu'on apportait d'outre-Rhin.

S'il y avait dans le monde une nation qui eût une humeur sociale, une ouverture de cœur, une joie dans la vie, un goût, une facilité à communiquer ses pensées ; qui fût vive, agréable, enjouée, quelquefois imprudente, souvent indiscrète ; et qui eût avec cela du courage, de la générosité, de la franchise, un certain point d'honneur, il ne faudrait point chercher à gêner par des lois ses manières, pour ne point gêner ses vertus [19].

Montesquieu écrivait en 1748 ce portrait exact et à demi flatteur de la nation française. Les traits n'en avaient point sensiblement changé, depuis bien des siècles ; on pouvait les retrouver épars dans les écrits des anciens. César ne disait-il pas : *Les Gaulois sont légers, mobiles, avides de nouveauté ; ils se décident brusquement, sur des avis incertains et la plupart du temps inventés pour leur plaire* [20]. *Ce qui leur donne à un si haut degré le mépris de la mort, c'est leur croyance à l'immortalité et à la migration des âmes* [21]. Les poëtes latins vantent leur *belle humeur,* leur *esprit d'invention,* leur adresse à se tirer des situations les plus risquées.

Tous s'accordent à comparer les Gaulois aux Germains, non point en raison des similitudes qui auraient pu rapprocher ces peuples, mais pour faire ressortir leurs qualités et leurs défauts contraires. *Les mœurs de la Gaule et celles de la Germanie sont tout à fait dissemblables,* dit César [22].

Pomponius Méla [23], il y a dix-huit siècles, caractérisait la race germanique par ce mot à la Tacite :

Jus in viribus habent!

De nos jours, un Prussien de génie a transformé ce trait de caractère en un axiome de droit international :

La force prime le droit !

Et toujours l'ardente et capricieuse séve gauloise, s'assimilant les vertus latines, a contredit par la parole, par la plume et par l'épée, le tempérament alourdi, brutal mais positif des Teutons, *le plaisir qu'ils trouvent à détruire,* comme le remarque César, *le luxe grossier que leur procure la guerre,* ajoute Tacite, *car ils ont discipliné le pillage* [24]. Les Gaulois pouvaient avoir autant d'ambition que les Germains; mais ils étaient plus raffinés.

Les Français préfèrent le travail à la guerre; c'est à l'épargne et non au pillage qu'ils demandent le bien-être; et les côtés chevaleresques de leur nature les défendent suffisamment contre ce discrédit moral où on voudrait les faire tomber.

Certes, on a raison de parler de décadence en voyant par quelles séries de présomptueuses indifférences, de défaillances successives, la France de 1867 était tombée jusqu'à n'être plus que la France de 1871. Mais c'est encore dans le vieux temps qu'il faut chercher un exemple et un encouragement. Après la prise d'Avaricum (Bourges), lorsque le massacre de quarante mille infortunés eut répandu l'indignation et la terreur dans les Gaules, et qu'il semblait que César n'eût plus désormais qu'à parler pour être obéi, il suffit de la ténacité d'un homme de cœur pour tout sauver. Vercingétorix ne désespérait pas; seul il avait confiance dans le salut de la patrie; son ardeur vaillante enflamma toutes ces âmes abattues. *Et tel fut sur l'esprit des Gaulois l'effet de l'adversité et surtout de l'entraînement d'un chef résolu et passionné, que ces hommes, peu accou-*

tumés au travail, redoutant les trahisons, impatients de toute discipline, devinrent obéissants et furent prêts à tout souffrir et à tout endurer. L'enseignement des histoires passées et les leçons de l'histoire contemporaine s'accordent à nous donner confiance. Le temps qui détruit tout ne modifie pas sensiblement ce qu'il y a au monde de plus fugace et de plus mobile, l'esprit d'une nation, son sens intime. Nous avons conservé intacte la force de résistance de nos pères, et les Germains sont demeurés aussi opiniâtres qu'il y a deux mille ans.

Pourquoi s'étonner de l'aversion qui sépare deux races aussi peu faites pour se comprendre ? Ce n'est point dans les combinaisons diplomatiques ni dans les erreurs des traités qu'il faut chercher les causes de cette rivalité tenace qui tant de fois a fait se heurter les soldats des deux nations; c'est dans la nature seule. Le temps n'efface pas ces marques indélébiles qui sont la physionomie d'un peuple, perpétuellement changeante et toujours la même. Ne retrouvez-vous pas dans les Germains qu'a peints Tacite les Allemands que nous avons vus hier?

Dans toutes les maisons, les enfants croissent nus et sales. Les jeunes gens aiment tard. De là une puberté inépuisable. Ils aiment les cadeaux, mais ne se croient point obligés par ceux qu'ils reçoivent. Ils sont sans défense contre la soif; si on favorise leur ivrognerie en y fournissant autant qu'ils le désirent, on les vaincra par leurs vices non moins facilement que par les armes. Prodigues du bien d'autrui, affamés de gains, ils se font une loi d'épouser les haines et les affections de leurs parents; leurs inimitiés sont implacables [25].

Il est deux traits que Tacite, l'austère et véridique historien, a burinés avec une précision incomparable et qui complètent le portrait moral des Allemands ; notre vengeance ne les eût point inventés : déjà nous leur avons appris à recevoir de l'argent *(jam et pecuniam accipere docuimus)* ; ce n'est pas le mari, c'est le mariage qu'aiment les femmes d'outre-Rhin *(ne tanquam maritum, sed matrimonium ament)* [26].

Tacite a loué certaines vertus des barbares Germains, et surtout *leur grossièreté innocente*. Cette innocence est bien suspecte quand on interroge de près les textes de l'histoire romaine ; lors de la décadence des mœurs latines, les moralistes et les rhéteurs pouvaient attribuer un certain air de grandeur *à l'ignorance des raffinements;* mais cette soi-disant admiration des mœurs d'outre-Rhin n'est qu'une leçon donnée à Rome, et le goût des contrastes ne doit être accepté comme l'expression exacte de la vérité que dans la mesure où nous admettons les enthousiasmes littéraires de Mme de Staël parlant des Allemands et les prenant tous pour des rêveurs.

Un de leurs vieux chroniqueurs, Dithmard de Mersebourg (XIe siècle), ne vante point leurs vertus privées, et, quant à leurs vertus publiques, un historien moderne, M. de Giesebrecht, avoue que, s'ils sont ambitieux et avares, la faute en est uniquement *à la raide subjectivité de l'être allemand, qui n'admet aucun frein extérieur, même le plus saint, quand on l'irrite ou qu'on lui fait tort.*

Certes, le noble peuple allemand a des qualités, il s'est couvert de gloire, il a produit de grands saints, de grands poëtes, de grands savants, il a rendu des services à l'humanité ; mais, s'il dispute à la nation française le privilége de porter en tout lieu la flamme civilisatrice, qu'il se borne à dissiper les ténèbres et qu'il n'allume plus d'incendies.

III

Premières invasions des Germains dans la Gaule et en Italie. — Marius délivre la Gaule des Cimbres et des Teutons. — César la défend contre les invasions germaniques. — De l'an 109 à l'an 48 avant l'ère chrétienne.

L'Allemagne, *dépourvue de centre*, formée de la juxtaposition de vingt races diverses d'origines et d'instincts, remplit, au milieu de l'Europe, l'office d'un large fossé qui sépare les Slaves des Latins ; fossé plein d'une eau tempêtueuse, toujours prête à rompre ses digues, et dont le flot n'est contenu que par l'effort collectif des peuples voisins.

A l'Est, des déserts et des montagnes; au Nord, des côtes sablonneuses et obscurcies par le brouillard la protégent contre l'invasion ; au Sud et à l'Ouest, la disposition des montagnes et des fleuves qui lui servent de limites favorise singulièrement son penchant à la guerre de conquête. Elle trouve sur son territoire toutes les protections de la défense et, en face d'elle, toutes les facilités de l'offensive.

Depuis la mer Adriatique jusqu'au Zuiderzée, ses larges portes s'ouvrent devant les Allemands qui veulent envahir soit l'Italie, soit la France. Les Alpes, qui s'élèvent par degrés insensibles au Nord, des rives du Danube et de celles du Rhin jusqu'aux plus hautes crêtes neigeuses, descendent rapidement au Midi, en quelques lieues : elles sont, pour l'Allemagne, *moins le rempart que le chemin de l'Italie.* Le col de Tarvis, entre la Drave et la Piave, celui de Brenner, entre l'Inn et l'Adige, celui du Splügen, entre le Rhin et le Tessin, furent l'éternel chemin des bandes tudesques se précipitant dans les plaines lombardes.

Contre la France, en remontant du nord au sud, mêmes facilités pour l'offensive. Le Rhin, depuis la mer jusqu'à trente lieues de son embouchure, n'offre que des obstacles d'imagination; l'invasion tourne, par la Meuse et l'Escaut, les lignes de défense des Ardennes et des Vosges et s'avance en plat pays jusque dans le bassin de la Seine. La forêt-Noire sert de réduit à l'invasion qui, abordant la France par la Moselle, la Meuse et la Sambre, se trouve, dès la Lorraine, au cœur du pays, dominant à la fois les larges bassins de la Saône et de la Seine. Mais, le plus grand avantage pour l'invasion allemande est la trouée de Belfort, cette issue pratiquée entre les Vosges et le Jura, en face de Bâle, et qui, par le plateau de Langres, introduit l'ennemi, d'un seul coup, à l'ouverture de toutes nos vallées et comme au cœur du pays. La quatrième porte qui, d'outre-Rhin, s'ouvre sur la France, est celle de la Suisse, par le lac Léman, Genève, la Savoie.

C'est par cette porte que se précipite la première invasion tudesque, celle des Cimbres et des Teutons; type de toutes les autres, cette inondation de nomades n'avait qu'un but, l'établissement dans un pays plus chaud, plus fertile, plus riche que le leur. Partis des rives de la Baltique, ces ancêtres des Prussiens entraînent avec eux les peuples du Haut-Danube (comme aujourd'hui encore l'Allemagne du Nord, pauvre et hargneuse, trouble et pousse en avant les Allemands du Midi, plus civilisés, plus heureux, Bavarois, Badois), envahit l'Helvétie, franchit les défilés allobroges du Rhône et déborde dans les Gaules. Il faut lire dans Plutarque *(Vie de Marius)* le récit plein de couleur et de vérité de ce double assaut de la Gaule et de l'Italie par les rudes phalanges où les femmes le disputaient aux hommes en fiévreuse audace et en barbare héroïsme. Trois défaites anéantirent les armées romaines. Arrivés au confluent de l'Isère, les Barbares qui allaient à l'aventure, se partagent la belle et large vallée du Rhône; ils se séparent; les Cimbres remontent au Nord, les Teutons continuent leur route vers le Midi. Ceux-ci, longeant les Cévennes, se heurtent aux Pyrénées, les franchissent, se répandent dans la vallée de l'Èbre; vaincus par les Montagnards qui furent les ancêtres des héros de Lérida et de Sarragosse, ils reculent jusqu'au littoral et repassent dans les Gaules. Revenus dans la vallée du Rhône, ils sont dirigés sur l'Italie par les peuples qu'ils traversent. Marius les rencontre à Aix, l'an 102 avant l'ère chrétienne, et les taille en pièces dans une de ces batailles homériques dont le souvenir alimente encore les traditions locales.

Les Cimbres, après avoir quitté les Teutons, remontèrent lentement la Saône, descendirent dans les épaisses forêts des Ardennes et furent arrêtés par les Belges au passage de la Sambre. Tournant à l'Est, ils franchissent la Meuse, la Moselle, le Rhin, jusqu'à ces montagnes de la forêt hercynienne qu'ils avaient traversées l'année précédente, longent les Alpes occidentales et pénètrent en Italie par la vallée de l'Adige. Hésitant sur la route à prendre, ils suivent la région des lacs et marchent, de l'Est à l'Ouest ; Marius, revenu en toute hâte des Gaules, les attaque à Verceil et les y anéantit, après de rudes combats, l'an 101. Luden, dans son *Histoire d'Allemagne*, s'enorgueillit de ce début des Allemands dans l'ère des invasions. Il ne trouve pas de mots assez amers pour condamner *les assassinats de Marius ;* il attribue les désastres *de cette guerre normale* aux ruses de la perfidie italienne venant en aide à ce peuple gaulois, *déjà gangrené par tous les vices et flétri, sans être civilisé, comme un fruit qui n'a pas eu le temps de mûrir.*

Les Cimbres et les Teutons, partant de ces steppes arides et tristes qui devaient devenir la Prusse, avaient, les premiers, forcé les portes de la Gaule.

L'épée de Marius avait délivré l'Europe de ces pillards; mais d'innombrables barbares frémissaient derrière les sapins et les hêtres de la forêt hercynienne, le Hartz ; l'esprit inquiet de la race gauloise allait leur fournir le prétexte de la seconde invasion; et, cette fois, ce sera César qui punira les Germains de leur audace.

On sait que les Gaulois du temps de César avaient le caractère des Français d'aujourd'hui : *nation née pour les vains tumultes,* dit Tite-Live, et Tite-Live n'a eu que trop souvent raison. Les tumultes d'autrefois, la rivalité des peuples qui habitaient les Gaules, les jalousies des chefs étaient l'équivalent des luttes des partis, des ambitions malsaines, des révolutions qui ont fait de si profondes blessures à la France contemporaine. Il y a dix-neuf siècles, il se rencontrait déjà des malheureux à qui les préjugés et les rancunes cachaient l'image de la Patrie. Il faut lire César et Tacite pour comprendre la triste évidence de ces rapprochements et combien peu l'homme change au courant des siècles. Des rivalités locales, des luttes d'influence amenèrent les peuplades gauloises à faire appel, ici, à l'invasion germaine, là, à l'intervention romaine. Ce fut le signal de la seconde invasion qui devint en quelque sorte permanente.

J'abrége. Le récit des *Commentaires* est dans toutes les mémoires; mais il faut y ajouter, si l'on veut être juste pour nos pères, tout ce que César n'a point dit.

S'il n'a jamais dit que la vérité, il l'a rarement dite tout entière.

Vers l'an 71, Arioviste, chef des Suèves (*Schwebende*, les Errants), appelé par les Gaulois du Jura et de l'Auvergne (Séquanes et Arvernes) contre ceux de la Bourgogne (Éduens), passe le Rhin et s'installe entre les Vosges, l'Ill et la Moselle (Alsace). Peu d'années après, les Helvètes, menacés au Nord par les Boïens et autres que pressaient les Suèves, nouent des relations avec les peuples de la Garonne et de la Charente et se préparent à émigrer en masse. C'était le contre-coup de cet ébranlement général du Nord-Est au Sud-Ouest, du Caucase et des Karpathes sur les Alpes et les Pyrénées, dont les Teutons et les Cimbres avaient donné le goût à tous les nomades errants entre l'Oural et le Danube.

César comprit alors que la Gaule devait devenir le boulevard de la civilisation romaine ; on a considéré dans les huit campagnes qu'il fit de ce côté des Alpes uniquement la conquête de la Gaule et sa prise de possession par les armées romaines ; c'est une erreur de point de vue. Ce qu'il faut y voir surtout, c'est la défaite des Germains, c'est *l'invasion vaincue*, c'est la limite naturelle des Gaules, les Alpes, le Rhin, fortifiée et maintenue pendant près de cinq siècles ; puis, la Gaule civilisée, unifiée plutôt que conquise, et devenant latine par les lois et les mœurs avant de consacrer cette union par la religion du Christ.

C'est à cette date que remontent les liens sacrés qui nous attachent à l'Italie. Combien de fois n'a-t-on pas reproché aux Italiens leur soi-disant ingratitude ! Mais combien de fois, à ce compte, n'avons-nous pas été ingrats envers eux, nous qu'ils ont délivrés de la servitude tudesque et qui les en avons remerciés par tant de guerres ambitieuses et tant de folles invasions ? L'an 59 avant Jésus-Christ, César sauve les Gaules de l'invasion des Germains ; la guerre de 1859, qui délivre l'Italie par les armes de la France, n'est que la revanche de ce service.

César, répondant à l'appel des Éduens que menacent à la fois l'émigration helvétique et l'invasion germaine, bat deux fois les Helvètes et les rejette dans leurs montagnes (l'an 58). Il marche ensuite contre Arioviste et le taille en pièces sur les bords de l'Ill, en pleine Alsace. Acceptant la soumission de quatre tribus germaines entraînées dans les rangs des Suèves par le roi vaincu et qui sont lasses de quatorze années de voyages, il en fait les gardiens de la rive gauche du Rhin contre leurs associés de la veille ; ces tribus, se mêlant aux Celtes, possesseurs du sol, forment dans la vallée de l'Ill *(Elsass)* la souche de cette population demi-gauloise, demi-germaine qui s'est toujours montrée si loyalement française.

Un troisième péril menaçait la Gaule : plus de 400,000 nomades, Usipètes, Tenctères, Suèves, etc., cherchaient à envahir la rive gauche du Rhin, *toute gauloise, Kimrique au moins, comme la rive de la*

Grande-Bretagne qu'elle regarde [27]. Il se produisit là les mêmes agitations, les mêmes complots, les mêmes alliances que chez les Arvernes et les Séquanais ; César bat les Nerviens sur la Sambre, là même où jadis les Nerviens avaient battu les Cimbres, et rejette deux fois les Germains au-delà du fleuve. En 55, César, pour s'assurer la possession du Rhin, passe sur la rive droite, pénètre dans le Hartz, défait les Sicambres, fait alliance avec les Ubiens et traite avec les vaincus sur ce mot : *l'Empire de Rome finit au Rhin*. Il s'installe au milieu des Belges, y organise des expéditions contre les Bretons insulaires, repousse les attaques d'outre-Rhin et ne quitte ce pays, dont il apprécie l'importance stratégique, que pour combattre la coalition que dirigeait avec tant d'énergie et de finesse l'héroïque Vercingétorix. L'an 49, la chute d'Alesia met à néant les tentatives d'indépendance de la Gaule. Si Vercingétorix avait vaincu César, aurait-il pu sauver la Gaule des invasions germaniques ? Quel renversement dans l'histoire ! Notre pays n'était point unifié par la civilisation latine ; il était probablement envahi par les Barbares quatre siècles plus tôt, avant de s'être pénétré, par les lois romaines et les croyances chrétiennes, de cette force de résistance, de cette vitalité féconde qui lui ont permis de s'assimiler les Franks au lieu d'être absorbé par l'élément germanique. Sans César, nous étions Allemands. Je pardonne à César.

IV

Installation militaire des Romains sur le Rhin et le Danube. — Les Gaules catholiques. — Défense de la civilisation contre l'assaut des Barbares. — Les grandes invasions. — De l'an 48 avant l'ère chrétienne à l'an 406 de Jésus-Christ.

Le droit de vengeance était la base du droit public des Germains ; les auteurs allemands les plus autorisés ne le nient point, ainsi MM. Walter[28] et Waitz[29]. M. de Savigny leur avait donné l'exemple [30], et il ajoutait : La compensation en argent *(whergeld)*, nouvelle preuve de cupidité, *est la seule passion qui éteigne celle plus sauvage du dent pour dent, sang pour sang.* Aussi ne faut-il point s'étonner que les hommes d'outre-Rhin n'aient jamais renoncé à l'espoir de la revanche : ils n'ont jamais pardonné aux Italiens les victoires de Marius et de César ; après avoir su maintes fois les flatter par des amitiés hypocrites, ils ont jeté le masque dès qu'ils purent avouer impunément leurs desseins. La solennelle ironie de l'inauguration du monument d'Hermann, au lendemain de la guerre de 1870, en est la preuve. Les Italiens l'ont enfin compris. Pour venger spirituellement l'insulte faite à Varus, ils ont imaginé d'ériger à Legnano un monument commémoratif de la célèbre journée du 29 mai 1176, où l'empereur Frédéric Barberousse, battu par les confédérés lombards, perdit vingt mille Allemands tués ou noyés, et laissa dans sa fuite son casque, ses enseignes, son orgueil. Nos amis d'outre-monts sont riches en pareils souvenirs ; il ne tiendrait qu'à eux de compter chaque jour de l'année par une défaite de l'ennemi traditionnel que Dante stigmatisait par cette véhémente apostrophe :

Taci, maladetto lupo :
Consuma dentro te con la tua rabbia [31].

Il ne faut donc pas être surpris de voir la lutte continuer sur toutes les frontières et l'invasion persévérer en empruntant mille formes, tantôt par des infiltrations de tribus à la solde des empereurs, tantôt par de soudaines irruptions. Tibère, Germanicus, Trajan s'usent par leurs propres victoires ; ils disciplinent l'invasion à force de la combattre. L'un des historiens modernes de l'Allemagne, M. Luden, s'applaudit de cette haine de race et de ces sauvages convoitises : *Chaque fois que le Romanisme a refoulé la Germanie sur son propre sol, la Germanie n'a plus vécu que pour la revanche. La guerre a donné des leçons à nos pères. Ils se sont armés des armes pillées dans les provinces ; tout ce que Rome a forgé pour sa défense, ils le possèdent; ils ont pratiqué les routes de l'empire. Pleins de haine et de mépris, ils se tiennent sur ses frontières, impatients, couvant du regard ces pays qu'on ne sait défendre qu'en les transformant en désert. Le filet est préparé; ils n'attendent plus que la forte main qui le jettera sur le monde entier.*

« Sur les rives du Rhin et du Danube, a dit éloquemment M. Zeller [32], une lutte de quatre siècles commence entre la Germanie et l'empire romain, à l'époque même où le christianisme naissait et se répandait pour les soumettre à sa loi et les réunir. Rien de plus intéressant dans l'histoire. Les Allemands voudraient y voir la lutte de la liberté et du despotisme. Je ne sais pas si l'on jouissait de plus de liberté dans l'anarchie des forêts germaines que dans les villes de l'Italie et de la Gaule. Ce que je vois aux prises, c'est la barbarie et la civilisation ; le sombre polythéisme du Nord et le paganisme brillant du Midi ; la tribu et la cité ; la coutume et la loi ; une société grossière et une société raffinée ; une cohue de hordes sans direction et un empire puissamment organisé, mû par une seule volonté ; les entraînements de la fureur guerrière et de la convoitise et les ressources de l'art militaire le plus consommé ; enfin, *toutes les forces aveugles de destruction* et les espérances sans limites de races qui s'ignorent, conjurées contre le capital de prospérité, de science et d'art accumulé par dix siècles de culture. »

C'est au milieu du troisième siècle, de l'an 240 à l'an 270, que le nom de Frank apparaît pour la première fois dans l'histoire [33]. L'empereur Valérien, malgré tout son courage, venait d'être vaincu et pris par les Parthes, l'an 259. Il sembla que la captivité du prince fût le signal de la troisième invasion. Les Franks aux longues moustaches, à l'habit de toile, à la hache brillante, hardis, gais, insouciants, railleurs (que de traits de caractère communs avec les Gaulois !), franchissent le Rhin inférieur, se répandent à travers la Gaule comme un torrent, et passent en Espagne. On les suit pendant douze années ; leur dernière victoire fut la prise de Tarragone ; ils disparaissent.

Ceux qui n'avaient point couru cette aventure franchissent la zone romaine d'outre-Rhin, ce qu'on appelle *le mur rhéno-danubien*, s'installent autour de Cologne et dans les îles de l'Yssel. Ammien-Marcellin les distingue déjà en deux groupes : les Saliens et les Ripuaires ; il remarque qu'une sorte de sympathie les rapproche des Gallo-Latins. Sidoine-Apollinaire disait d'eux :

Mors obruit illos
Non timor. . . . .

La mort seule peut les abattre ; la crainte les trouve insensibles. Braves comme les Gaulois, ils ne sont point cruels comme les Germains ; on peut leur appliquer le mot d'Horace : *non funera pavet,* ils n'ont point peur de la mort, par opposition au Germain qui se délecte dans le sang : *cœde gaudet.* L'un tue pour vaincre, l'autre tue pour tuer.

Depuis César jusqu'à Probus et Honorius, la politique de Rome avait été d'opposer Barbares à Barbares, d'épuiser la Germanie, de fortifier et de défendre l'empire en faisant passer les Germains dans ses armées et dans les provinces, *comme on élève le talus d'un rempart avec la terre du fossé qu'on creuse devant l'ennemi* [34]. Mais il arrive une heure où ce talus n'est plus en proportion avec sa base, et où il s'écroule en arrière sur ceux-là même qu'il devait protéger.

Tacite s'écriait déjà, en désespérant de l'avenir : *Puissent ces nations persévérer dans leurs haines mutuelles, puisque, dans le déclin de l'empire, la fortune n'a rien de plus à nous offrir que les discordes de nos ennemis!* Pendant deux siècles, Rome contient les Germains en les opposant l'un à l'autre; pendant les deux siècles qui suivent, elle recule, perdant pied, jusqu'à ce que les Franks, s'assimilant son rôle, ses lois, ses arts, sa religion nouvelle, fassent à leur tour hésiter, puis reculer enfin l'invasion devant une civilisation rajeunie.

Dès le second siècle, il fallut protéger par des lignes de forteresses les frontières de l'empire, dont la terreur du nom romain ne suffisait plus à défendre les approches. Il semblait que ces chaudes effluves du Midi, le *Fohn* qui souffle des Alpes et ne fait que s'attiédir en passant sur les glaciers, attirassent les hommes du Nord vers les rives embaumées du Rhône. Trois brèches ouvertes en arrière du Rhin leur livraient passage. La vallée de Saverne [35], la trouée de Belfort, entre Vesoul et Besançon [36], la vallée de l'Isère et le vieux chemin commercial de l'Hercule grec devenu la route militaire de César.

Moins d'un siècle suffit aux Barbares pour renverser les lignes fortifiées des Romains. A l'époque de Valérien et de Gallien (253 à 260), les Alamans pénètrent jusqu'au cœur des Gaules et incendient le fameux temple du Mercure des Arvernes [37]. Vers 294, Constance, impuissant à rejeter dans les forêts de la rive droite du Rhin les hordes de Sarmates et de Franks qui venaient marauder sur la rive gauche, leur avaient concédé des terres vaines, à la charge de les cultiver et d'y amener des troupeaux. Bientôt dégoûtés de solliciter la concession de territoires incultes, les nomades se ruèrent sur les bourgs les plus florissants de la plaine et en détruisirent quarante-cinq. L'émigration germanique ne devait plus s'arrêter. En 365, Valentinien fit bâtir des tours au passage des vallées, à tous les confluents des rivières; vaines précautions. C'est la vaillance des soldats, c'est la vigueur des chefs qui font la force d'une frontière et non l'épaisseur des murailles.

On venait de créer, sur les rivages de l'Océan, un commandement militaire spécial *(saxonicum littus)* pour défendre les côtes des Gaules contre les pirates saxons (l'an 286) ; il fallut penser à faire de même sur la frontière de l'Est pour arrêter ces autres pirates, plus nombreux et plus acharnés, qui sortaient de leurs bois comme des bandes de sangliers, et, leurs appétits repus, couraient s'y blottir dans des retraites impénétrables. De dix années en dix années la frontière recule devant le flot montant de l'invasion.

Ammien-Marcellin, qui écrivit son *Histoire des empereurs* de 360 à 390, explique comment l'Helvétie, dépendance primitive de la Grande Séquanaise, fut partagée entre elle et la province de création nouvelle *des Alpes Grées et Pennines* qu'on démembra de l'Italie pour la rattacher à la Gaule. On se rappelait les invasions de l'an 390, de l'an 349, de l'an 225 ; il semblait qu'en créant une sorte de camp retranché au pied des Alpes occidentales on affranchissait de tout péril cette belle Italie des plaines lombardes dont les Allemands et les Français se sont tant de fois disputé les trésors.

La province des Alpes avait pour limites naturelles à l'Ouest le Jura, et comprenait les cités d'Avenches près de Fribourg, de Martigny en Valley et de Moûtiers en Tarentaise. La vieille capitale des Helvètes, nommée *Aventicum* par les Romains, ruinée par Galba, reconstruite par Vespasien, incendiée par les Germains en 307, n'offrait plus en 355, lorsque Ammien-Marcellin la visita, qu'un amas de ruines [38].

Les Goths s'installèrent bientôt à demeure dans le nord de l'Helvétie. La Séquanaise, devenue province frontière et le siége d'un grand commandement militaire, fut augmentée de l'Helvétie méridionale jusqu'au lac Léman ; la province des Alpes fut réduite au Valley et à la Tarentaise, comprenant ainsi, pour les mieux défendre, les deux routes qui, par la vallée du Haut-Rhône et la vallée de la Haute-Isère, livraient *les portes de l'Italie.*

Cette nouvelle division des Gaules, *militaire plutôt qu'administrative,* imposée par les nécessités de la défense du territoire, modifia les noms avec les circonscriptions. La *Notice de l'Empire,* ce précieux document [39] où il faut chercher pour les derniers temps de la grandeur romaine l'explication des textes de l'histoire et le secret de bien des surprises, mentionne une province lacustre et fluviale, sous le nom de *Provincia Gallia* RIPARENSIS. C'était la frontière rhénane reportée de la ligne des Vosges sur celle du Jura, en reculant sur les Alpes. La nouvelle province comprenait les vallées du Rhône et de ses affluents, les lacs de Genève, d'Yverdun, de Neufchâtel, d'Annecy et du Bourget, et le commandement des flottilles armées sur ces lacs et ces cours d'eau pour en défendre le passage aux Barbares. Les parties les plus menacées de cette circonscription étaient le pays des Helvètes et celui des Allobroges. On les désigna, dans l'usage vulgaire, sous un nom tiré de leur aspect le plus frappant : *Sapaudia,* du celtique *Sap-Wald,* pays des sapins. La Sapaudia *(aliàs Sabaudia vel Saboya)* s'étendait de Cularo (Grenoble) à Ebrodunum

Sapaudiæ (Yverdun); ce territoire se rétrécit encore dans le chaos du moyen âge, et devint le fief de Savoie [40].

Quatre préfets se partageaient le commandement et la défense de cette grande route navigable qui allait de la vallée du Rhin au lac de Neufchâtel par l'Aar et ses affluents, du lac de Neufchâtel au lac de Genève par la rivière d'Orbe et la Venoge, et se continuait par le Rhône jusqu'à la Méditerranée. Le *Saltus* ou *Pertuis* de Bellegarde *(la Perte du Rhône)* s'évitait en empruntant la route de terre, sur le sol allobrogique, de Collonges à Artod, deux gués fameux dans les vieilles annales de ce pays, et en face desquels César, lors de l'invasion des Helvètes, avait bâti sa muraille célèbre. L'un de ces préfets habitait Marseille. Les trois autres avaient leur résidence dans la *Sapaudia*, sur le territoire des Allobroges et des Helvètes, à Vienne, Grenoble et Yverdun. Mais les empereurs se déclarent impuissants à résister *à cette inondation de peuples* qui venait du Nord. Forcés d'abandonner les provinces envahies, ils déguisent leur retraite en traités de cession, et se hâtent de subdiviser les provinces demeurées intactes afin d'en noter toujours le même nombre dans les publications impériales et d'avoir un prétexte pour augmenter les impôts [41].

La dissolution de l'empire avait commencé par son élément le plus vivace et le plus mobile, l'armée. La trahison de Stilicon entraîne au cœur des Gaules

les troupes qui défendaient les forteresses élevées par Valentinien sur la rive gauche du Rhin. Cet immense camp retranché s'entr'ouvre sur tous les points ; les Barbares, à l'affût depuis trois siècles derrière les épaisses forêts de la Germanie, se précipitent à l'assaut de ces brèches.

Le 31 décembre de l'année 406, ils passent le Rhin avec leurs femmes, leurs enfants, leurs chariots, leurs troupeaux.

Trois ans plus tard, saint Jérôme laissait échapper ce cri de douleur :

Des nations innombrables se sont jetées sur les Gaules comme des bandes de loups sur une bergerie. O cités infortunées ! De Mayence à Toulouse, il n'est pas de ville qui n'ait vu la flamme des incendies, et le petit nombre de celles que de fortes murailles ont sauvé du fer des Barbares ont été décimées par la faim !

Dès l'an 280, l'empereur Probus, désespérant de recruter parmi les Romains des soldats assez sûrs pour résister à la vie rude et sauvage de la frontière, s'était vu forcé de confier à des colonies germaines la défense des camps du Rhin [42]. Ce fut la première prise de possession des Allemands sur la rive gauche du Rhin.

De l'an 280 à l'an 406, la souche barbare prit racine dans ce pays ; les colonies s'accrurent et par elles-mêmes et par une sorte d'émigration permanente, insaisissable ; il semblait que la Germanie se continuât insensiblement vers les plaines de la Meuse et les pentes des Vosges.

Après 406, la population gallo-romaine, rejetée en arrière par l'invasion, demeura dans cette *Gaule rhénane* comme flottante et perdue au milieu de ce débordement de Barbares.

Les Franks essayèrent en vain de résister aux nations qui se ruaient sur les Gaules, semblables à ces nuées de sauterelles qu'apporte le vent du désert, qui, en une nuit, couvrent le sol et dévorent tout, que rien n'arrête, que la main de l'homme se lasse à tuer et qui, pour franchir les rivières, se font un pont de leurs propres cadavres. Les Alains se répandent dans la vallée de la Loire; les Burgondes s'arrêtent au pied des Vosges; les Suèves ou Alamans passent en Espagne; les Vandales poussent jusqu'en Afrique; les chevaux des Huns hennissent déjà sur les rives du Danube et sur les pentes du Taunus.

Cette terrible marée de nations qui se produisit de décembre 406 jusque dans les premières semaines de l'été de 407 a deux analogues dans notre histoire.

Le 31 décembre 1813, Schwartzenberg franchit le Rhin à Bâle, tandis que Blücher le traverse au confluent du Necker; les peuples coalisés de l'Allemagne, cent fois vaincus par les Français, comme l'avaient été jadis les Barbares par les légions romaines, vainqueurs à leur tour, se jettent avidement sur cette proie si longtemps convoitée.

Dans les derniers jours de 1870, les Allemands coalisés inondent une troisième fois la France de leurs réserves et organisent méthodiquement le pillage dans un pays ruiné par cinq mois d'une lutte héroïque et désespérée.

Fasse le ciel que de telles douleurs soient épargnées à nos fils !

V

Les Franks succèdent aux Romains dans la défense des Gaules.
— Dynastie des Mérovingiens. — Lutte de la Neustrie (Franks-
Gaulois) et de l'Ostrasie (Franks-Germains). — Cinq invasions.
— Triomphe des Karolingiens. — De l'an 406 à l'an 814.

A dater de l'invasion de l'an 406, ce n'est plus Rome qui lutte contre la barbarie ; ce sont les Barbares enrôlés dans les légions ou établis dans les provinces qui défendent leur propre héritage contre de nouveaux envahisseurs, plus barbares qu'eux-mêmes. Le Frank Arbogast, le Vandale Stilicon, le Wisigoth Alaric sont les arbitres de l'Europe. La prise de Rome (24 août 410) semble précipiter la ruine de la civilisation. La lassitude s'empare des chefs de l'invasion ; ils consentent à se fixer dans ces provinces que la convoitise germaine désire depuis tant d'années. Les Wisigoths s'installent dans la vallée de la Garonne, les Burgondes dans celles de l'Ill et de la Saône, les Franks dans celles de la Meuse, de la

Moselle et de la Somme. L'an 419, le contrat est devenu définitif par une prise de possession régulière ; les habitants abandonnent les deux tiers de leurs terres, de leurs maisons, de leurs esclaves, de leurs troupeaux ; moyennant quoi les nouveaux venus seront considérés comme des hôtes et défendront la *patrie commune contre les invasions futures.*

Attila continue la longue série des conquêtes brutales mais éphémères. L'invasion des Huns fut le plus terrible des assauts que les Barbares donnèrent aux races latines, chrétiennes et civilisées. Sorti des déserts de la Tartarie, laissant à sa gauche la Chine que sauva tant de fois cette muraille dont l'ironie européenne n'a pas compris les services, la Perse, défendue par de solides armées, l'empire grec dont le prestige rayonnait encore, il remonte au Nord, fait de la Hongrie un camp retranché qui garde son nom, réunit autour de sa tente les hordes rapaces qui se querellaient entre le Rhin et la Vistule, et les entraîne après lui sur les Gaules. Deux flots d'émigrants, précédés par des masses de cavaliers, se divisent à partir du Danube ; l'un franchit le Rhin entre Cologne et Mayence, remonte par Trèves, Metz, Laon, Soissons, Paris ; l'autre aborde l'Alsace par Strasbourg, et pénètre au cœur des Gaules par Besançon, Châlons, Nevers. Les Gaules furent sauvées par les évêques. Strasbourg, Metz, Reims furent incendiées ; mais la sinistre rumeur des massacres avertit les villes du Centre. Sainte Geneviève fait fortifier Paris, et l'énergique attitude des habitants écarte l'ennemi ; saint Germain d'Auxerre et saint Loup de Troyes expédient des messagers dans toutes les directions, en Bretagne, en Aquitaine, en Italie, et convoquent à la guerre sainte. Les deux armées de l'invasion se rejoignent sur la Loire, à Orléans ; l'évêque saint Aignan y dirige la résistance assez longtemps pour permettre au Gallo-Romain Aétius, lieutenant de la cour de Ravenne, d'accourir avec les soldats les plus aguerris de toutes les races qui étaient en possession du sol : Burgondes de Besançon, Franks de la Moselle et de la Somme, Wisigoths de l'Aquitaine, Gaulois du Centre, Bretons de l'Ouest, Italiens des Alpes. Le combat s'engage dans les rues d'Orléans à l'heure même où l'avant-garde des Huns en forçait enfin les portes ; Attila recule avec ses milliers de tentes et de chariots et ne s'arrête que sur la Marne, dans les vastes plaines qui s'étendent entre Méry-sur-Seine (Aube) et Cuperly (Marne), où il développe la multitude de ses Barbares. Ce fut une bataille de nations. Il y avait plus d'un million d'hommes en présence ; la tuerie dura treize heures. Attila, vaincu, reprit la route de la Germanie, regagna en désordre les défilés des Vosges et ne se crut en sûreté que derrière le Rhin. Chose incroyable, quatre mois avaient suffi, malgré l'absence de grands chemins et de transports rapides, pour que les Gaules fussent ravagées jusqu'à la Loire et pour que les envahisseurs fussent rejetés en Germanie [43].

La bataille des Champs Catalauniques était la dernière où dussent paraître les aigles romaines. Le soin de défendre la Gaule contre les Barbares passait des Romains aux Franks de Méroweg que les populations gallo-romaines s'étaient si vite assimilés, et dont l'audacieuse ardeur avait triomphé des Gépides et des Huns d'Attila. L'invasion du ve siècle, *la sixième*, allait consacrer cette assimilation par la communauté du lien religieux; car les nations sont ainsi faites; elles veulent que leurs maîtres aient leurs idées et qu'ils partagent leurs croyances.

Les Franks de Méroweg possédaient des qualités fort appréciables dans ce vide que laissait la chute définitive de l'empire romain. Soldats hardis, ils venaient à propos remplacer les légions romaines; émerveillés de la science, de l'adresse, de la courtoisie des évêques et des grands propriétaires des Gaules, ils leur confiaient volontiers l'administration des villes, la conduite des ambassades; ils les vénéraient et en prenaient conseil. Pour leur part, ils apportaient aux Gaulois, riches et instruits, la délibération commune, source du gouvernement représentatif; ils apportaient aux esclaves, que soulevait de temps à autre le tumulte des Bagaudes, le servage qui créait l'attache au sol, remplaçait la servitude capricieuse par les règles *de la tenure*, et transformait les bêtes de somme des lois romaines par *les hommes* du moyen âge [44].

Les Franks n'avaient point envahi les Gaules méthodiquement, en corps de nations, comme les Burgondes ou les Wisigoths. Ils arrivèrent par bandes, lentement, s'installant çà et là, sans idées nettes de conquête, se groupant de temps à autre autour d'un chef plus hardi qui les guidait dans des expéditions rapides. Ils eurent la chance de choisir des chefs aventureux dont le renom attira sans cesse de nouvelles recrues d'outre-Rhin et dont ils reçurent comme une impulsion permanente vers le Midi. Les Franks étaient peu nombreux ; ils assurèrent leur domination sur des tributaires plutôt que sur des sujets par des campagnes heureuses tantôt au-delà de la Loire, en Aquitaine, tantôt vers le pays des Burgondes, tantôt vers l'Armorique. Devenus catholiques, ayant pour appuis et pour administrateurs les évêques, ils firent bientôt cause commune avec les Gallo-Romains, s'assimilèrent les traditions gauloises, l'esprit romain de domination et de suprématie, et devinrent les défenseurs jurés des Gaules après en avoir été les envahisseurs. Arbogast, Markomir, Chlodion, Méroweg, Chlovis, tels sont les noms qui brillent, comme l'étincellement d'une lame d'épée, sur le fond sanglant et sombre des annales de ces temps obscurs.

Guizot a merveilleusement apprécié le rôle de Chlovis : *un de ces hommes que rien ne satisfait ni ne lasse, qui ne trouvent dans le repos qu'impatience et fatigue, nés pour le mouvement parce qu'ils portent en eux-mêmes la force qui remue toutes choses, et incapables de s'arrêter devant un crime, un obstacle ou un danger. Il marche, s'étend, conquiert, subjugue, pour assouvir sa nature et remplir une mission qu'il ne connaît pas* [45].

C'est en repoussant une invasion allemande que Chlovis fonda sa vraie gloire et conquit un royaume réel.

Les Alamans de la race des Suèves, tribus errantes entre Cologne et le lac de Constance, venaient de réunir autour d'eux les rudes habitants des forêts germaniques et, sous le nom de *Confédérés tous hommes*, ils avaient dévasté la Suisse du Nord, appelant les Helvètes latins *Welches*, altération allemande de Gaëls ou Gaulois. Eux-mêmes allaient léguer leur nom à la Germanie tout entière. Bien des siècles plus tard, Frédéric II, ce roi de Prusse dont Voltaire se fit le plat valet, enveloppait dédaigneusement tous les peuples latins dans cette dénomination de *Welches* qui, dans sa bouche, désignait des fanatiques, des ignorants, des nations à qui l'on permettait de vivre.

Les Alamans menaçaient la vallée de la Moselle ; ils passent le Rhin, l'an 496, au-dessus de Cologne. La Gaule ne pouvait plus compter sur l'élan universel qui naguère avait fait accourir les soldats de toute race pour défendre la patrie commune contre Attila. L'Italie était incapable de porter secours à qui que ce fût, impuissante qu'elle était à se protéger elle-même ; les Wisigoths d'outre-Loire, jaloux des Franks, étaient plus curieux qu'inquiets ; les Burgondes, menacés par Chlovis depuis qu'il était l'époux de Chlotilde, souhaitaient que les deux adversaires se détruisissent l'un par l'autre. Franks et Gaulois, ne comptant que sur eux-mêmes, se jetèrent au-devant de l'ennemi et le heurtèrent à cinq lieues de Cologne, à Tolbiac, le Zulpich des Allemands.

Les Franks (6,000 au plus) cèdent ; Chlovis, sur l'avis du Gaulois Aurélien, invoque le Dieu de Chlotilde et ramène les Gaulois (30,000 environ) au combat. *Ceux-ci aussitôt voulurent montrer combien le Christ était plus puissant qu'Odin.* Les Alamans furent taillés en pièces. Trois ans plus tard, Chlovis se faisait baptiser à Reims (Noël 499). Il devenait par là le vrai roi des Gaules.

Il poursuivit les Alamans jusque dans les Alpes du Tyrol, pendant neuf ans, *reconquit l'Alsace sur eux,* et les rendit tributaires avec leurs alliés les Bavarois. N'oublions pas que ces Alamans habitaient le pays de Bade, le Wurtemberg, le Palatinat, la Suisse allemande [46]. Les succès de Chlovis lui donnèrent tout pouvoir sur les Franks-Saliens ou *Neustriens* (installés dans les vallées de la Somme et de la Seine) et sur les Franks-Ripuaires ou *Ostrasiens* (campés dans les vallées de la Moselle et de la Meuse). Il meurt (en 511) ; ses quatre fils se partagent ses États et poursuivent les princes ariens des Wisigoths et des Burgondes au nom de l'Église ; en 553, Chloter réunit les quatre royaumes ; ses quatre fils se les partagent en 561, *chacun d'eux voulant demeurer au nord de la Loire et posséder cependant au moins une province dans le midi.* Toujours ce double besoin : se recruter par le Nord, jouir par le Midi.

Des quatre fils de Chloter, Sigebert seul, roi des Franks d'Ostrasie, avait épousé une femme de sang illustre, Brunehilde ou Brunehaut, fille du roi des Wisigoths, docte, élégante, ambitieuse. Khilpéric, roi de Soissons et des Franks de Neustrie, vivait avec une femme d'origine serve, fougueuse, cruelle et sauvage, Frédégonde. Il la répudie, épouse Galswinthe, sœur de Brunehaut, s'en dégoûte, l'assassine, et reprend Frédégonde. Brunehaut veut venger sa sœur; elle fait réclamer sa dot, *cinq villes du Midi :* Bayonne, Lesparre, Cahors, Limoges et Bordeaux.

Livrer à l'Ostrasie ce grand chemin à travers les Gaules qui conduit des bords du Rhin aux bords de l'Adour, sur la frontière d'Espagne, c'était livrer les Gaules à la Germanie. Je ne sais si les soldats et les ministres du temps se rendirent un compte exact de la situation, toujours est-il que derrière les caprices, la vanité, la vengeance de deux femmes se jouait la destinée des Gaules. Il faut lire les *Histoires* de Grégoire de Tours et de Frédégaire, si ingénieusement traduites dans les *Récits mérovingiens* de M. Augustin Thierry, pour comprendre la physionomie de cette époque agitée.

Sigebert, roi des Franks d'Ostrasie, avait à sa solde les hordes germaniques, réduites à payer tribut par Chlovis ; il les appelle, les excite, les allèche par la promesse du vol et jette sur la Neustrie cette marée de pillards. C'était *la septième invasion* (l'an 574).

Le flot des Germains envahit tout. Les villages autour de Paris furent livrés aux flammes ; la vallée de la Seine ravagée jusqu'à Rouen ; la vallée de la Loire saccagée jusqu'à Orléans, jusqu'à Tours. Les Barbares criaient à Sigebert : *Da nobis ubi ditemur !* Conduis-nous là où nous pourrons charger nos chariots de dépouilles... ; et il leur répondait : *Allez droit devant vous ; la terre des Gaules est grande, elle regorge de richesses ; vous serez moins fatigués de lever le bras pour frapper que las de vous baisser pour ramasser le butin épars*. Khilpéric avait reculé jusqu'à la mer, derrière la Seine ; son fils, Théodebert, essaie d'arrêter l'ennemi avec des renforts recrutés en Bretagne et en Aquitaine ; il est battu et tué sous les murs d'Angoulême. Pour l'unique fois dans notre histoire, le torrent dévastateur des Allemands dépasse Tours, Poitiers, Angoulême ; d'insolents margraves levèrent des réquisitions à Cahors, à Bordeaux, à Bayonne. Tout semblait perdu. Çà et là, des actes héroïques de résistance ; les *Dunenses*, habitants de Châteaudun, la glorieuse victime de notre dernière guerre, refusent de s'enrôler sous les enseignes des Barbares ; on les brûle dans leurs maisons. A Soissons, à Reims, à Saint-Denis, des atrocités sans nom ; tous les crimes, le pillage, puis l'incendie.

Khilpéric et Frédégonde, enfermés dans Tournay,

y sont assiégés par l'innombrable cavalerie des Barbares ; Brunehaut entre à Paris et conduit au château royal de Vitry, près de Tournay, Sigebert qu'on va couronner roi de Neustrie. Pendant la fête, deux jeunes hommes, exaltés par Frédégonde, le tuent (l'an 575).

Les Ostrasiens épouvantés battent en retraite ; les Neustriens reprennent l'offensive et la Gaule romaine voit disparaître de Tours, de Poitiers, de Bordeaux et des Marches d'Espagne les margraves qui étaient venus y installer des collecteurs de tributs.

Brunehaut reparaît après mille intrigues ; retranchée dans ses forêts, entre la Meuse et le Rhin, elle traite avec Gontran, roi de Bourgogne. Tous les fils de Khilpéric étaient morts ; elle juge l'heure venue, et de nouveau l'invasion se déchaîne autour de Paris. Khilpéric, vaincu à la bataille de Melun (584), se cache dans la villa de Chelles et y est assassiné.

Par un de ces revirements inexpliqués dont on trouve beaucoup d'analogues dans l'histoire, Frédégonde, vaincue, dépouillée, fugitive en 584, reparaît douze ans plus tard, en 596, à la tête d'une vaillante armée, bat les Ostrasiens et leurs alliés d'outre-Rhin à Soissons, à Reims, près de Toul (à Lifou-le-Grand, sur les bords de la Moselle), et rentre à Paris qui redevient, comme sous Chlovis, *l'unique capitale du pays affranchi*. Les opinions ont beaucoup varié sur Brunehaut et Frédégonde ; ce qui est certain aujourd'hui, abstraction faite de leur vie privée ainsi que des crimes publics dont elles se sont toutes deux rendu coupables, c'est que *Brunehaut*, pour nous, Français, représente *l'invasion* et Frédégonde la défense nationale [47].

La lutte de race, par un caprice du sort, se caractérisait à la fois au-dedans de l'Ostrasie, et au dehors.

La reine combattait la Neustrie latino-gauloise au nom des instincts germains; elle-même, sur son propre territoire, suspecte d'attaches romaines, était violemment contredite par les habitudes barbares. La résistance des Leudes à ses essais d'organisation est l'un des épisodes les plus curieux de cette histoire d'Ostrasie, si fertile en dramatiques surprises.

Brunehaut, exerçant le pouvoir au nom de ses petits-fils, avait vu mourir sa rivale en 597 et, après une dernière invasion de la Neustrie, avait réduit Chloter II à une petite province entre la Seine et la mer. Ses essais de réformes plus que ses crimes la compromirent; détestée par les Leudes dont elle gênait l'esprit d'indépendance, elle commit la faute de persécuter saint Colomban et de s'aliéner les évêques. Dès lors elle fut perdue. Peppin Von Herstall et Arnolf, évêque de Metz, décident avec les Leudes de Neustrie, de Bourgogne et d'Ostrasie de partager l'empire frank en trois mairies sous le nom de Chloter. En 613, la vieille reine est livrée à un affreux supplice, les derniers Mérovingiens d'Ostrasie sont assassinés et l'élément tudesque règne sans partage du Rhin à la Loire.

. Les succès de seigneurs hostiles à toute règle, à toute unité, fit retomber la Gaule dans le chaos ; les Franks avaient usé dans les guerres civiles leur énergie et leurs vertus sauvages, les Gaulois y laissèrent les dernières lueurs de leur civilisation et les débris des institutions romaines [48]. Sans l'Église, le pays n'aurait plus été qu'une seconde Germanie, avec la vigueur en moins, et la corruption en plus. L'Église servit de digue et d'asile ; elle abrita ce qui maintient les peuples : les arts utiles, la science, la justice.

Chloter régna peu ; son fils Dagobert (628 à 638), exilant en Aquitaine son frère Caribert et laissant en Ostrasie les Von d'Herstall jeter les fondements de leur dynastie allemande, releva pendant dix ans, dans son royaume de Neustrie, le prestige des Mérovingiens. Le nom de *Francia*, première forme du mot *France*, n'est plus limité à la rive gauche du Rhin entre l'Océan et la Moselle ; il a dépassé les rives du Rhin et les vallées qui servent d'issues à ce bassin ; il s'étend sur le territoire gaulois jusqu'à la Loire et, sur le territoire allemand, au-delà du Rhin, dans la vallée du Mein où il subsiste encore sous la forme de *Franconie*. L'historien allemand Waitz a vainement essayé de limiter à la Neustrie, de la Seine à l'Escaut, le nom de *Francia* au VIe siècle et au VIIe ; M. de Sybel, plus loyal, avoue que *par là fut établie l'hégémonie franque et confirmée la territorialité du royaume frank*. Les fils de Dagobert et leurs successeurs furent *les rois fainéants* dont Éginhard fait le triste portrait, *rois chétifs et souffreteux, pauvres orphelins, que d'avides tuteurs font périr à petit feu afin d'avoir leur héritage :* ils n'avaient plus rien de la royauté que la chevelure flottante, un trône d'où ils répondaient aux ambassadeurs *ce qu'on leur dictait,* une pension alimentaire, ce chariot attelé de bœufs que conduisait un esclave *(bubulco agente) à la manière des paysans.* Les Von d'Herstall tenaient ces derniers Mérovingiens dans la servitude la plus humiliante ; on a comparé leur situation à celle des rois juifs, après le retour de la captivité, ou à celle des derniers rois de Pologne. Le triomphe de la France teutonique sur la France romaine, à peine retardé par l'ambitieuse énergie d'Ébroïn, maire de Neustrie, se compléta par la bataille de Testry, près de Saint-Quentin, en 687. Il y avait cent ans que la Gaule luttait contre l'invasion (de 584 à 687).

La bataille de Testry fut une seconde conquête de la Gaule, disent MM. Augustin Thierry et Guizot. Nos provinces eurent des gouverneurs franks-germains ; la langue tudesque fut parlée à côté de la langue romane, idiome mixte, né du latin, et qui était alors la langue des peuples entre la Meuse et les Pyrénées. Les chefs de la dynastie allemande qui exerçait le pouvoir sous le nom des Mérovingiens, les *Von d'Herstall :* Peppin, petit-fils de Peppin le Vieil, l'associé d'Arnolf, puis Karl, et enfin ses fils, Carloman et Peppin le Bref fondent en France *un royaume allemand qui, plus tard, en se déplaçant, formera l'Allemagne actuelle.* La dynastie des Karolingiens n'est qu'un accident dans notre histoire.

Le rôle du royaume de Bourgogne paraît effacé à cette époque encore obscure de nos annales ; cela tient à ce que la Bourgogne attend son historien. Les récits d'Augustin Thierry et de Guizot ont attiré l'attention sur la rivalité de la Neustrie et de l'Ostrasie, par la résistance de l'élément gallo-latin à la pression germanique ; Grégoire de Tours nous a révélé le rôle de l'Aquitaine ; mais nul n'a fait ressortir avec une suffisante autorité l'importance géographique et politique de la Bourgogne pendant la longue période qui sépare la bataille de Tolbiac de la bataille de Bouvines. L'histoire de la Savoie est un des éléments de cette autre histoire, plus générale et si mal connue, qui embrasse le tiers de la France, entre les Ardennes et la Méditerranée et depuis Sens jusqu'à Genève.

Le dernier effort des Neustriens unis aux Aquitains eut lieu près de Soissons en 719. Karl Von Herstall, menacé sur le Rhin par les Saxons, sur la Loire par les Arabes, n'ayant plus de terres à donner à ses soldats puisque l'hérédité des fiefs, imposée par les Leudes, avait dépossédé le prince au profit de l'aristocratie, confisque les biens des églises et livre les couvents aux Barbares. Frédégaire, Hincmar, Éginhard racontent avec une singulière indifférence ce que fut l'état des Gaules : *un désordre sans nom.*

Les Von d'Herstall sauvèrent la France, il le faut reconnaître, de la double invasion dont elle était menacée, et que les Mérovingiens eussent été impuissants à combattre. Pendant près d'un siècle (718 à 814), ils lutteront contre les Germains d'outre-Rhin, et surtout contre les Saxons ; et ce royaume ostrasien, *tudesque de mœurs et d'instincts,* nous protégera contre le flot toujours grondant et menaçant de Barbares plus affamés, plus cruels que jamais.

Toutefois, tandis que les Von d'Herstall et leurs soldats tudesques nous sauvent en se défendant eux-mêmes contre les assauts d'outre-Rhin, ils envahissent nos provinces du Midi et traitent la vallée du Rhône, la vallée de la Loire comme les Saxons de Wittikind eussent traité les vallées de la Moselle et de la Meuse. En 732, Karl Martel taille en pièces les Arabes à la bataille de Poitiers; mais, de 733 à 738, il incendie la Provence et en emmène des milliers de captifs, *accouplés deux à deux comme des chiens.*

En 752, Peppin, fils de Karl Martel, adoptant la politique de Chlovis, associant étroitement la fortune de l'Église aux destinées de sa famille, jeta dans un couvent le dernier des Mérovingiens et se fit sacrer roi à Soissons. En 754, il se fait sacrer une seconde fois à Reims, par le pape Étienne. Peppin meurt en 768, laissant deux fils, dont un seul survit, Karl le Grand.

C'est sous sa main, dit Guizot, *que s'est opérée la secousse par laquelle la société européenne, faisant volte-face, est sortie des voies de la destruction, après huit siècles de désordre, pour entrer dans celles de la création* [49].

Sous le règne de Charlemagne, l'influence tudesque, déterminée par la bataille de Testry, est à son apogée. On ne trouve plus un seul nom romain ni dans l'armée, ni dans l'administration, ni même dans l'Église. Tout est devenu tudesque. Karl s'honorait d'être Germain, ne vivait qu'en Germain, ne s'habillait qu'en Germain. Les Allemands ont raison, cette fois, de le revendiquer pour un des leurs, et son histoire appartient en réalité beaucoup plus à la Germanie qu'à la Gaule. Les Ostrasiens se glorifiaient de leur nom de Franks-Teutons ; ils tendaient sans cesse à reculer le centre de leur domination vers les provinces d'où ils étaient sortis ; et, en effet, le nom d'Ostrasie *(Oster-rick)*, en s'avançant de ce côté, de siècle en siècle, a fini par rester, dans le bassin du Danube, à une petite province qui donne aujourd'hui son nom à un grand empire, l'Autriche *(Oster-reich)* [50].

L'an 800, le titre impérial donné à Charlemagne par le pape semblait consacrer l'unité germanique et renouveler, après 324 années d'interruption, l'empire romain. Mais ce qu'on croyait devoir assurer la paix du monde n'en devait amener que la dislocation et la ruine. La nuit de Noël de l'an 800 fut la source du système politique du moyen âge et de ces tristes et lamentables débats où l'empereur tourna contre les libertés de l'Église romaine l'épée qu'il avait reçue du pape pour les défendre. C'est dans l'investiture pa-

pale qu'il faut chercher le point de départ de la querelle du Sacerdoce et de l'Empire qui remua l'Europe pendant trois siècles. Au point de vue français, ce titre d'Empereur devint pour nous un péril, car, lorsqu'il eut passé aux Allemands, il servit de prétexte à leurs attaques contre les races latines, dont ils prétendaient posséder le protectorat à titre d'héritage.

Les Allemands font grand bruit de l'influence qu'ils auraient exercée, dès le début des invasions, sur les mœurs et la législation des Gaules. Ils ont trouvé en France de fervents disciples qui, séduits par l'apparente justesse de leurs théories, ont rattaché aux primitives institutions germaniques la plupart des conquêtes de notre droit moderne.

Certes, il ne faut pas nier l'union sociale des races germanique et romane et la part qu'elles ont prise en commun à l'œuvre de la civilisation moderne. M. Léopold Ranke, le moins injuste peut-être des historiens d'outre-Rhin, a pris soin de démontrer la fraternité nécessaire de ces races primitivement ennemies, races du Nord et races du Sud, nations germaniques et nations néo-latines. Il les montre toujours divisées en apparence et toujours unies au fond par les mêmes intérêts, séparées par la guerre et les passions, et travaillant sans relâche à une même œuvre, en sorte que leurs guerres ne semblent autre chose que des guerres intestines. Mais il y aurait excès à prétendre que l'élément germanique a dominé et pénétré les Gaules, tout aussi bien qu'à affirmer la suppression des institutions gauloises par la rigueur des lois romaines.

Il n'y eut pas, à vrai dire, de conquête romaine. C'est à titre d'auxiliaires, de libérateurs, que les Romains eurent accès dans la Gaule ; ils s'y maintinrent comme alliés, puis comme protecteurs. Quand Vercingétorix réussit, pour un instant, à faire taire leurs dissensions et à réunir les cités gauloises pour la guerre de l'indépendance, la Gaule vaincue devint province romaine ; mais elle ne fut pas inondée de Romains [51]. Quant aux invasions germaniques, tout ce qui franchit les frontières de la Gaule antérieurement au ve siècle fut exterminé, et il n'en resta rien.

Rien de ces Alamans qui, en 259, dévastèrent le pays et passèrent en Espagne où ils disparurent; rien de ces Germains qui profitèrent de la mort d'Aurélien pour piller la Gaule et qu'extermina Probus ; rien de ces 60,000 Alamans que massacra Constance, qui les surprit dispersés dans les villes incendiées ; rien de ces bandes innombrables qui avaient détruit quarante-cinq villes rhénanes et fait de l'Alsace un désert et qu'anéantit Julien ; rien des Saxons qui firent irruption en 370 et que les populations massacrèrent; rien de ce qu'on appelle la grande invasion de 406, puisque l'armée de Radagaise fut détruite en Italie et que les bandes qui s'établirent çà et là, sur quelques points des Gaules, ne furent point assez nombreuses pour y modifier, au physique ou au moral, la population indigène ; rien enfin des Huns et des Ostrogoths vaincus à Châlons et rejetés au-delà du Rhin [52].

Les Germains de la Gaule rhénane, les Burgondes, les Wisigoths, les Franks qui firent dans les Gaules des établissements permanents et considérables, ne s'y installèrent pas à la suite d'invasions victorieuses ; pénétrant à titre d'alliés, d'auxiliaires soldés ou de colons, s'augmentant par infiltration, si l'on peut employer cette expression, ils devinrent des insurgés, des usurpateurs, et forcèrent les possesseurs du sol au partage. Toutefois, ils ne furent point assez prépondérants pour primer l'élément gaulois, *romanisé par le christianisme plus encore que par la conquête*, et qui ne fut germanisé que par accident, localement, jusqu'à la conquête ostrasienne, cette radicale invasion de l'élément germanique. Il faut donc accepter avec réserve les généreuses et bienveillantes appréciations de M. Saint-René Taillandier [53], sans approuver toutes les patriotiques colères de M. Zeller [54].

Les Mérovingiens sont des Gaulois-Franks, subordonnés à Rome, puis à l'empire grec ; la monarchie française commence avec les Karolingiens ; elle ne deviendra vraiment nationale qu'avec la dynastie indigène des Capétiens.

VI

La Gaule perd ses limites naturelles. — Le traité de Verdun, premier essai d'équilibre européen, a pour but de séparer par un État neutre la France de l'Allemagne. — Lotharingie : son démembrement ; duché de Lorraine ; royaume des Deux-Bourgognes ; royaume d'Arles. — Établissement de l'Empire allemand. — La constitution des grands-fiefs sur la frontière de l'Est ajourne l'unité française. — Dynastie nationale des Capétiens. — De l'an 814 à l'an 1040.

Quel attrait la France exerce sur les lourds appétits du Nord et sur les vives imaginations du Midi! Pendant dix siècles, les Gaules seront ce pays rêvé où tendront les expulsés de tous les climats, les émigrants de toutes les brumes, les déshérités de toutes les solitudes. Alamans, Saxons, Frisons attaquent la frontière du Rhin; Lombards, celle des Alpes ; Wisigoths, Arabes, celle des Pyrénées. Tandis que la nation gallo-romaine continue cette œuvre de civilisation par le christianisme qui lui associe peu à peu jusqu'aux plus récalcitrants des Barbares, les Franks, l'épée à la main, luttent à la fois sur tous les points.

Chlovis écrase les Alamans à Tolbiac (l'an 496), les Wisigoths à Poitiers (l'an 507) ; Théodebert, roi d'Ostrasie, franchit les Alpes et bat en Italie les Ostrogoths et les Grecs (l'an 539) ; Chloter, roi des Franks, franchit les Pyrénées et bat en Espagne les Wisigoths (l'an 542) ; Dagobert réduit les Gascons et les Bretons (l'an 636) ; Karl Martel anéantit les Sarrasins à la bataille de Châtellerault (l'an 732) [55] ; enfin Karl le Grand, entraîné dans cette lutte à poursuivre l'ennemi sur son propre territoire, étend la domination des Franks bien *au-delà des limites naturelles des Gaules*, en Allemagne jusqu'à l'Elbe et au Danube, en Italie jusqu'au Volturne, en Espagne jusqu'à l'Èbre.

Cet excès de domination ne pouvait durer. A la mort de Charlemagne tout s'écroule ; les nations vaincues ressaisissent leur indépendance et réagissent à leur tour contre la nation des Franks, dont le territoire s'était si démesurément agrandi. La bataille de Fontanet, livrée près d'Auxerre, le 25 juin 841, entre les trois petits-fils de Charlemagne, fut le Waterloo du IXe siècle ; *la Gaule perdit ses frontières naturelles par le traité de Verdun* (842), comme la France de Napoléon Ier devait les reperdre par le second traité de Paris (20 novembre 1815), et celle de la troisième République par le traité de Francfort (10 mai 1871).

Il faudra dix siècles à la royauté française pour lentement se reconstituer ; pendant dix siècles, ces rois, d'origine, d'instincts, d'allures, d'esprit si différents, réuniront leurs efforts pour atteindre le but poursuivi par eux tous avec une persévérance merveilleuse et des succès inégaux : revanche de l'invasion de 406, revanche du traité de Verdun, reprise des vieilles limites gauloises usurpées par la jalousie de l'Europe que domine la terreur du nom français.

Après le traité de Verdun, la Gaule n'était plus qu'une expression politique des nécessités du moment, un des petits États démembrés de l'empire de Charlemagne ; mais, telle que l'avait faite le traité de 843, elle possédait une sorte d'unité sociale que son isolement politique et son resserrement géographique allaient rendre plus solide. Elle recevait une cohésion nouvelle de sa défaite ; la fusion est définitive entre les Gaulois et les Franks mêlés depuis cinq siècles ; rien n'associe plus sympathiquement les hommes que les malheurs supportés en commun.

La délimitation de 843 rejetait les Franks *en arrière du Rhône, de la Saône, de la Meuse et de l'Escaut.* Ce pays, agrégé depuis dix siècles à l'empire romain, civilisé par lui, éclairé par le christianisme, rajeuni par l'invasion franque, constitue le berceau d'une nationalité nouvelle, énergique, vivace, qui se sépare de la Germanie, se retire de l'Italie, et, depuis le fameux serment de Louis (entre Bâle et Strasbourg, l'an 842), possède une langue personnelle [56].

La France conserva longtemps les limites que lui imposait le traité de 843 ; tout ce qu'elle possède aujourd'hui en dehors de ces limites a été conquis depuis lors pour ressaisir les frontières de l'ancienne Gaule. Le traité de Verdun consacre l'existence des trois grandes nations qui se disputeront jusqu'à nos jours l'empire du monde : France, Allemagne, Italie. Louis demeura possesseur des pays situés entre le Rhin, la mer du Nord, l'Elbe et les Alpes ; Lothaire eut l'Italie. De plus, il reçut ce que l'alliance des Allemands et des Italiens venait de ravir aux Franks : *la frontière de l'Est.*

Ce territoire, resserré entre le Rhône, la Saône, la Meuse et l'Escaut, à l'Ouest, le Rhin sur tout son parcours, et les Alpes du Saint-Gothard au col de Tende, à l'Est, formait une lisière étroite, irrégulière, longue de 120 myriamètres sur une largeur moyenne de trente lieues, c'est-à-dire dix fois plus longue que large, côtoyée, entamée par les deux royaumes de France et d'Allemagne, où habitaient vingt peuples, où se parlaient quatre langues. On appela ce territoire singulier *la Part de Lothaire (Lotherreich, Lotharingia*, d'où *Lorraine*, nom demeuré à une très-petite partie de cette province factice).

La Lotharingie, destinée, dans la pensée des trois frères et dans celle des évêques leurs inspirateurs, à former *comme un fossé* entre les Allemands et les Français, devint au contraire l'objet et le champ clos de leur rivalité.

Incapable de former un État libre, disputée par ses puissants voisins, bientôt détachée de l'Italie, envahie, usurpée, prise et reprise, *la Part de Lothaire* se subdivisa en plusieurs petites principautés et motiva, de la part de la nation française, une action persévérante, laborieuse, qui dure depuis dix siècles, pour reconquérir cette frontière naturelle des Alpes et du Rhin sans laquelle notre patriotisme se sentira toujours à l'étroit et comme emprisonné dans des limites arbitraires.

C'est à la frontière de l'an 843 imposée par la force, après une défaite, que voudrait aujourd'hui nous ramener la Prusse, *cet ennemi héréditaire* qui parle au nom de l'Allemagne. C'est pour reconquérir la frontière de l'an 406, celle de l'ère pacifique des Gaules romanisées, celle de la nature, de la tradition et de la nécessité politique, que la France a fait toutes ses guerres. Cette tâche glorieuse, imposée à quiconque gouverne la France, se manifeste, suivant les temps, par des revendications purement instinctives ou par des plans médités avec soin et poursuivis avec persévérance.

La chute de la dynastie karolingienne se précipite avec le démembrement de l'empire. Charles le Chauve et ses successeurs ne se consolent pas de la perte du titre impérial ; ils n'adoptent point la langue romane ; *leurs souvenirs et leurs affections les attirent vers la Germanie ;* antipathiques aux Franks, ils sont peu à peu écartés, abandonnés, puis enfin remplacés par une race locale : *les Capétiens.*

Tandis que les royaumes se subdivisent à l'infini,

l'État social se modifie, se transforme dans le même sens. Plus d'unité dans l'État, partant plus de rayonnement du centre à la circonférence ; tout se rompt, de petits centres se forment et autour de ces centres des groupes qui vont, à leur tour, faire souche de rois et de principautés. A une époque troublée, sans moyens de communications rapides, il fallait des sociétés et des gouvernements taillés à la mesure des idées et des relations humaines ; à des idées étroites des gouvernements de clocher, à des périls incessants, à des attaques subites une protection immédiate, un abri toujours ouvert, une épée toujours prête ; de là naquit la féodalité.

Avec la féodalité, surgirent des hommes braves, que le malheur des temps mit en lumière, que la Providence tira de la foule pour en faire la souche de dynasties *toutes neuves* [57]. Tels furent, en France, entre les rivières de Seine et de Loire, *Robert le Fort*, soldat de fortune, aventurier saxon, *Tertulle le Rustique*, fils d'un paysan, qui vivait de la chasse et de fruits sauvages ; sur la frontière de l'Est, dans une étroite vallée des Alpes, *Bérold le Saxon*, dont l'origine est aussi équivoque que la naissance.

C'est en sauvant le pays de l'invasion, les uns des Northmans, l'autre des Lombards, que ces chefs hardis se forgent une couronne à grands coups d'épée. De ce Bérold le Saxon descendent les princes de la maison de Savoie, la seule souche royale qui se soit maintenue sur le trône, en Europe, à travers le temps, les guerres et les révolutions ; de ce Tertulle le Rustique sortent les Plantagenets ; de ce Robert le Fort, les Capétiens.

L'an 987, Hugues Capet est élu roi des Franks à Noyon. Une dynastie nationale écarte la famille d'étrangers que dédaignait la nation représentée par les évêques et les seigneurs. *Hugues Capet déracina sans secousse la race de Charlemagne,* dit un contemporain [58]; *il y était mû par d'anciennes haines et la coutume de ses pères.* Trois siècles et demi plus tard, après la mort successive et prématurée des trois frères, fils de Philippe IV, inventeurs de la loi salique [59], Philippe de Valois fut élu *par les hauts barons de France, et ainsi alla le royaume, ce semble à moult de gens, hors de la droite ligne* [60]. L'élection de Noyon en 987, l'assemblée des halles de Paris en 1317 [61], le vote de 1328 avaient définitivement constitué l'unité française ; l'instinct populaire avait mieux jugé que l'esprit féodal de Froissart.

Mais, comment se produit cette révolution féodale qui débarrasse le sol gaulois des débris de la souche tudesque des Karolingiens ? Et que deviennent nos frontières dans cet intervalle de près de cinq siècles (de 843 à 1328), qui sépare le traité de Verdun de l'avénement des Valois ? Lothaire, possesseur du titre impérial et des capitales du double empire, Rome, Aix-la-Chapelle, s'était fait moine en 855 ; ses trois fils disparurent l'un après l'autre : Louis avait eu l'Italie ; Lothaire, le pays entre la Meuse et le

Rhin *(Lotharingie)*; Charles, le pays entre les Alpes et le Rhône *(Provence, Dauphiné, Savoie)*. Ces trois royaumes vont à leur tour se subdiviser en quantité de petits États qui se morcelleront en milliers de fiefs.

En 875, Charles le Chauve avait ressaisi cet héritage; il meurt à son retour d'Italie, et ses deux lieutenants Boson et Rodolphe se déclarent indépendants dans la vallée du Rhône; cette usurpation quasi légale renouvelle dans le fait la séparation créée diplomatiquement par le traité de Verdun, et le fait accompli a plus de solidité qu'un écrit public. En 879, Boson réunit à Mantala en Savoie (près de Bourg-Évescal) une assemblée d'évêques, et se fait proclamer roi de Provence ou d'Arles (Bourgogne cisjurane, *formée de la Provence, du Dauphiné, du Bugey, de la Bresse*). Il meurt en 887; Rodolphe, comte d'Auxerre, réunit les évêques à Saint-Maurice d'Agaune, en Valley, et y reconstitue le second royaume de Bourgogne (Bourgogne transjurane, *formée de la Franche-Comté, de la Suisse et de la Savoie*). Son fils Rodolphe et son petit-fils Conrad, grâce au besoin d'unité et de concentration qu'exige l'attaque des Alpes par les Sarrasins et les Hongrois, réunissent les deux Bourgognes; le bassin du Rhône et de ses affluents forme un vaste royaume, le *royaume d'Arles*.

Le changement qui se produit à l'Est et au Midi, de Besançon à Marseille, se produit également au Nord, *du Rhin à la Meuse,* par des événements parallèles ; avec cette différence que les princes allemands s'accroissent, dans la vallée de la Moselle, de l'équivalent de ce que perdent les rois italo-gaulois ou franco-latins dans la région des Alpes.

C'est au Xe siècle, sous la dynastie des Othons, que s'accomplit la séparation définitive de l'Allemagne et de la France. C'est alors, pour la première fois, remarque M. Zeller, que les différents peuples de la vieille Germanie se donnent les uns aux autres le nom générique qu'ils ont conservé à travers plusieurs altérations *(Teutschland* ou *Deutschland)*, et que le nom de France remonte des rives rhénanes à la vallée de la Seine, pour s'imposer ensuite à tout le pays entre le Rhône et la mer, la Meuse et les Pyrénées. Jusqu'en 1792, la région de l'Est, en-deçà de la Meuse, de la Saône et du Rhône, conservera dans les prétentions diplomatiques, comme dans le langage populaire, le nom de *terre d'Empire*. Quand les mariniers du Rhône descendent le fleuve, ils disent encore : *vire à l'Empire* ou *vire à la France,* suivant qu'ils abordent à la rive gauche ou à la rive droite.

L'histoire nationale de l'Allemagne commence en 919, lorsque, à la mort du roi Conrad de Franconie son frère, Éberhard, ancien rival d'Henri l'Oiseleur, duc de Saxe, lui cède ses droits, s'associe à sa fortune, et lui remet les insignes du commandement. Henri, proclamé dans la petite ville de Fritzlar *roi des Franks et des Saxons*, s'attacha, par des traités, des victoires ou des mariages, les Bavarois, les seigneurs de la Lotharingie, ceux de la Haute-Bourgogne (Suisse), profita, pour s'agrandir et s'affermir à l'Ouest, des troubles incessants de la France, où les derniers Karolingiens et les ancêtres des. Capétiens se disputaient l'influence.

La rivalité de Charles le Simple et de ses compétiteurs au trône eut pour résultat de faire tomber sous la suzeraineté du roi de Germanie la Lotharingie du Nord (Lorraine). Le sort de la rive gauche du Rhin dépendait alors, comme il dépendra toujours, de la puissance alternative de l'Allemagne ou de la France.

La dynastie des Othons achève l'œuvre de Henri l'Oiseleur. Les historiens allemands caractérisent avec enthousiasme l'unité accomplie au-delà du Rhin. *La Germanie*, dit M. de Sybel, arrachée à l'anarchie, délivrée des invasions du dehors, *après avoir reculé, reprenait sa marche en avant*. Unie autant qu'elle pouvait l'être, partout respectée, nulle part haïe, elle était devenue le plus puissant État de l'Europe, *sans être dangereuse à la liberté de ses voisins.*

Ceci est une illusion. L'Allemagne, unifiée par les Othons, sous une forme fédérative, a moins cherché à civiliser les peuples qu'à les dominer; son but a toujours été de prendre une position de commandement. Ce désir jette ses chefs sur la Lotharingie et sur l'Italie ; rois saxons, ces princes sont les ennemis nés des seigneurs franks de l'Est, des Français karolingiens ou capétiens ; ils essaient, chez eux, jusqu'à six invasions sans réussir à les vaincre.

L'Allemagne s'est faite en échappant à l'empire frank; la France s'achève en se dérobant à la conquête allemande. Charlemagne avait mérité le titre impérial en défendant la civilisation contre l'invasion; les Othons gagnent le leur en triomphant des pays civilisés; l'Italie et l'Église reconnaissantes couronnent Charlemagne; c'est de l'Italie envahie et de l'Église réduite en servitude qu'Othon réclame une couronne qui n'est plus qu'une épave du pillage.

Le Karolingien Louis d'Outre-mer, fils de Charles le Simple, dépossédé par les entreprises de ses vassaux, réduit à la seule ville de Laon, se rapproche de ce pays d'Ostrasie, berceau de ses ancêtres, et rêve de s'y refaire un royaume. Le duc de Lorraine venait d'être tué dans l'une des guerres féodales qui ensanglantaient les bords du Rhin; Louis épouse sa veuve, Gerberge, sœur de l'empereur Othon. Celui-ci, dur à ses vassaux, mais qui soutenait volontiers la révolte chez ses voisins, avait déjà marié son autre sœur, Edwige, au duc de France Hugues, père de Hugues Capet. Le dessein d'Othon parut être d'annuler ses beaux-frères l'un par l'autre; il essaya de surprendre, dans l'assemblée d'Attigny, le serment des barons; éconduit, il revint par la Bourgogne et y prit la tutelle du jeune Conrad, origine des prétentions allemandes sur le royaume d'Arles.

Plus tard, intervenant dans les querelles de Hugues et de Louis, il tente la conquête du royaume de France avec 32,000 Saxons; pour motiver l'invasion, il emmène avec lui le Karolingien dépouillé et le petit roi Conrad. Il franchit la Meuse et arrive sur la Marne (l'an 945). Le duc de France lui fait dire que, s'il passe la rivière, *il lui fera voir plus de casques qu'il n'en vît jamais.* — *Qu'il vienne donc*, réplique l'Allemand, *et je lui montrerai assemblés plus de chapeaux de paille que son père et lui n'en ont vus pendant toute leur vie.* Il entendait par là ses Saxons coiffés, l'été, de sortes de bonnets rustiques en épis de blé.

Battu à l'escalade de Laon, Othon fit capituler Reims en menaçant l'évêque de lui crever les yeux ; il y réinstalle le roi Louis, arrive sur la Seine, descend jusqu'à Rouen, passant et brûlant les villages, mais n'osant attaquer les villes. Les *Annales* du moine Richer donnent les détails de cette invasion brutale, sans dessein militaire ni politique, qui dura trois mois et qui laissa *entre les murailles des cités épouvantées un sol nu et comme stérilisé par le feu.*

Cette guerre, où le roi, petit-fils de Charlemagne, apparut sous la protection d'un pillard inhumain, fut le coup de grâce de la dynastie karolingienne. Les synodes tenus *sur terre allemande*, et où l'on essaya de ressaisir par la diplomatie ce que la force n'avait pu emporter, échouèrent comme l'invasion.

Repoussé par les Français, Othon se retourne vers l'Italie. Suzerain de la Lorraine, tuteur de la Bourgogne, il fait épouser au roi des Italiens, Lothaire, la sœur de son pupille Conrad, cette blonde Adélaïde dont la vie fut si tourmentée. Lothaire meurt ; Othon accourt à l'appel de la jeune reine qu'on violente, descend en Italie par la vallée de l'Adige, délivre Adélaïde et l'épouse. Les *Ottelini*, premières monnaies frappées à Milan à l'effigie du César tudesque, rappelèrent longtemps aux Italiens cette prise de possession de la Lombardie par un étranger qui mettait aussi brutalement la main sur les couronnes que sur les femmes.

Dix ans plus tard, Othon part d'Aix-la-Chapelle, *saisit en passant l'Alsace* qu'il convoitait depuis l'invasion de 945 et s'y crée un fief personnel (l'an 961). C'est la seconde séparation de l'Alsace d'avec les Gaules, la première ayant eu lieu en 419. Il descend en Italie, reçoit à Milan la couronne impériale, et se la fait une seconde fois livrer à Rome. Ce n'est point ici le lieu de narrer les scandales et les crimes que le prince teuton accumula sur sa tête, brutalisant les évêques, déposant le pape, dispersant les Romains *comme l'épervier les colombes*, dit Luitprand.

De 961 à 964, il fonda *le saint-empire romain-germanique sur les ruines des églises et dans le sang des innocents*, si l'on en croit les récits de Gerbert et les documents authentiques publiés par Muratori pour servir à l'histoire d'Italie. L'historien milanais Landolf a beau appeler le nouveau pouvoir *l'empire de tous les royaumes*, la domination allemande au-delà des Alpes ne sera qu'une guerre perpétuelle, et la prompte décadence des Ottonides deviendra le juste châtiment des excès qui servirent à leur triomphe.

Othon II prépara à Aix-la-Chapelle, dès 978, la conquête de cette France dont les chefs lui disputaient toujours la Lorraine et qui trouvaient des amitiés et des attaches en Bourgogne, dans le royaume d'Arles et jusqu'en Lombardie, partout où pesait le poids trop lourd de la domination saxonne.

Le duc de France, Hugues Capet, conseille au jeune roi Lothaire de ne point attendre l'ennemi ; ils entraînent 30,000 hommes vers la Moselle, pénètrent sans combat dans Aix-la-Chapelle, d'où s'échappe Othon, et, ménageant la ville qui fut la capitale de *Karl Major*, se contentent, en signe de victoire et d'ironie, de retourner du côté de l'Est l'aigle de bronze que le vieil empereur avait placée au faîte du palais et dont les Allemands venaient de déployer les ailes vers la Gaule. On était à la fin du mois de juin ; Othon, réfugié à Dortmund, en Westphalie, y réunit les Saxons, déplore sa honte, jure de la laver dans le sang. Les chroniqueurs Richer, Guillaume de Nangis, Hugues de Fleury, Sigebert de Gemblours, abondent en détails piquants et caractéristiques sur les préliminaires de cette *onzième invasion*.

Dans les premiers jours d'octobre, l'empereur Othon passait le Rhin, la Moselle, la Marne. Quarante mille soldats enfiévrés de pillage ravagent, brûlent et dépeuplent les diocèses de Reims, de Laon, de Soissons *(partim combussit,* disent les contemporains, *partim depopulatus est)*. La rage de destruction augmente à mesure qu'on approche de Paris ; le vieux palais de Compiègne, le monastère respecté de Chelles sont incendiés ; il n'en reste pas pierre sur pierre. L'incendie a toujours été le jeu favori des Allemands ; ils ont si froid dans leur pays que le feu est à leurs yeux la plus joyeuse manifestation du succès.

Paris, défendu par Hugues Capet, résista vaillamment. Les Allemands avaient établi leur camp sur les hauteurs de Montmartre ; le jour, ils se répandaient dans la campagne, ramenant troupeaux et prisonniers ; le soir, à la lueur des incendies, *ils entonnaient des cantiques et des alleluia à faire tinter longtemps les oreilles des Parisiens.* Parfois, ils essayaient des surprises, des escalades ; les bourgeois repoussèrent toutes les attaques. Il y avait sans cesse, sous les murailles, à la vue des deux armées, des duels à la mode barbare ; Saxons, Bavarois, Borusses se défiaient à qui irait planter son poignard dans le bois des ponts-levis qui servaient de portes ; bien peu revinrent de ces impertinentes jactances. Après trois semaines d'investissement, l'armée féodale apparut. Othon ne l'attendit pas, leva le camp, défila sous les remparts *avec des hurlements* et battit en retraite aussi rapidement que le permirent les innombrables chariots dont il avait accru ses bagages. Surpris au passage de l'Aisne par Hugues et Lothaire, il perdit plusieurs milliers d'hommes ; il ne s'arrêta que derrière la Meuse. Un an plus tard, les évêques négocièrent un compromis qui abandonnait la Lorraine à l'Allemagne *comme fief de la couronne de France*. Germains et Français furent également choqués de cette transaction.

Les discordes italiennes permettent aux Allemands, maîtres de l'empire, de s'indemniser, dans la région des Alpes, des déceptions que leur ont fait subir *les ducs des Français* sur la Moselle et sur la Meuse. Les empereurs saxons et franconiens, au milieu des fortunes diverses que les diplomates italiens ménageront toujours à l'étranger, qu'il les exploite ou qu'il les délivre, transforment les Alpes en une route d'étapes et d'entrepôts. Ils abandonnent la vieille voie des invasions, le col du Brenner, pour les vallées de la Maurienne et de la Tarentaise, plus courtes, plus abordables et qui menacent de flanc la vallée du Rhône.

Cependant les Franks unis aux Lombards auraient pu ressaisir l'empire ; trois fois l'occasion s'en présenta ; trois fois ils en furent empêchés par l'hésitation de leurs chefs et l'indolence de Rodolphe III, successeur de Conrad le Pacifique, et roi fainéant des Deux-Bourgognes. Il est rare que les règnes trop longs n'amènent pas un certain relâchement dans l'exercice de l'autorité. Conrad régna cinquante-six ans, Rodolphe quarante ans. Profitant d'une possession relativement paisible de près d'un siècle, chance rare dans l'histoire des peuples, les favoris et les lieutenants de ces princes avaient perpétué leur propre suprématie et solidement assis leurs familles. Les sympathies de Rodolphe pouvaient être françaises ; mais les intérêts de ses capitaines étaient allemands. Le plus hardi de ses comtes, Bérold, fils de Hugues de Saxe, ami d'Othon III, puis de Henri II, comme son fils devait l'être de Conrad le Salique, agit en lieutenant de l'empereur, plutôt qu'en général du roi d'Arles.

Tandis que les empereurs guerroyent en Italie, il défend à leur profit les Marches de Savoie et de Maurienne, échelonne des garnisons allemandes d'Arles à Besançon, et gouverne de fait cette région où Rodolphe III n'est qu'un second Thierry sous la rude main d'un autre Peppin Von Herstall. Il semble que tous les princes de vieille souche fussent, à cette époque, accablés de lassitude et rassasiés du pouvoir ; beaucoup se retiraient dans les cloîtres, échangeant le harnais de bataille pour le psautier et la robe de velours contre la cape de laine brune ; d'autres se laissaient mourir *de pitié de vivre*, selon le mot des contemporains ; les plus insouciants abandonnaient à leurs favoris des droits dont ils avaient perdu le goût et des devoirs qu'ils se sentaient impuissants à remplir. C'était à des seigneurs d'occasion, à de vaillants parvenus que semblaient échoir la vigueur, l'audace et tous les sourires de la fortune. De telles circonstances ne pouvaient être que favorables au retour de l'influence française dans la vallée du Rhône ; mais le roi d'alors n'en sut point user.

Robert, roi depuis 996, était un saint homme, bon jusqu'à la faiblesse, esclave de ses officiers, laissant les mendiants arracher les broderies d'or de son manteau. Il composait des hymnes, réglait les chœurs de l'abbaye de Saint-Denis et laissait le royaume *s'en aller au gré du siècle comme une barque flottant à la dérive sur l'eau de Loire*. En 998, il épousa Berthe, sa cousine, veuve d'Eudes Ier, comte de Blois; *elle était héritière*, par son frère Rodolphe, *du royaume d'Arles*. Aussi le pape allemand Grégoire V exigea-t-il, dans l'intérêt de l'empereur Othon III, son oncle, que ce mariage fût rompu, sous prétexte de parenté [62]. L'Église, pour favoriser le mélange des races et la fusion des seigneuries, avait interdit les alliances entre parents jusqu'au septième degré. Robert résista; il fut excommunié; son amour le trouva sans force devant l'interdit [63].

Il répudia Berthe et épousa Constance, fille du comte de Toulouse. Pour mieux s'assurer contre une revendication de Berthe, Henri de Bavière, successeur d'Othon, exigea du roi d'Arles une donation conditionnelle de ses États. Robert ne sut pas mieux profiter des chances de son second mariage que de celles du premier. Il venait d'agrandir son domaine du duché de Bourgogne qui lui était échu par la mort sans enfants de Henri, son oncle (1002); il y rencontrait les mêmes résistances dont plus tard triompha Conrad le Salique dans le royaume d'Arles; comme lui il n'obtint un simulacre de souveraineté, après douze ans de lutte, qu'au prix de concessions considérables.

A la mort de Henri de Bavière, les Italiens refusèrent de reconnaître Conrad le Salique et offrirent à Robert la couronne des rois lombards (1024); en même temps, les seigneurs de Lorraine firent appel à sa protection. Si Robert avait eu le tempérament de ses petits-fils, Louis VI, Louis VII, Philippe II, Louis VIII, *l'unité française se réalisait en une seule campagne,* l'an 1025, au lieu de se créer péniblement par l'effort de tant de générations. Gendre du comte de Toulouse, suzerain élu de la Lorraine, seigneur légitime de la Bourgogne, le roi de France pouvait envahir la vallée du Rhône au sud et au nord et recommencer en Italie, avec les mêmes droits et des chances meilleures, les campagnes de Charles le Chauve en 875 et en 877 [64]. Il refusa. Pour la seconde fois, il repoussait la fortune qui s'offrait à lui.

Toutefois, et malgré son peu d'adresse à profiter des occasions, Robert restait, aux yeux des Allemands, un rival dangereux.

En 1032, dans le but de prendre ses précautions contre les revendications de la reine Berthe ou les interventions du roi de France, l'empereur Conrad détermina le vieux roi à renouveler la donation de 1002. Par le traité de Bâle, Rodolphe, déshéritant sa sœur et son neveu, cède à l'empereur allemand tous ses droits sur la vallée du Rhône, la Savoie, l'Helvétie, les vallées du Doubs et de la Saône. Peu après, il meurt à Lausanne ; de son lit de mort, à l'instigation de ses conseillers saxons, il envoie à Conrad la lance et l'anneau légendaires de Saint-Maurice, palladium de la race royale de Bourgogne, signe visible de l'institution d'héritier. Le titre impérial donnait déjà à Conrad *le domaine direct* sur les provinces des Deux-Bourgognes ; le testament du roi y réunissait *le domaine utile*. Mais ce legs était caduc ; Rodolphe disposait de ce qu'il ne possédait plus ; son autorité contestée n'était plus qu'une ombre ; son héritage, sauf de rares fiefs personnels, se dérobait à qui voulait le saisir, et Conrad n'en retint qu'un prétexte, celui d'exercer *des droits prétendus* sur des seigneuries dont les plus désirables étaient déjà assez puissantes pour faire respecter leur indépendance.

L'empereur ne pouvait se faire du traité de Bâle ni du testament de Lausanne une arme contre les prétentions françaises ; le territoire en litige lui était lui-même trop hostile pour servir de ligne de défense en cas d'attaque ; les possesseurs de fiefs ne furent pas d'humeur à ratifier le don que Rodolphe avait fait de ses droits de suzeraineté ; et Conrad eut à y rompre, dès le début, la coalition des collatéraux dépossédés et des grands feudataires associés contre quiconque discutait leur autonomie de fraîche date. Se refusant à exécuter le testament de Lausanne, les seigneurs provençaux et bourguignons appellent au trône le fils de Berthe, l'épouse répudiée du roi Robert de France, Eudes, comte de Blois, de Chartres et de

Tours, et comte de Champagne du chef de la maison de Vermandois. Eudes réclame le secours de son suzerain le roi et fait appel aux sympathies de la Diète de Pavie, si ouvertement déclarées en faveur des Français en 875, en 1002, en 1024. Le roi, retombant dans ses erreurs politiques de 1024, et obéissant à l'influence de la reine Constance que des motifs personnels attachaient à Conrad, lui refuse tout secours, méconnaissant à la fois son propre intérêt et les traditions françaises qui faisaient déjà de l'intervention provençale *et de l'amitié des Italiens* une condition de l'équilibre féodal.

L'Italie était fort divisée; *le parti national appelait les Français;* le parti allemand usait de tous les ressorts pour leur fermer la frontière des Alpes. L'empire germanique s'appuyait sur *l'épiscopat féodal* qu'il comblait de priviléges. Rome était devenue un fief de Conrad; le pape Jean XIX l'avait couronné; à sa mort, on intronisa son neveu Benoît IX; Grégoire VI aurait régénéré l'Église romaine; on l'abreuva de tant d'amertumes qu'il se démit en 1046; cinq papes allemands lui succédèrent.

Livré à ses propres forces, Eudes de Blois franchit le Jura, s'empara de Neufchâtel, ne put pénétrer en Savoie, mais, la prenant à revers par le delta allobrogique, fit capituler la cité de Vienne. Les Italiens, au bruit de ces succès, lui offrirent de nouveau la couronne. *Ils croyaient qu'il rétablirait le royaume lotharingique,* dit le chroniqueur Raoul Glaber, *pas-*

serait les Alpes et ressaisirait la couronne impériale tombée aux mains des Teutons. L'archevêque de Milan, le fougueux Héribert, écrasa les révoltés lombards ; Boniface, marquis de Toscane, menace la Provence par le col de Tende ; et des troupes italiennes vinrent augmenter les réserves de l'armée impériale dont le jeune chef de la future maison de Savoie, Humbert *aux blanches mains,* dirigeait les opérations.

Eudes, forcé de battre en retraite, tourna brusquement vers la Lorraine, assiégea Toul et se dirigeait rapidement sur Aix-la-Chapelle pour y rallier les mécontents d'Allemagne, quand Humbert, le poursuivant par la vallée de la Moselle, l'atteignit à Remich et le tua (1034). En même temps, l'empereur détachant de la coalition les seigneurs ecclésiastiques, se faisait *élire* pour le pays des Helvètes dans l'assemblée de Payerne et pour le pays des Allobroges dans l'assemblée de Genève. En 1035, il brûle la ville épiscopale de Saint-Jean et fait réunir, par Benoît IX, le diocèse de Maurienne à celui de Turin ; la conquête du royaume d'Arles se termine en 1038 par le serment des seigneurs et la bénédiction des évêques de la vallée du Rhône. Pour la troisième fois, le roi Robert avait manqué à sa fortune.

La défaite d'Eudes de Blois eut pour résultats de rompre la coalition des seigneurs qui ne surent pas trouver un chef parmi eux, d'envelopper complètement l'Italie par les possessions impériales, *de l'isoler de la France*, et de rejeter, pour bien des années, loin du Rhône et du Rhin, la dynastie des Capétiens et les puissants feudataires qui, d'instinct, se sentaient les légitimes héritiers de la gloire karolingienne. La conséquence plus directe encore de la guerre du testament de Rodolphe fut de mettre en relief l'individualité du chef actif et résolu à qui l'empereur devait la victoire et de fonder, au pied des Alpes *par les Allemands*, la puissance territoriale de Humbert *aux blanches mains*. Le fief savoyard allait devenir pour la France un obstacle à l'extension de sa politique et de ses frontières, obstacle dont la force de résistance va croître avec le temps, et qui sera autrement redoutable que *la Part de Lothaire* ou le *Royaume d'Arles* [65].

VII

L'effort des Allemands se porte sur l'Italie. — Dans un intervalle de cinq siècles la France ne subit que deux invasions, vite repoussées. — Les Capétiens reprennent possession de la vallée du Rhône. — Démembrement du royaume d'Arles ; achat du Dauphiné ; échange du Faucigny. — De 1040 à 1355.

L'insuccès des invasions ottonides avait rejeté l'effort des empereurs allemands de la France capétienne sur la Lorraine, sur la Bourgogne, sur l'Italie.

C'est du côté de la frontière de l'Est, dans les Alpes, que se porte désormais l'intérêt de la défense nationale. Jusqu'à l'invasion des bandes tudesques de l'empereur Charles-Quint en Provence, c'est-à-dire pendant une période de 559 ans, les Allemands ne se hasarderont que deux fois au cœur de la France, au-delà de la Meuse, en 1124 et en 1214, et ils y seront deux fois battus.

Les rois de France ne prirent point une part active à la longue querelle du Sacerdoce et de l'Empire. Toutes leurs préférences étaient pour Rome ; c'est aux chefs des Franks que la Papauté devait son pouvoir temporel; et, de même que les Karolingiens eurent pour alliés naturels les évêques, ainsi toute la politique des Capétiens se résume dans la déclaration de l'abbé Suger : *la gloire de l'Église de Dieu réside dans l'intime union du roi et des prêtres* [66]. Mais, séparés de l'Italie par de grands fiefs dépendants de l'empire, il leur est difficile d'intervenir autrement que par des conseils ou des diversions. Les comtes de Maurienne en profitèrent pour s'agrandirent sur les deux versants des Alpes; ils ajoutent successivement à leurs possessions : Suze, Turin, Pignerol, le marquisat d'Ivrée, les provinces de Bugey et de Valromey, quantité de seigneuries en Faucigny et en Tarentaise. Le fief de Savoie devenait la citadelle de l'Allemagne ; isolant la France, dominant les routes de la Provence et de la Suisse, ouvrant les portes de l'Italie.

Des causes identiques à celles qui détournèrent sur l'Italie la passion conquérante des Allemands avaient maintenu sur la Seine et sur la Loire l'attention et l'effort des rois de France. Louis VI avait espéré ressaisir la Normandie, qui échappait à la royauté française depuis la conquête de l'Angleterre par les Normands (1066) ; le roi d'Angleterre obtient de son gendre l'empereur Henri V qu'il fera une diversion en Champagne. La France féodale répond avec un élan presque unanime à l'appel du roi; les Allemands, étonnés de voir une aussi formidable armée défendre les bords de la Meuse, proposèrent la paix. Leur avant-garde n'avait pas atteint la Marne, et ils redoutaient d'être pris en flanc et en queue. *C'était la douzième invasion;* elle avortait honteusement. Cette victoire avant le combat exalta l'instinct de représailles qui tenait lieu, à cette époque, de sentiment national. Les chroniques et les légendes rappelèrent toutes les merveilleux exploits de Charlemagne *qui, avec ses chevaliers françois, avoit conquesté les Allemaignes* (1124).

Quelques mois avant la mort de Louis le Gros, Louis son fils avait épousé (1137) Aliénor, héritière de l'Aquitaine. Le droit d'hérédité des femmes fut une cause de ruine pour la féodalité en amenant, par des mariages, l'annexion successive de grands fiefs les uns aux autres. C'est ce qui apparut surtout au XIIe siècle, où plusieurs couronnes féodales échurent par succession à des femmes. « Un seul État jouit constamment du bonheur de n'avoir que des mâles pour héritiers, et par conséquent de n'obéir qu'à des maîtres nationaux : ce fut la France. Et l'habitude des Français de n'avoir que des hommes pour souverains devint telle qu'elle finit par être une loi, *et une loi d'autant plus puissante qu'elle n'était écrite nulle part* [67]. »

Les Croisades avaient porté très-haut en Orient le renom des Latins et surtout des Franks; le mot *Gesta Dei per Francos* en est resté le témoignage. La seconde croisade eut ce résultat que, faite avec les

Allemands, *mais de rivalité plutôt que de concert*, seigneurs et soldats, qu'ils fussent de Bretagne, de Gascogne, de Champagne, de Picardie ou de Provence, se sentirent pour la première fois tous *Français* en face des *Teutons* (1147 à 1152). Mais ses conséquences politiques furent déplorables. Le divorce d'Aliénor et son mariage avec Henri Plantagenet équivalent au démembrement de la France et retardent son unité à l'Ouest dans la même mesure que la guerre de la succession de Bourgogne la retardait à l'Est.

Plantagenet avait en sa possession le tiers de la France, de la Somme à l'Adour, moins le duché de Bretagne. Le comte d'Anjou, roi d'Angleterre, avait même langue, mêmes mœurs, mêmes idées que son suzerain Louis VII, roi de France. *L'Angleterre, a-t-on remarqué avec raison, n'était pour le comte d'Anjou qu'un pays étranger et conquis, pour lequel les rois et les barons de race normande ou angevine affectaient une sorte de dédain.* C'était une sorte de province tributaire d'où le comte d'Anjou, d'origine aussi française que le roi son rival, tirait des soldats et des subsides. Aussi la guerre des deux princes fut-elle une guerre civile et ne ressembla-t-elle en rien à la grande guerre nationale *de Cent-Ans* entre Français et Anglais (de 1337 à 1437). Plantagenet, d'abord victorieux, se brisa contre l'Église ; le roi de France, fidèle aux traditions catholiques de ses prédécesseurs, triompha de lui par l'appui de Rome.

Ce qui est remarquable, au XIIe siècle, c'est le rôle capital qu'y jouent les femmes ; la reine Aliénor en France (1122 à 1203), Mathilde, *la grande comtesse*, en Italie (1046 à 1115), Ermengarde, vicomtesse de Narbonne, entre les Pyrénées et les Alpes (1110 à 1160), contribuèrent à civiliser la société féodale et se distinguèrent par des innovations intelligentes. Aliénor a donné à l'île d'Oleron un code maritime qui servit de règle à la navigation de l'Océan ; Mathilde sauva la Papauté des fureurs allemandes ; Ermengarde *fit florir les cours d'amour et rendoit aussi bonne justice à la romaine que quiconque.*

Le principe d'autorité acquiert un prestige que l'abus de la force lui avait fait perdre dans les siècles précédents ; l'absolutisme du pape qui, sans soldats, par la seule puissance de ses bulles, retire, échange et restitue les couronnes, donne plus de valeur morale à la royauté. La royauté elle-même trouve en France son type le plus accompli, et le titre royal peut désormais rivaliser avec l'empire tudesque.

Philippe-Auguste enlève à la dynastie des Plangenets la Normandie, la Bretagne, les provinces entre la Loire et la Garonne (1204 à 1207). La croisade contre les Albigeois est la première brèche que fait la France du Nord à la puissance des barons du Midi (1207 à 1215). A l'Est, le démembrement du royaume d'Arles continuait : le comte de Barcelone s'était mis en possession du comté de Provence *(entre la mer et la Durance)*, et le comte de Toulouse mettait la main sur le marquisat de Provence *(entre la Durance et l'Isère)*. La royauté profitait de cet émiettement des royaumes en principautés, des principautés en seigneuries et des seigneuries en fiefs.

A cette date, se caractérise avec une énergique précision la lutte du pape et des Allemands. Les rois d'Angleterre et de Germanie, déposés par Innocent III, coalisent les grandes seigneuries des Gaules d'outre-Meuse, d'outre-Loire et d'outre Rhône contre ce roi de France qui n'avait d'autre allié, parmi les princes, que Frédéric de Sicile, *l'homme du Pape*. Déjà les seigneurs de l'Aquitaine avaient partagé le royaume avec les rois d'Angleterre et de Germanie et les seigneurs du Nord, dit le chroniqueur Guillaume le Breton ; les excommuniés, Jean et Othon, déclaraient, pour leur part, *n'avoir pris les armes que pour réduire le clergé à vivre d'aumônes*. Philippe-Auguste se proclamait, au contraire, le défenseur du clergé : *nous sommes chrétiens*, disait-il dans ses lettres de convocation des milices des communes ; *nous jouissons de la communion et de la paix de la sainte Église, et nous défendons ses libertés*.

Deux grandes batailles assurèrent à la fois le triomphe du pape et la suzeraineté du roi de France. A Muret (1213), les chevaliers de France brisèrent le prestige des chevaliers d'Espagne et des barons albigeois ; à Bouvines (27 août 1214), les milices françaises mirent en déroute les bandes féodales des Flamands, des Brabançons, des Hollandais, des Allemands.

Les Allemands, cette fois, étaient attirés par l'Angleterre dont le roi parjure, Jean sans Terre, venait de se voir confisquer, après le meurtre d'Arthur de Bretagne, tous ses fiefs sur terre de France. Les Anglais attaquaient par l'Ouest ; les Allemands, toujours par grandes masses, arrivaient au nombre de 200,000 par la vallée de la Meuse ; ils étaient soutenus par le comte de Flandre dont la mère, *la vieille Mahaut* des chroniques, avait chargé plusieurs charrettes de cordes *fabriquées à plusieurs brins par les tisserands de Bruges et de Gand pour lier les chevaliers français*. La *Chronique de Reims*, rédigée par un prêtre témoin de l'invasion, fait de cette guerre un récit vif et consolant. La royauté d'alors était chevaleresque et populaire ; les gens d'armes des seigneurs et les milices des communes se pressaient autour de Philippe-Auguste, tout rayonnant de la gloire des croisades. L'armée nationale s'avance jusqu'à Tournay ; puis, de là, pour attirer l'ennemi dans la plaine, recule jusqu'au pont de Bouvines, près de Bapaume, entre Lille et Arras. Le roi mange *la soupe au vin* avec ses officiers, offre la couronne au plus digne, est accueilli par des cris enthousiastes de : *Chevauchez hardiment contre l'étranger. Nul ne nous y conduira que vous.* Le combat fut rude ; mais les cordes de Mahaut servirent à lier les morts qu'on brûla en tas. Othon perdit ses armes et ne dut la vie qu'à la fougue de son cheval. Le lendemain, à l'aube, quand on voulut poursuivre l'ennemi, on n'aperçut plus sur les collines du Hainaut que de lointaines lueurs d'incendie. L'invasion s'était évanouie comme un flot que le vent apporte et qui disparaît avec lui.

Au Midi, Simon de Montfort, maître des vallées pyrénéennes, aborda la vallée du Rhône, parcourut en suzerain le marquisat de Provence dont les barons lui firent hommage, et maria son fils à l'héritière du Viennois. C'eût été un rude adversaire pour le comte de Maurienne ; mais le dauphin Guigues VI, s'étant remarié, eut un fils qui lui succéda, et Amaury, accablé sous le lourd héritage de haines et de larmes que lui laissait Simon de Montfort, céda au roi Louis VIII tous les droits qu'il avait à prétendre sur les pays conquis par son père (1224). La guerre des Albigeois se transformait ; c'était désormais la lutte de la royauté française avec les grands fiefs du Midi.

Les poëtes traduisent, à cet instant, le sentiment populaire sur la frontière du Midi comme les trouvères du temps de Charlemagne avaient exprimé les instincts passionnés du IX⁰ siècle à l'égard de la frontière du Rhin, *ces limites d'eau courante où boiront les destriers de nos chevaliers avant de s'en aller chevaucher sur la terre des Allemaignes.*

« *Tu dresseras des tentes sur les monts pyrénéens,* disaient-ils à Louis VIII ; *rejette l'hérésie de la vieille Gaule pour posséder sans intermédiaire les domaines de tes ayeux ; puis tu reviendras chasser de l'Aquitaine le dragon blanc des Anglais* [68]. »

Le siége d'Avignon, fief du marquis de Provence et ville impériale, fut le fait capital de la guerre de 1226. Le roi mourut au retour, et Blanche de Castille, qui renouvela, au XIIIe siècle, les actes énergiques et habiles des Aliénor et des Mathilde, gouverna, on sait à travers quels obstacles et avec quels succès, sous le nom de son fils Louis IX. En 1229, le traité de Paris, dicté par le pape, consacra la défaite du Languedoc et la suppression du royaume d'Arles.

C'était un pas immense fait, de ce côté, vers la frontière des Alpes. Le roi réunissait immédiatement à la couronne les pays situés sur la rive droite du Rhône, entre les rivières de l'Agly et du Gard, qui devinrent les sénéchaussées de Carcassonne et de Beaucaire.

Le marquisat de Provence *(de la Durance à l'Isère)* fut remis au pape qui en confia la garde au roi de France.

Raymond-Bérenger, comte de la *Provence maritime* (entre la Durance et la mer), avait quatre filles et point de fils. L'une, Marguerite, avait épousé Louis IX (en 1234) ; la seconde était reine d'Angleterre ; la troisième, duchesse d'Aquitaine. Il résolut de marier la dernière, Béatrix, à Raymond VII, qui était de taille à maintenir l'indépendance provençale. Ce projet était un péril sérieux pour la monarchie française ; le fief de Provence, aux mains d'un prince énergique et hostile, fermait la vallée du Rhône au Midi comme le fief de Savoie la fermait à l'Est. La mort de Raymond-Bérenger permit à Louis IX d'évincer Raymond VII et d'amener les États de Provence à accepter le mariage de son frère Charles d'Anjou et de Béatrix (1246). Cette prise de possession des côtes provençales et de la vallée du Rhône jusqu'à la Durance prit les allures d'une véritable conquête ; elle fut définitive. Cette annexion complétait l'œuvre de Louis VI ; elle était la conséquence des vues persévérantes d'une série de grands politiques : Suger, Philippe-Auguste, Blanche de Castille et saint Louis.

L'abdication du royaume provençal entre les mains de Louis IX est la cause originelle de toutes les déceptions de la maison de Savoie de ce côté des Alpes. *La France est faite;* la guerre, pas plus que la diplomatie, ne prévaudront contre ce courant irrésistible qui, successivement, réunit à la France ou détache de la Savoie la Provence en 1229, Aigues-Mortes en 1248, le Dauphiné en 1349, les enclaves du Dauphiné en 1355, les comtés de Diois et de Valentinois en 1446, puis les possessions dans la Suisse romande en 1477, Marseille en 1481, le pays de Vaud en 1535, la ville de Genève en 1536, les provinces de la Bresse et du Bugey en 1601, les enclaves provençales en 1713, les enclaves genevoises en 1754, les enclaves du Bugey en 1760, la Savoie elle-même en 1792 et en 1860.

Tandis que ces graves événements se passaient sur la frontière de l'Est, saint Louis étudiait avec la même attention les incidents compliqués qui modifiaient, en Lorraine et dans les principaux fiefs de la *France rhénane* (ce qu'on appelle aujourd'hui la *Prusse rhénane*), la situation réciproque de la France et de l'Allemagne. La chute de la dynastie karolingienne et les progrès de l'empire allemand avaient soustrait ces pays à l'influence française. Saint Louis est le premier prince français qui ait cru devoir intervenir dans les affaires de ses voisins à un point de vue politique et *avec des vues d'avenir;* son action prudente et pacifique a préparé de longue main l'annexion du comté de Bar et des Trois-Évêchés. Appelé comme arbitre pour régler le différend entre le comte de Bar et le comte de Luxembourg, saint Louis, au lieu d'imiter les rois de Germanie, de tirer parti des inimitiés de ses voisins et de les diviser pour s'agrandir, s'efforça de les pacifier. Pour apprécier ce que fut, sous l'inspiration de cet honnête homme, la première intervention diplomatique des rois de France dans les affaires particulières des princes allemands, lorrains et bourguignons, il faut relire le récit du sire de Joinville :

« Au sujet de ces étrangers que le Roy avoit ré-
» conciliés, aucuns de son conseil luy disoient qu'il
» ne faisoit pas bien de ne pas les laisser guerroyer;
» car, s'il les laissoit bien s'appauvrir, ils ne luy
» pourroient courir sus aussi tost que s'ils estoient

» bien riches en hommes de guerre. Et à cela le Roy
» respondoit disant qu'ils ne parloient pas bien ; car
» si les princes voisins voyoient que je les laisse
» guerroyer, ils se pourroient adviser entre eux et
» dire : C'est par meschanceté que le Roy nous
» laisse guerroyer. Alors il en adviendroit qu'à cause
» de la haine qu'ils auroient contre moy, ils me vien-
» droient courir sus, et j'y pourrois perdre, sans
» compter que j'y gagnerois la haine de Dieu qui dit :
» *Bénis soient les pacifiques.* D'où il advient ainsy
» que les Bourguignons et Lorrains qu'il avoit paci-
» fiés l'aimoient fort et s'en venoient plaider devant
» luy les procès et débats qu'ils avoient entre eux
» jusque vers Reims, Paris et Orléans [69]. »

Les successeurs de Louis IX surent imiter pendant quelque temps, au Nord et à l'Est, la modération et le bon sens du saint roi. Toutefois, le hasard des successions féodales vint, à plusieurs reprises, correspondre à l'instinct qui faisait élargir à la royauté son cercle d'action et d'influence. C'est ainsi que la mort d'Édouard de Savoie, en 1329, faillit mettre les Alpes aux mains d'une princesse bretonne. Cette chance échappa à la France en 1329 comme elle lui avait échappé déjà en 1034, mais pour d'autres motifs.

En 1034, il ne s'agissait que de fiefs épars que se disputaient des ambitieux au milieu du chaos universel ; en 1329, c'est un sentiment national réfléchi qui décide une assemblée délibérante à repousser l'étranger. On voit quel pas immense avait fait l'esprit public et contre quel obstacle formidable venait se heurter la marche en avant de la royauté française.

Jeanne, fille unique d'Édouard, était mariée à Jean le Bon, duc de Bretagne ; elle réclame en son nom personnel le comté de Savoie, bien qu'elle fût expressément exclue de la succession d'Édouard par le testament de ce prince. Les États généraux de Chambéry délibèrent sur le mérite de cette revendication et confirment au frère le droit de succéder, à l'exclusion de la fille.

« *La coustume de la comté de Savoye*, répondit
» Bertrand de Bertrand, archevêque de Tarentaise,
» à l'évêque de Nantes et au seigneur de Laval, ambassadeurs de la duchesse bretonne, — *n'a pas
» usance de choir en quenouille tant qu'on puisse
» trouver aucun hoir masle quel qu'il soit. Ores donc
» il nous reste le seigneur Aymon de Savoye* [70], *Philippe, prince de la Morée, et encore Loys, seigneur
» de Vaud; si ces trois s'en alloient sans enfants
» légitimes, nous prendrions assurément Madame
» mieux que nulle autre. Ains luy direz-vous qu'elle
» nous pardonne si nous ne faisons pas ce que vous
» demandez pour elle; car de droit nous ne le pouvons faire* [71]. »

La décision des États de Chambéry était fondée sur la loi burgonde ; elle avait un précédent dans la décision de 1316, en France. Elle eut pour conséquence immédiate la coalition du duc de Bretagne et des princes les plus intéressés à la suppression comme État indépendant du fief de Savoie, le roi de France et le dauphin de Viennois. L'acte d'association rédigé entre ces trois princes, le 9 janvier 1329 [72], fut un véritable traité militaire prévoyant la conquête des États de Savoie et arrêtant à l'avance les conditions du partage entre les alliés.

La cession du Dauphiné à la France vint compléter, dans ce qu'elle avait, à cette époque, de possible, l'œuvre de recouvrement de la vallée du Rhône et de la frontière des Alpes, poursuivie depuis le testament de Rodolphe III avec des fortunes diverses et que les mariages de 1234 et de 1246 avaient si heureusement consolidée.

Dès l'année 1343, Humbert II, le dernier dauphin, accablé de dettes que tripla son expédition en Orient [73], avait négocié avec plusieurs princes et même signé des actes provisoires de vente de ses fiefs. Le comte Aymon appuyait énergiquement les manœuvres de ceux qui voulaient que la cession fût faite au pape Clément VI [74]. Les conséquences d'une annexion à la France n'étaient point douteuses : au lieu de princes souvent désunis et que de longues guerres avaient appris à jalouser plutôt qu'à redouter, la Savoie allait trouver en face d'elle, en Dauphiné sur le tiers de ses frontières, en Faucigny au cœur de son territoire, le puissant roi de France. S'il empêchait l'annexion, le comte de Savoie devenait roi des Alpes ; s'il la subissait, il était fatalement entraîné, en vassal plus qu'en allié, dans la politique française.

La mort de la duchesse de Bretagne, Jeanne de Savoie, apporta de nouveaux arguments en faveur des revendications françaises. Jeanne était morte en léguant ses droits à son cousin Philippe d'Orléans. Un enfant de neuf ans remplaçait, sous le nom d'Amédée VI, le comte Aymon. L'Europe était profondément troublée, la Savoie fort inquiète de l'avenir. On ne pouvait prévoir que cet être frêle, insouciant, serait pendant quarante années, aux yeux de l'Europe, le type de la hardiesse et de l'élégance, et que le *Comte-Verd* resterait pour les provinces des Alpes ce que fut en Angleterre le roi Arthur ou dans la Gaule karolingienne le paladin Roland [75].

Philippe d'Orléans réclame la succession d'Aymon au même titre qu'Édouard III avait revendiqué la couronne de France seize ans plus tôt, en 1328. Le comte de Génevois et le baron de Vaud, régents pendant la minorité de leur cousin, invoquent les précédentes délibérations des États; mais ils faiblissent devant ce prétendant, plus impatient et plus redouté que le duc d'Orléans ou que sa veuve. Ils transigent, et cèdent à Philippe, contre l'abandon de ses réclamations éventuelles, plusieurs fiefs qui deviennent sa propriété personnelle; ils s'obligent de plus, envers la France, à des secours en hommes et en argent, et cette clause est le point caractéristique de la transaction. La Savoie se rachète en quelque sorte par la promesse de fournir un contingent de soldats contre les Anglais, et par le payement d'un subside considérable pour lequel se cotisèrent toutes les villes du pays.

Les conjectures étaient embarrassantes, et plusieurs faits expliquent la décision de l'assemblée des États, consentant à payer pour qu'on respectât ses droits. Tandis que le dauphin Humbert II négociait d'une main la vente de ses provinces au roi de France, de l'autre il se prêtait à une combinaison qui, si elle avait réussi, aurait modifié du tout au tout les destinées de l'Italie en retenant de ce côté des Alpes les princes de la maison de Savoie.

Jean de Chissé, évêque de Grenoble, né Savoyard, conseiller intime du Dauphin, son ministre, son ami, avait imaginé, disait-on, *d'annexer le Dauphiné à la Savoie*, en faisant adopter le jeune Amédée par Humbert. La suppression du décanat de Savoie [76] par Clément VI et sa réunion à la mense épiscopale de Grenoble semblaient être la preuve de projets concertés avec art et se rattachant à la même idée politique. Les allusions des contemporains ne sont pas justifiées par des documents ; il est certain, toutefois, que d'actifs pourparlers eurent lieu entre les trois diplomates les plus rompus aux affaires du temps : le comte de Génevois, Jean de Chissé et Guillaume de la Baume ; mais le but et le détail de ces négociations sont restés ignorés [77].

En 1349, le Dauphin se décida à traiter avec la

France. Il céda ses États au jeune Charles, fils du duc Jean de Normandie et petit-fils du roi de France, *quoy que le comte de Savoye pust faire sous main pour éviter ce coup*. Guillaume de la Baume, qui devint ensuite régent, avait été chargé de traverser les négociations du Dauphin et de s'entendre avec les États et Jean de Chissé. Les assemblées des nobles et des syndics, tenues à Romans et à Saint-Marcellin, s'étaient prononcées en termes positifs contre toute cession à un prince étranger, et ne consentaient à prêter l'hommage au fils du duc Jean que s'il garantissait à la province ses droits de principauté libre.

De 1343 à 1348, Humbert avait vendu des libertés aux syndics du Briançonnais, battu monnaie sur les villes et les paysans en échange de concessions politiques ; en 1349, il résuma les droits anciens et les priviléges nouveaux de ses sujets dans la célèbre transaction appelée *Statut Delphinal*, dont Charles jura l'exécution perpétuelle.

Les efforts du comte de Savoie n'aboutirent, en se combinant avec l'esprit pratique des seigneurs et des syndics de la province, qu'à la stipulation de réserves au profit de l'autonomie du Dauphiné, qui ne devait jamais appartenir qu'au fils du roi, *jamais au roi*, et ne faire partie intégrante du domaine royal *que si la couronne impériale passait à la dynastie des Valois*. Le traité fut signé à Romans, le 3 mars 1349, et la cession solennelle faite dans l'assemblée de Lyon, le 16 juillet; le lendemain, Humbert prit l'habit de jacobin qu'il ne quitta plus.

L'année suivante fut marquée en Savoie par un coup d'État dont les motifs et les particularités ont malheureusement été laissés dans l'ombre par les historiens. C'est une lacune que les documents connus ne permettent pas encore de combler. Les États généraux révoquèrent de la tutelle le comte de Genève et le remplacèrent par le sire de la Baume, assisté des seigneurs de Grandmont et de Gerbaix. Le comte de Genève était accusé, au lendemain d'une cession qui fermait la vallée du Rhône aux Savoyards, de vouloir reprendre les projets de la Grande Dauphine pour constituer *le fief du Léman* avec ses propres possessions augmentées du Faucigny, du pays de Gex et du pays de Vaud. Les barons savoyards furent moins sévères pour le régent que les seigneurs français pour le connétable Raoul de Nesles, accusé aussi de trahison, et qu'on mit à mort en novembre 1350.

Les fêtes françaises firent bientôt oublier au jeune comte de Savoie les soucis de la politique embrouillée de cette époque. Le vieux roi Philippe épousait Blanche de Navarre; le prince Jean, la veuve de Philippe de Bourgogne; le petit-fils du roi, la fille du duc de Bourbon, sœur de la princesse, qui devait, six ans plus tard, épouser elle-même le Comte-Verd, et le comte de Flandre, la fille du duc de Brabant; Philippe VI, *qui ne brûloyt jà qu'à demy*, s'éteignit au milieu des solennités joyeuses que sa mort ne put interrompre. Le comte de Savoie assista le roi Jean au sacre de Reims, suivit à Avignon la cour dans ce fastueux voyage du Midi pour lequel on avait requis tous les musiciens, tous les chanteurs, tous les poëtes de la Provence et du Languedoc, *et qui ruyna chaque chevalier pour* x *ans, chaque vilain pour* xxx *ans et plus.*

Ces relations de plaisir entre le roi Jean et le comte Amédée, ainsi que les inquiétudes que causait l'attitude équivoque du comte de Génevois, rendirent plus facile la solution de l'éternel litige dauphinois. Le 5 janvier 1354, le jeune comte renonça, moyennant le don de l'hôtel du roi de Bohême à Paris et le payement de quarante mille florins d'or, à la main de Jeanne de Bourgogne, sa fiancée depuis 1348, et qui était élevée à la cour de Savoie.

Le même jour, un traité d'échange complétait le marché en stipulant au profit du comte de Savoie la remise immédiate de *la baronnie de Faucigny,* de *la seigneurie de Gex* et du *château d'Hermance* en Chablais, contre l'abandon que lui-même faisait au Dauphin de ses *châtellenies du Dauphiné* et spécialement de ses droits sur *le territoire compris entre le Guiers, l'Isère et le Rhône.*

Le territoire appartenant aux comtes de Savoie dans le Viennois et la vallée du Graisivaudan, sans être fort étendu, comprenait quelques communes bien fortifiées, Voiron, aux portes de Grenoble, la

Côte-Saint-André, Septêmes, Saint-Georges d'Espéranche, aux portes de Vienne, et sa situation en plein Dauphiné en faisait comme une route militaire menaçant à la fois la Savoie et Lyon.

Le traité de 1354 échangeait, il est vrai, 25,000 florins de revenu contre 1,500, et 700 gentilshommes contre 72, ce qui semble hors de proportion avec l'importance stratégique des enclaves savoyardes ; mais le roi ne crut pas payer trop cher l'évacuation du Dauphiné *et surtout la rupture du mariage bourguignon* [78]. Le traité de Paris de 1354 est la contrepartie du traité de Lyon de 1601, lorsque le duc Charles cédera la riche province de Bresse pour ressaisir l'infertile marquisat de Saluces qui coupait en deux le Piémont [79].

VIII

Frontières du Nord et de l'Est. — Politique des princes de Savoie, maîtres des portes de l'Italie. — Le duc Charles le Hardy essaie de reconstituer le royaume de Bourgogne et d'Arles sous le nom de Gaule-Belgique. — Politique du roi Louis XI. — De 1355 à 1483.

La tendance de la politique allemande pendant la première partie de cette période, c'est-à-dire les dernières années du XIVe siècle, est nettement caractérisée par Froissart, l'historien international et sceptique de ce temps : *Il n'y a rien*, disait-il, *que les Allemands désirent tant que d'avoir quelque cause et motif de guerroyer le royaume de France pour abattre le grand orgueil qui est en lui et prendre part aux profits de la guerre.* Froissart, ami de tous les princes, visiteur curieux de tous les pays, n'est point suspect de patriotisme; il a les Allemands en haine, non point par rancune de nationalité ou instinct de race, mais uniquement parce que, chevaleresque lui-même, *il a en pitié les pillards et les discourtois.*

Allemands, ajoute-t-il, *sont durement convoiteux et ne font rien, si ce n'est pour les deniers.*

Il serait trop long d'aborder ici le détail des complications qui surgirent en Lorraine, en Alsace, en Hainaut et dans la *France rhénane ;* l'intérêt capital de l'unité française dépendait surtout, à cette époque, de la question des Alpes. Chaque fois que la Savoie s'attachait à la France, la diplomatie allemande lui suscitait de rudes adversaires sur le versant italien. C'est ainsi que l'empereur Charles IV trouve dans le marquis de Montferrat un rival tout prêt à opposer au comte de Savoie ; puis, tandis que le fief savoyard recouvre, au pied du Jura, le pays de Vaud, séparé depuis 1286, et, sur la rive droite du Rhône, le Bugey et le Valromey (1359), il se démembre, sur l'autre revers des Alpes, par la révolte de Jacques de Savoie, prince de Piémont. Les Savoyards, pour ne point risquer la perte de leur influence en Italie, abandonnent l'alliance française et s'associent aux Allemands contre les Visconti, seigneurs de Milan. La brusque signature de la paix, en 1375, force le marquis de Saluces à se jeter aux bras du roi de France dont il se reconnaît vassal en raison de l'hommage que devait jadis le marquisat aux dauphins de Viennois. Mais le coutûmier féodal offrait à la finesse allemande des ressources dont l'empereur se hâte de profiter ; il transporte au comte de Savoie tous les droits que pouvait réclamer l'empire sur ce fief des Ottonides ; c'était mettre en contact des prétentions opposées et créer une nouvelle source de conflits entre deux pays dont il redoutait l'entente. Ce fut l'origine du long débat qui, pendant les XVIe et XVIIe siècles, compliqua les relations de la Savoie et de la France [80].

En 1389, Amédée de Savoie, *le Comte-Rouge* de Froissart, profite du séjour de la cour de France à Avignon pour liquider la vieille dette qui avait forcé Louis d'Anjou à donner le comté de Nice en gage de sa créance. Louis II, à court d'argent, à la veille de tenter sa malheureuse entreprise de Naples, cède à son créancier les villes de Nice, Barcelonnette, Coni, Vintimiglia, dépendances du comté de Provence [81]. Barcelonnette devait attendre 324 ans son retour à la France (1713) et Nice 471 ans (1860); Coni et Vintimiglia sont restées italiennes. Trente ans après la vente du comté de Nice, la France faillit perdre pour une cause analogue les comtés de Valentinois et de Diois, au cœur du Dauphiné [82]. Le traité de Bayonne conjura ce péril (3 avril 1445).

Le long règne d'Amédée VIII avait permis au duché de Savoie de se rattacher définitivement et sans partage d'influences la Bresse en 1402, le Piémont en 1418, le Génevois en 1422. D'étroites amitiés avec les villes helvétiques, Berne, Fribourg et les républiques lombardes, Verceil, Milan, le protectorat du Valley, la quasi-possession de Genève, l'alliance de la Bourgogne, la sympathie intéressée de l'empire, complétaient l'œuvre unitaire d'Amédée VIII et donnaient au fief de Savoie l'homogénéité, la solidité, la force de résistance qui allaient lui permettre de soutenir les assauts militaires et diplomatiques du roi Louis XI.

La mort du dernier des Visconti ouvre soudain la Lombardie aux ambitions de sept prétendants. La France et l'Allemagne eurent un égal intérêt à intervenir avec promptitude. La diplomatie française, à larges vues, devait échouer contre les visées complexes, insinuantes et surtout pratiques de l'adresse tudesque, qui, satisfaite d'un demi-succès, ne risquait jamais le tout pour le tout, et préférait la possession immédiate d'un château au lointain espoir d'une province.

Les agents secrets du duc d'Orléans offrent au duc de Savoie et à son père, le pape Félix, une combinaison qui, s'ils l'avaient comprise, changeait la face de l'Europe. Ce projet, devançant les temps, osait d'un seul coup, en 1448, ce que l'on fit, on sait à quel prix, en 1601 et en 1859.

Le duc de Savoie abandonnait ses possessions en-deçà des Alpes, la Savoie, Genève, le pays de Vaud, la Bresse, le Bugey ; provinces françaises de langue, d'esprit et d'intérêts, qui auraient formé l'apanage d'Orléans sous la suzeraineté du roi. Celui-ci recouvrait par le fait la frontière naturelle des Gaules, *les Alpes occidentales*, en attendant qu'il ressaisît sur l'Empire et sur le duc de Bourgogne nos vieilles limites du Rhin. D'Orléans cédait en échange ses droits sur la Lombardie et restituait le comté d'Asti en Piémont, dot de sa mère Valentine Visconti. Le roi renonçait à Gênes qui, lasse de ses inconséquences républicaines, s'était donnée successivement au roi de France en 1401, au marquis de Montferrat en 1409, à Visconti en 1421, et, cherchant sans succès un maître qui la pût gouverner, s'abandonnait une fois de plus à la France.

Les suites inévitables de cette combinaison étaient faciles à prévoir. Malheureusement, Amédée-Félix, appesanti par l'inaction plutôt que par l'âge, rendu timide par les embarras de ses dernières années, las de son métier de Pape comme il s'était fatigué de son métier de Roi, s'attarda à délibérer au lieu d'agir. Il refusa pendant plusieurs mois de sacrifier cette politique qu'on a définie *la politique bourguignonne* par opposition aux espérances quelque peu prématurées de *la politique italienne*. Quand il se décida à l'intervention, il était trop tard. Sforza s'était saisi de la direction des affaires lombardes et recommençait une dynastie pour son propre compte.

L'indécision du duc Louis avait consommé pour plus d'un siècle (de 1450 à 1552) l'abdication politique de la Savoie. Perdant pied en Italie, emprisonné dans ses étroites vallées du Piémont par la coalition du duc de Ferrare et des marquis de Gonzague et de Montferrat, il se retourne vers la France, cherche des alliés en Dauphiné et en Bourgogne, promet des soldats à Philippe le Bon, marie sa fille au dauphin Louis [83]. Les révoltes des seigneurs, les querelles des courtisans, les suggestions de l'Allemagne, accueillies et repoussées tour à tour, l'intervention française, sans cesse sollicitée, écartée, implorée de nouveau, remplissent, dans les Alpes, la fin du XVe siècle. Toutefois, pendant quarante-six ans, du 2 novembre 1462, date de l'assemblée des États généraux à Genève, au 10 décembre 1508, date du premier traité de Cambrai, la Savoie restera courbée sous le protectorat français ; elle ne s'y dérobe que pour tomber sous la main plus lourde de l'Autriche.

Charles le Hardy, duc de Bourgogne, venait de reprendre les projets de Louis d'Orléans. Sa puissance, ses trésors, son audace le préparaient à ce rôle. Ses possessions s'étendaient des portes de Paris aux forteresses rhénanes, et de l'Océan à la Saône ; il régnait sur la moitié de la vieille Lotharingie du traité de Verdun ; il rêva de reconstituer l'ancienne monarchie des Deux-Bourgognes et de créer le royaume de Gaule-Belgique. L'adresse du roi Louis XI détourna ce péril, l'un des plus sérieux qu'ait couru l'unité française.

La secrète coalition de l'Angleterre, de la Bretagne et de la Bourgogne s'était renouée. Louis XI, frère de la duchesse Yolande de Savoie, ami des Suisses, préparait à son rival des piéges mortels, là où il ne croyait voir que des projets avortés. Les concessions apparentes du roi déconcertèrent la politique austrobourguignonne, qui, toute à ses rancunes, crut que la France se fermait à jamais l'Italie, l'Espagne, la Savoie, tandis que le roi se résignait à des sacrifices provisoires pour fortifier ses frontières du Nord et de l'Est, menacées par la triple alliance.

Dans les Alpes comme sur la Seine et sur la Loire, Louis XI, ami des bourgeois, redouté des nobles, avait des *compères* dont le bon sens insinuait à l'opinion cette nouveauté, que l'intérêt du populaire, des marchands des villes, des paysans des campagnes, primait l'ambition des seigneurs et la vanité féodale. Les États généraux de Chambéry, dirigés par des hommes du tiers état, écartent les princes frères du duc, suspects de trop aimer la Bourgogne, c'est-à-dire l'autocratie féodale, et confèrent la régence *à la sœur du roi de France* (1470-1472).

Au moment où Louis XI devait se croire le plus assuré de l'alliance de la Savoie, ou tout au moins de sa neutralité affectueuse, la régente se sépare brusquement de lui et se jette dans le parti des princes. Cette soudaine évolution n'a pas encore été expliquée.

Des lettres inédites jusqu'à ce jour [84], échangées entre le duc Charles et la régente Yolande, prouvent qu'une vaste combinaison politique modifiait, dans l'esprit du duc de Bourgogne, son rêve de *Gaule-Belgique*, pour le rapprocher de l'Italie, et qu'il allait constituer ce *royaume des Alpes*, entrevu par Louis d'Orléans, redouté de Louis XI, et que, plus tard, Charles-Emmanuel devait essayer à son tour. Des traités publics et des accords secrets [85], rédigés en prévision de certaines éventualités, associèrent étroitement la Savoie aux destinées de la Bourgogne.

L'heure paraissait bien choisie, car Louis XI semblait perdu. Il était au contraire, sans que nul s'en pût douter, à la veille du triomphe. Une de ses plus heureuses habiletés fut de jeter Charles le Hardy sur les piques des Suisses. Les Cantons, ennemis perpétuels de la maison d'Autriche, amis récents et incertains de la France, se rapprochaient des ducs de Savoie par leurs intérêts de commerce, de voisinage et de politique. La Franche-Comté de Bourgogne, le pays de Vaud, apanage du comte de Romont, le Vallcy, le Chablais, le Faucigny, étaient pour eux un vaste marché et l'entrepôt de l'Italie. Louis XI devina ce que la triple alliance des Suisses, des Bourguignons et des Savoyards aurait de désastreux pour ses desseins ; il mit tout en jeu, l'or, la terreur, la flatterie, le mensonge ; il réussit à brouiller ces voisins unis par tant de liens et de si vieilles amitiés ; brusquant les uns, il séduisit les autres.

En décembre 1475, Charles se met en route pour l'Italie ; Yolande lui en ouvrait les portes. On croyait si bien le voir descendre des Alpes, que Coleoni, qu'il demandait à Venise, répondit : *Je servirai volontiers S. A., mais en Italie.* A quoi le duc répliqua : *J'ai l'intention d'en user en temps et lieu.*

Au lieu de côtoyer le Jura et de prendre la route du Mont-Cenis, le duc Charles, cédant à son emportement naturel et aux suggestions perfides des agents secrets de Louis XI, se jette sur l'Helvétie. On sait quels furent les résultats de cette imprudence. La défaite des Bourguignons fait faire volte-face aux Savoyards, les États déclarent rompus les traités de 1475 et offrent la curatelle à Louis XI. Le roi, qui avait fait enlever sa sœur, la rend à la liberté, mais la tient en tutelle. Il exige des États généraux, réunis à Chambéry, en permanence, de décembre 1476 à avril 1477, l'abandon des droits de protectorat sur Berne et Fribourg et la reconnaissance diplomatique de la plupart des conquêtes des Suisses dans le pays de Vaud et le Valley. Les conférences d'Annecy résumèrent dans un traité de politique et de commerce[86] les accords, particulièrement favorables à l'Helvétie, que dicta Louis XI. La Suisse devenait aux mains du roi, contre l'Allemagne, ce que la Savoie avait été trop longtemps, aux mains des Teutons, contre la France.

La ruine de la dynastie de Bourgogne, achevée sous les murs de Nancy, émancipait la Suisse bernoise, privait la Savoie d'un vieil allié, l'isolait dans les Alpes, la laissait désormais seule pour tenir tête aux intérêts alternatifs des Français et des Allemands. *Il semblait que la Savoie fît désormais partie intégrante du royaume de France;* la mort de Louis XI renversa la situation (1483). Les princesses de Flandre et les diplomates allemands redevinrent les maîtres à Turin et à Chambéry.

IX

Les guerres de conquête ont toujours compromis l'intégrité territoriale de la France. — Fautes politiques de Charles VIII, de Louis XII et de François Ier. — La Réforme. — Alliances coupables des Huguenots français avec l'étranger. — Progrès menaçants de la Maison d'Autriche. — Huit invasions germaniques en soixante-cinq ans. — De 1483 à 1589.

Depuis la mort de Louis XI jusqu'au traité d'alliance de Henri IV avec les protestants d'outre-Rhin, c'est-à-dire pendant un espace de 126 ans, la France prendra souvent l'offensive ; mais sa politique hésitante, ses brusques revirements, lui feront perdre tout ce dont l'Allemagne, avec des idées plus arrêtées, une direction plus régulière et plus ferme, a pu s'accroître. Les grandes guerres européennes succèdent aux guerres féodales comme les rois ont succédé aux seigneurs ; l'unité relative s'est faite ; le pouvoir royal a brisé les résistances locales ; le roi, maître de la justice, de l'impôt, de l'armée, va s'en servir au profit de ses ambitions ou de ses caprices.

L'Italie, lasse des Allemands et des Espagnols, se jetait une fois encore aux bras de la France. *Les Génois se donnent à moi,* disait Louis XI, *et moi je les donne au diable !* Charles VIII ne sut pas résister au mirage des conquêtes napolitaines ; il avait hérité des droits de la maison d'Anjou ; il rêvait de croisade. Il signa les traités onéreux d'Étaples, de Senlis, de Narbonne, qui ébréchaient nos frontières, et se lança dans de folles aventures, dont l'unique résultat fut de ruiner le pays et d'ameuter contre nous les jalousies de l'Europe.

Les guerres faites en Italie par les Français n'ont jamais été conduites contre les Italiens, mais contre les étrangers, *Allemands*, *Autrichiens*, *Espagnols*, qui occupaient ce pays à notre détriment. Ces guerres eurent toujours pour motif déterminant la nécessité de résister à l'effort des Allemands sur la frontière de l'Est. C'est dans les plaines lombardes qu'en 1515, en 1536, en 1629, en 1690, en 1702, en 1733, en 1796, en 1859, les Français furent obligés d'aller battre les Allemands pour reconquérir les Alpes françaises. L'habileté de nos rivaux, sur la frontière de l'Est, fut de nous attirer au-delà de Milan et de Florence, de nous maintenir en Piémont plutôt que de nous laisser prendre possession des vallées de la Haute-Isère ; ils obtenaient par là ce triple résultat, de nous écarter du but, de nous affaiblir par des guerres lointaines, de créer entre les Italiens et nous un état permanent de méfiance et d'hostilité.

La coalition de l'Europe, en 1495, témoigne de la terreur qu'elle éprouve déjà de l'influence française. La ligne se renouvelle à Cambrai, en 1508, contre Louis XII, et la triple invasion des Espagnols, des Anglais et des Suisses est repoussée. En 1515, François Ier fait la conquête de la Lombardie, succès désastreux, qui nous vaut quarante années de guerre et l'élection de Charles-Quint à l'empire.

La maison d'Autriche enveloppait de toutes parts la France par ses possessions, ses armées, ses alliances ; car l'Allemagne avait ressaisi cette position de commandement conquise par les Ottonides, disputée pendant la lutte du Sacerdoce et de l'Empire, perdue par Frédéric II. La querelle des investitures *avait détourné sur l'Italie les invasions qui, jusquelà, menaçaient la France.* Son issue désarma les Germains pour trois siècles. Après la Réforme, lorsque la maison d'Autriche, flattant le pape, s'érigeant en soutien de l'orthodoxie romaine, enveloppant la France par ses héritages, eut reconstitué l'Allemagne, le danger reparut à la fois *pour la France et pour l'Italie*. L'année 1519, qui marque l'élection de Charles-Quint à l'empire, est, dans notre histoire, une date aussi néfaste que celles de 687, de 843, de 1034, de 1813, de 1866.

L'ambition du connétable de Bourbon servait les desseins de l'empereur qui, pour tirer de sa trahison tout ce qu'elle pouvait donner, lui fit envahir la Provence avec dix mille Espagnols et autant d'Allemands ; Bourbon, dans sa duplicité, payé à la fois par les Anglais et par Charles-Quint, rêvait de se faire un royaume. Il comptait sur l'ancienne chimère des Provençaux de ressusciter le royaume d'Arles et cette épopée de conquêtes qui les conduisit à Naples et en Sicile. Les provinces méridionales ont toujours produit quelques fous, mauvais fils, rebelles à l'unité française, et qui voudraient se tailler un rôle dans une autonomie factice ; l'idée de la *Ligue du Midi*, en 1871, est sortie de ce regain du passé ; telles les dartres dérivent de la lèpre.

Le connétable, à demi accueilli par le Parlement, entra dans Aix ; de là il voulait marcher sur Lyon, enlever le Dauphiné, rallier ses vassaux. L'empereur le retint, le tira en arrière ; le força au siége de Marseille dont il convoitait le port. Après six semaines de pillages entre la mer et la Durance (août et septembre 1524), *cette armée de mendiants*, selon le mot de Pescaire, l'un des chefs, fit une piteuse retraite. Trois ans plus tard, ce traître recevait son châtiment, tué sous les murs de Rome sans s'être vu vainqueur.

En 1536, l'empereur négociait avec le duc de Savoie la contre-partie des combinaisons de 1448 et de 1609, l'échange du versant français des Alpes contre des États italiens. Par la Savoie, la Bresse, la Franche-Comté, l'Allemagne eut enveloppé le bassin du Rhône ; l'annexion de la Provence n'était plus qu'une question de temps et d'occasion. François Ier para le coup

4***

en inaugurant cette politique d'intérêts dont Richelieu devait plus tard faire aussi le salut du pays: Sévère pour la Réforme à Paris, il la soutient en Suisse; Genève se fait calviniste; Berne envahit le pays de Vaud ; l'armée française, appuyant ce double mouvement, entre en Savoie. L'empereur, surpris de ce côté, passe en Provence, espérant tourner les Alpes par la vallée du Rhône et y exécuter ce plan de campagne que, douze ans auparavant, il avait, par jalousie, empêché Bourbon de tenter. L'invasion de 1536 était *un lamentable spectacle*, dit du Bellay, si endurci qu'il fût à ces affreuses guerres. Montmorency, enfermé dans un camp retranché, brûla, détruisit tout, villages, petites villes ; on fit le vide devant l'Austro-Espagnol ; paysans et soldats mouraient de faim ; des bandes d'affamés attaquaient les camps ; les maladies, la disette et les embuscades tuèrent 25,000 ennemis (25 juillet au 25 septembre 1536). La ténacité tudesque ne put mener à bout cette *quinzième invasion*. Charles-Quint repassa le Var, la rage au cœur; tous ses assauts avortaient ; ses victoires restaient stériles.

Le traité de Madrid avait stipulé l'abandon de la Bourgogne pour la rançon du roi. Mais cette province déclara *qu'elle était française et inaliénable; que le roi n'avait pas le droit de disposer d'elle pour la faire passer sous une domination abhorrée; qu'à aucun prix elle ne consentirait à déchoir jusqu'à devenir une province allemande.* Charles-Quint n'avait pu empêcher la France de ressaisir la frontière des

Alpes, la Savoie de resserrer son alliance perpétuelle avec les Cantons helvétiques, ce qui fermait sa frontière de l'Est jusqu'à Bâle, de s'emparer du Piémont et de menacer de là les possessions espagnoles en Italie. Mais il voulait tenter de séparer par un coup d'audace le royaume de ces têtes-de-pont des Alpes, Piémont et Savoie, en faisant rapidement la conquête de la vallée du Rhône. L'abordant par le littoral, il comptait en venir aisément à ses fins. C'était un beau rêve que d'isoler ainsi de la France le massif des Alpes et de la rejeter à gauche des Cévennes et des Ardennes en refaisant la Lotharingie du traité de Verdun. Cette ligne de pays si convoités, d'Amsterdam à Marseille, des bouches du Rhin au delta du Rhône, en passant par Nancy, Strasbourg, Besançon, où flottaient déjà les enseignes austro-espagnoles, attribuait sans conteste à son possesseur la double seigneurie de la mer du Nord et des mers du Levant. La France échappa à ce péril.

Seize ans plus tard, nouvelle attaque, au Nord, cette fois, et plus formidable que celles du Midi. La France, malgré les complications du règne de Henri II, possédait un gouvernement solide et accepté ; et ce qui est la condition des longues résistances, *l'idée de la Patrie dominait tout autre sentiment*. L'invasion tudesque recommençait ; on avait vu des bandes nombreuses passer le Rhin ; on ne rencontrait entre la Meuse et la mer que des fugitifs, des femmes, des vieillards, des enfants, reculant vers Orléans, Bourges,

Blois, Rouen. *C'est que les Allemands*, dit Brantôme, *n'avaient pas perdu l'envie et l'appétit des bons vivres et des beaux écus de France.* Les Anglais débarquaient à Calais ; les Allemands couraient à marches forcées sur Paris, et leur jonction devait être le signal d'une bataille désespérée comme en 1214, ou d'un siége comme en 978.

L'armée française se retrancha sur la route de Paris à La Ferté ; les Anglais s'attardèrent au siége de Boulogne et manquèrent l'occasion de rallier le gros de l'invasion sans livrer bataille. L'empereur entreprit le siége de Metz et y fut battu, durant deux mois et demi (31 octobre 1552 au 20 janvier 1553), par François de Guise et quelques milliers de volontaires lorrains et français. Un frère du duc de Guise, aussi ferme, aussi hardi, le duc d'Aumale, tenait la campagne avec quelques cavaliers et harcelait l'ennemi. *Il n'y avoit bonnes villes où le tambour ne battît pour la levée des gens de pied,* dit Brantôme ; *toute la jeunesse se déroboit de père et de mère pour se faire enrôler ; la plupart des boutiques demeuroient vides d'artisans, tant étoit grande l'ardeur de faire ce voyage et de voir la rivière du Rhin!*

Les défenseurs de Metz étaient *un contre cinq.* Cette héroïque attitude faisait tressaillir d'anxiété la France et l'Europe ; le puissant empereur fut aussi confus de sa défaite qu'il l'avait été devant Alger, lorsque la tempête, en trois heures, détruisit sa flotte. *Plaies de Dieu!* s'écriait-il, *on ne peut donc pas entrer dans cette ville, si grande qu'elle est et si à fleur de fossé? Il n'y a plus d'hommes sous mon enseigne! C'est à se faire cordelier!*

Bientôt, en effet, Charles-Quint, vieilli, vaincu, ennuyé, réalisant le rêve de solitude conçu dans des temps plus heureux, sans toutefois se désintéresser des affaires de sa famille, qui étaient en même temps celles du monde, se faisait quasi-moine. Cette abdication, rompant les liens qui attachaient l'Allemagne à l'Espagne, nous dégageait nous-mêmes et fermait à demi ces portes toujours ouvertes aux Allemands pour nous envahir : la Flandre espagnole, la Franche-Comté espagnole.

Un fait curieux s'était produit lors du siége de Metz. Le marquis Albert de Brandebourg, un Prussien, jouait sur la frontière du Nord le même rôle que le duc de Savoie sur la frontière de l'Est, se mêlant aux diplomaties des deux adversaires, sauf à s'attacher *pour un temps* à celui qui le payerait le mieux. L'état intérieur de l'Allemagne ressemblait beaucoup à celui de l'Italie, et un adroit diplomate pouvait y ramasser, sans trop de périls, d'assez gros profits.

Les petits États allemands, dont Charles-Quint, vainqueur des luthériens à Mülhberg, confisquait les libertés et traitait les princes en prisonniers, étaient disposés à s'associer contre la tyrannie espagnole. La Saxe, le Mecklembourg, le Wurtemberg, le Brandebourg demandaient l'appui de la France contre l'empereur ; en échange *de la liberté de la*

Germanie, ils offraient les trois villes impériales de **Metz, Toul** et **Verdun.** Brantôme dit avoir vu de ses yeux le marquis Albert solliciter le roi au Louvre au nom de Maurice de Saxe, chef de l'insurrection allemande. Bizarre contradiction ! Ce sont les Prussiens qui nous ont offert, en 1552, *la restitution de la Lorraine* pour prix de notre offensive, et ce sont eux qui nous l'ont enlevée en 1871, sous prétexte *de revendications germaniques.*

Le margrave, tâté par les deux partis, réussit à faire nourrir ses troupes par le duc de Guise jusqu'à l'arrivée de l'empereur ; puis, il attira d'Aumale dans un piége, et le prit, blessé, après un rude combat où, comme toujours, les Français furent à peine un contre deux.

La seizième invasion des Allemands nous donnait Metz, boulevard de la France, ville généreuse et fière, dont la plus grande douleur, dans nos récents sacrifices, est d'avoir été livrée sans avoir pu combattre [87].

C'est la défense de Metz qui a fait la popularité des princes lorrains et faillit leur valoir un trône. Que ne réserve pas la France à qui lui rendra la Lorraine ?

Le traité de Cateau-Cambrésis, rattachant par une alliance qui paraissait sincère la France à l'Espagne, semblait devoir fermer la porte des invasions. Mais les Allemands, ne pouvant plus aborder la France ni par la Belgique, ni par la Franche-Comté, ni par Metz, se rapprochèrent des cantons protestants de Schaffouse et de Bâle, et empruntèrent les routes de l'Alsace qui était à l'empereur et celles du comté de Montbéliard qui appartenait au Wurtemberg ; de là, ils passaient dans la Haute-Lorraine et pénétraient en Champagne.

Les guerres de religion furent l'occasion de leur retour. Remarquons ici que c'est la Réforme qui, par la sécularisation de l'ordre Teutonique, fit passer la Prusse dans la famille de Brandebourg, en 1525 ; le margrave Albert, grand maître de l'ordre, fit alors ce que ferait un évêque qui vendrait à son profit les vases sacrés et dépouillerait les églises. Plus tard, lors de la révocation de l'édit de Nantes, nos émigrés huguenots portèrent en Prusse leurs industries, leurs talents et leurs inimitiés. Enfin, en 1713 comme en 1815, quand on créa le royaume de Prusse ou qu'on l'agrandit, ce fut toujours en haine *de la France catholique ;* l'Europe, inféodée à l'esprit autoritaire et radical des communions protestantes, après 1712, sous l'inspiration des dynasties récentes (Hanovre, Orange, Brandebourg), après 1813, dans le réveil de l'unitarisme allemand et sous la pression des doctrinaires d'Iéna, de Tubingue et de Heildelberg, devinait que les Prussiens concentraient en eux les appétits et les rancunes tudesques.

Qu'était-ce que la Réforme ? Un formidable instrument de guerre dont toutes les passions désordonnées se servirent pour rompre la règle, et que l'ambition des princes allemands, tant catholiques que protestants, sut utiliser contre Rome d'abord, contre la

France ensuite. Cette révolte de la chair contre l'esprit prit naissance, au fond de l'Allemagne, dans le cerveau d'un moine inquiet et ardent. Luther, à son insu, et croyant innover, n'était que le plagiaire des fureurs anti-romaines des Othon, des Henri, des Frédéric, mêlées aux rêveries des hérésiarques de l'ancienne Église. *La presse,* puissance anonyme qui a valu tant de maux à l'humanité par son cheminement occulte et ses semences d'erreur que le hasard disperse en les multipliant, la presse *malveillante* naît avec la Réforme; ce sont deux pestes jumelles et dont le venin devient plus actif par sa combinaison même.

Le droit d'examen et la perversité de se moquer de toutes choses sont des dissolvants auxquels rien ne résiste; nous sommes chaque jour témoins des périls que cause cette effrénée licence du discours, dont la diffusion des journaux rend l'effet si dangereux. Au XVIᵉ siècle, Reuchlin, Hutten, Mélanchthon, sont les inventeurs du genre; ils y apportent vite la perfection dont il est susceptible dans le mauvais. Michelet, enthousiaste de Hutten, *le Coq, l'Éveilleur* des Allemands, a naïvement assemblé, dans le portrait qu'il a tracé de son héros, tous les traits qui constituent à ses yeux le mérite de cet écervelé et, aux nôtres, son insuffisance et sa présomption [88].

En France, le vice capital de la Réforme a été de manquer de patriotisme; ses chefs ont fait bon marché de l'unité française. Les radicaux de tous les temps se sont toujours plus souciés *du parti* que du pays, et le maintien de leur propre importance a été manifestement le mobile de leurs actes les plus décisifs.

Les huguenots du prince de Condé, de Coligny, du roi de Navarre, n'hésitèrent pas à se livrer à l'étranger ; ils firent appel aux Suisses, aux Anglais, aux Allemands. Ceux-ci n'ont jamais laissé échapper une occasion de *vivre sur notre belle France;* le fameux prince palatin Jean-Casimir arriva, conduisant quantité de reîtres et de lansquenets. *Il connaissait bien la France*, remarque Brantôme, *ayant été élevé à la cour de Henri II; et il sembla qu'il prit plaisir à mieux nettoyer les endroits où on l'avait jadis mieux amusé.* Quel trait de caractère ! C'est toujours l'histoire d'Armin (ou Hermann), le *héros de Teutoburg*, nourri dans les élégances latines, orgueilleux de porter l'anneau de chevalier romain, et qui attire dans le plus odieux guet-apens ses anciens compagnons d'armes et son vieil ami Varus pour les égorger de sang-froid.

Coligny occupait Orléans avec un noyau de gentilshommes ; les secours tardaient ; les Anglais prétextaient de coups de vent, de fortes marées, pour ne s'ébranler qu'à bon escient ; enfin Dandelot passa le Rhin avec les Allemands ; il rallie Condé le 6 novembre 1562. Voyons le récit de Michelet ; il ne sera point suspect de charger les alliés de ses amis :

« Condé, dit-il, était mené par sa propre armée ; » les soldats allemands ne savaient qu'un mot :

» *Geld.* Et, pour être payés plus tôt, ils marchaient
» vers la mer au-devant de l'argent anglais. La ba-
» taille de Dreux (19 décembre) sauve Paris et met
» François de Guise au pinacle. Coligny recule.
» La difficulté pour lui était de garder ses Allemands
» qui, n'étant pas payés, et n'ayant reçu que des
» coups, trouvaient le métier dur, regardaient du côté
» du Rhin. Le ferme capitaine leur dit qu'ils avaient
» raison de vouloir de l'argent, mais qu'il fallait
» l'aller chercher au Havre et prendre la Normandie
» sur le chemin. La difficulté était d'emmener ces
» soldats nomades, qui traînaient tout avec eux,
» d'emmener la masse encombrante de leurs chariots
» où ils serraient leur petite fortune, leurs pillages
» d'anciennes campagnes. *Ils y tenaient plus qu'à la*
» *vie.* Ce fut un terrible hiver. Nombre d'hommes,
» de femmes, d'enfants, chassés, n'osant rentrer,
» couraient les bois. *Pour obtenir l'argent des An-*
» *glais, il avait fallu offrir le Havre;* et cet argent
» n'arrivait pas. Les Reîtres murmuraient ; plus d'un
» commençait à se payer par le pillage. »

La paix se fit. Il fallut payer la retraite des Reîtres, *ce qui cousta bon à la Cour*, dit Brantôme : Jean-Casimir rentra à Heidelberg où il se donna le plaisir d'un triomphe à la romaine : *menant après lui une infinité de bœufs, et faisant montre des bagues, des joyaux, des buffets, de la vaisselle d'argent, des chaînes d'or, des beaux écus au soleil, qu'il avait cueillis de droite et de gauche, à l'aller et au retour-*

ner, sur ennemis et sur amis. Richesses des princes allemands, diamants et bijoux, ne sont pas pour rien passés en proverbe; et je sais très-bien d'où elles viennent. C'est toujours Brantôme qui parle.

En 1568, *dix-huitième invasion*. Les Huguenots avaient pris les armes avec une audace pleine d'ensemble et renouvelé les massacres de la première guerre ; les discordes des chefs catholiques permirent au prince de Condé d'aller attendre à Pont-à-Mousson les 10,000 reîtres et lansquenets que ramenait Jean-Casimir. *Mais ce sont chevaux de louage,* dit Castelnau, *qui veulent avoir argent et des arrhes.* Jean-Casimir exige cent mille écus; la reine Élisabeth était, suivant son habitude, en retard d'envoyer le subside promis; on transige pour trente mille écus à la condition *qu'on se nourrira sur le pays,* c'est-à-dire en rançonnant les villes et en pillant les églises.

« L'héroïque petite armée des protestants, dit encore Michelet que je cite volontiers ici, car son affirmation en pareille matière me dispense de plus amples recherches, s'en allait à la rencontre d'un secours d'Allemagne, sans toit, sans repos, sans argent, *vivant des rançons des villages et de contributions forcées.* Les luthériens allemands étaient pour Catherine ; le seul électeur palatin secourt nos calvinistes. Les reîtres joints, autre difficulté; ils n'ont suivi le palatin que sur promesse de toucher, dès l'entrée, 300,000 écus d'or. Nos protestants se dépouillent, donnent le dernier fond de leur poche : *chers bijoux de famille, anneaux de mariage, tout y passe;* les valets même furent admirables de générosité. »

Après trois mois d'escarmouches et d'excès, l'édit d'Amboise fut rétabli, et la Cour paya de rechef, comme en 1562, *à beaux deniers comptants*, le renvoi des Allemands. Ils n'avaient perdu que 800 hommes tués un à un par les paysans ; ils emportaient dans 700 chariots plus de 400,000 écus *en meubles*, outre les 300,000 qu'ils avaient reçus de la reine, les 30,000 de Condé et les 70,000 d'Élisabeth ; total, plus de *dix millions* de notre monnaie, plus de 1,100 francs par homme.

En 1569, *dix-neuvième invasion*. Wolfgang de Bavière, duc de Deux-Ponts, avait rassemblé en Alsace 14,000 aventuriers avides de pillage, *qui faisaient de la guerre leur industrie*. La reine leur oppose sans succès 6,000 Allemands catholiques, *qu'elle payait un écu le jour et qui ne se battirent qu'en craignant les coups.*

Ces Bavarois, au milieu du désordre de la guerre civile, firent une pointe audacieuse en pleine France, précédés comme toujours de la lueur des incendies et de la terreur qu'inspire aux populations une cruauté froide. Partis de Montbéliard, ils traversent à marches forcées la Bourgogne, passent la Loire à La Charité, la Vienne au-dessus de Limoges, joignent Coligny et livrent le combat de la Roche-l'Abeille ; forcés plus tard de lever le siége de Poitiers, ils dégagent Châtellerault et se font battre à Montcontour.

Ce fut une sanglante journée (3 octobre 1569). *Au moment de l'attaque, les Allemands de l'amiral l'arrêtèrent court en demandant leur solde;* ils perdirent ainsi l'occasion d'occuper les fortes positions qui leur étaient assignées et en furent punis; les Suisses du duc d'Anjou, par vieille jalousie de métier, en tuèrent les deux tiers. Coligny recule vers le Midi, *vivant de pillages à la mode allemande*, dit Montluc, remonte la vallée de la Garonne, traverse les Cévennes, se jette dans la vallée du Rhône et force l'armée royale en Bourgogne, à Arnay-le-Duc, pour s'avancer le plus près possible *des renforts allemands* qui s'approchaient des Vosges. Coligny et les Bavarois venaient de faire, en marquant chaque étape par un combat ou un massacre, plus de six cents lieues de marches à travers le royaume, en quinze mois. Wolfgang, mort de fatigue en Limousin, avait été remplacé par le comte de Mansfeld. La Cour faiblit devant la ténacité de la petite armée huguenote, et l'édit de Saint-Germain (8 août 1570) étonna ceux-là même à qui il profitait le plus.

Les Reîtres reçurent 450,000 écus; de Thou, Tavannes, d'Aubigné, Montluc, sont d'accord pour reconnaître que *ces sangsues qu'on apportait d'outre-Rhin* finiraient par absorber le plus net des revenus de l'État.

Charles IX, malgré la victoire de Lépante et les

persécutions du duc d'Albe, dont s'enorgueillissait le parti catholique, semblait se rapprocher des Huguenots. Il négociait une alliance avec les princes allemands, il assemblait des reîtres et des lansquenets en Normandie ; les soudards d'outre-Rhin couvraient les routes de la Champagne et de la Picardie. Mais la reine Catherine remua, exploita toutes les passions, et les nuits sinistres de la Saint-Barthélemy commencèrent le 24 août 1572. La Cour renonçait trop vite à la politique normale désavouée à cette époque par l'opinion, mais qui serait devenue une sauvegarde contre *l'unité allemande*. François Ier et Henri II en avaient compris la portée ; Charles IX s'y déroba honteusement ; Henri IV et Richelieu devaient en tirer un meilleur parti et plus conforme à la dignité du trône.

Les Allemands profitaient des guerres civiles *pour faire bonne litière à leurs chevaux et garnir la panse et la bourse de leurs routiers,* dit Tavannes. Condé et Jean-Casimir, ce dernier sous la promesse de devenir maître des Trois-Évêchés, avaient leurs armées toutes prêtes. L'avant-garde de Condé est battue à Fismes (octobre 1575) par le duc de Guise, que le peuple voyait toujours au premier rang à la poursuite des étrangers, ce qui fit sa fortune. En janvier 1576, Jean-Casimir traverse la Bourgogne, passe la Loire à La Charité, c'était la route d'étapes des Reîtres, et joint le duc d'Alençon à Moulins. Ses 18,000 hommes, levés uniquement par l'espoir du butin, pillèrent ou rançonnèrent cruellement toutes les villes dans le voisinage desquelles ils passèrent. Les atermoiements de la Cour aboutirent à la paix ruineuse de Chastenoy (mai 1576).

Les Allemands étaient cantonnés dans la Champagne et vivaient à discrétion sur le pays, *comme en terre conquise;* la Cour avait obtenu qu'ils partiraient moyennant trois millions et demi d'écus *qu'on leur donnerait pour avoir si bien ruiné la France;* il fallut, pour trouver cet argent, aliéner 200,000 livres de rente des biens du clergé. La Ligue se forma, au nom de la Patrie avilie et vendue ; on écrivait, dans les pamphlets du temps, que la dynastie *était gâtée,* et que le duc de Guise, le sauveur de Paris, *l'ennemi des Allemands,* ferait enfermer le roi dans un monastère, *comme Peppin, son ancêtre, fit à Childéric.*

La grande invasion allemande de 1587 *(la vingt et unième)* suivit de près l'assassinat juridique de Marie Stuart et accompagna les préparatifs que l'on faisait en Espagne pour *l'Invincible Armada.* L'armée de Jean-Casimir, dont il confia le commandement au baron de Dohna, comptait 36,000 soldats vieillis dans les guerres de Flandre et de France, 8,000 reîtres, 4,000 lansquenets, 4,000 arquebusiers, 20,000 Suisses *des hautes Allemagnes;* ils arrivaient *avec leurs grands chariots, leurs femmes et leurs enfants,* dit Estienne Pasquier dans une lettre à M. de Sainte-Marthe ; ce n'était pas une simple armée en campagne, mais une invasion d'émigrants. Ils entrent en

Champagne, traversent, en escarmouchant, la Marne, la Seine et l'Yonne ; puis, au lieu de passer la Loire au pont de La Charité, comme ils firent en 1569 et en 1576, ils descendirent sur la rive droite du fleuve, pour piller la Beauce et menacer Paris. Le duc de Guise les attaque de nuit à Vimory, près d'Orléans, et les met en déroute. *Il est sept heures du soir,* avait dit le prince à ses officiers ; *les Allemands sont à table, allons leur porter le dessert* (25 octobre 1587). Ils furent surpris une seconde fois de nuit, à Auneau : reîtres et lansquenets, les uns en croupe des autres, *tant ils eurent le feu aux trousses,* firent une cavalcade de neuf lieues, sans débrider, vers Gien (11 novembre).

Pendant huit à dix jours, dit Pasquier, *ils avaient fait bonne chère dans ces villages, à l'allemande.* Ces succès ravirent les Parisiens, les Orléanais et tous ceux qui redoutaient l'approche de ces effrénés pillards. *O Dieu!* s'écriaient les prédicateurs dans les églises, *faites triompher monseigneur de Guise comme jadis Charles-Martel et Charlemagne, ses aïeux. Faites-le triompher de ces nouveaux Sarrasins, qui s'appellent Allemands, endiablés voleurs et qui ne marchent que le fer et le feu dans les mains.*

La Cour acheta fort cher le départ de ceux qui s'étaient débandés après les combats de Vimory et d'Auneau ; on les paya cent mille écus (8 décembre), à la condition qu'ils évacueraient le royaume par petites troupes *et sous serment de ne jamais revenir en France.* Mais Guise, qui faisait la guerre à ses frais, et qui avait conduit cette rapide campagne avec un peu moins de 6,000 hommes, ne se crut pas lié par cette convention ; il se jeta à la poursuite des Allemands avec tant d'ardeur, et fut si bien secondé par les paysans, que, sur 36,000 qu'ils étaient en arrivant, 7,000 à peine repassèrent la frontière.

Dix-huit mois plus tard, le couteau de Jacques Clément anéantissait cette race malheureuse des Valois, si fatale à la France malgré ses brillants caprices, qui finissait par trois frères comme s'était évanouie la race des Capétiens, et comme devait disparaître, non moins tragiquement, la dynastie des Bourbons.

X

Importance de la question des Alpes. — Alliance nécessaire de l'Italie et de la France. — Rôle de la Savoie au xvi⁰ siècle, de Genève et du Piémont au xvii⁰. — Henri IV et ses plans d'équilibre. — Richelieu. — De 1589 à 1635.

La question des Alpes joua, au cours du xvi⁰ siècle, un rôle capital. Héritière des provinces du duc de Bourgogne et de ses projets, la maison d'Autriche, dont l'horizon était plus vaste, eut des ambitions plus hautes. Jusqu'à la mort du duc de Milan (en 1535), l'Italie demeure à sa discrétion, et lorsque l'empereur Charles-Quint, dans le célèbre Consistoire du 5 avril 1536, met le roi de France au ban de la chrétienté, c'est moins pour châtier l'allié des luthériens d'Allemagne, le soutien des calvinistes de l'Helvétie, l'ami des Turcs, que pour se ménager les priviléges que Rome accorde à qui défend sa cause.

François I⁰ʳ, plus clairvoyant que ne le furent d'ordinaire les Valois, avait devancé les desseins de l'empereur ; la révolte de Genève, la prise de possession du pays de Vaud par les Bernois furent un rude coup porté à l'influence catholique des Allemands.

La Savoie conquise en trois jours, le Piémont en sept, empêchèrent l'invasion de la Provence de produire l'effet moral que Charles en espérait. La Savoie devait rester pendant un quart de siècle annexée à la France, et l'occupation des hautes vallées du Piémont menaçait les Espagnols campés en Lombardie, où ils remplaçaient les Allemands des Césars tudesques et y amassaient des haines aussi fortes. La possession du massif des Alpes pendant cette période, l'amitié des Suisses, l'activité morale du centre révolutionnaire de Genève, permirent donc à la France, malgré ses troubles civils, malgré les fautes de son gouvernement, de résister aux attaques tentées contre elle au Midi et au Nord par la maison d'Autriche, impuissante à l'aborder par l'Est.

Le traité de Cateau-Cambrésis (25 avril 1559), trop vite conclu au lendemain des premiers succès de Henri II, avait été justement nommé par les contemporains *la paix malheureuse ;* on ne peut lui comparer que le traité de Ryswick, désastreux après des victoires.

En 1559, Henri II conservait Calais et Metz ; mais il perdait le Piémont, et avec le Piémont, qu'il eut été d'ailleurs imprudent et injuste de conserver, il perdait le plus vif intérêt du pays au XVIe siècle : *la Savoie* qui met l'Italien à Grenoble, *la Bresse* qui ouvre au Suisse et à l'Allemand les portes de Lyon, *le Bugey* qui livre de rechef à l'Espagnol le grand chemin des Flandres, par la Lombardie, la Savoie, la Franche-Comté. Pour surcroît de malechance, les provinces restituées tombaient aux mains d'un prince, honnête homme, capitaine accompli, chrétien fervent, qui ne se crut pas inféodé à l'étranger par son mariage avec une fille de France, et dont les réformes, les lois, la sagesse créèrent au milieu des Alpes une nationalité sérieuse et puissante. Le duc Emmanuel-Philibert a tiré la Savoie et le Piémont du chaos austro-espagnol et en a fait ce noyau de résistance et d'expansion qui devint dès lors l'espoir des Italiens [89].

Vers 1562, l'idée d'un *royaume allobroge*, qui aurait réuni toute la vallée du Rhône, depuis la Provence jusqu'au Valley, fut reprise en haine de la France par le double courant d'influences qui s'agitait autour du duc de Savoie : inimitiés allemandes, rivalité protestante. Les événements d'Amboise et d'Orléans empêchèrent Jolly d'Allery de réussir. Le duc s'attachait toutefois les Suisses par des traités de commerce (à Lucerne, 1560), de délimitation (à Lausanne, 1564 ; à Thonon, 1569), et d'alliance militaire (à Berne, 1570) ; il espérait recouvrer Genève par les voies diplomatiques ; il comprenait tout ce que lui donnerait de crédit en Europe une fédération perpétuelle, réunissant sous les enseignes de Savoie le territoire qui s'étend de Gênes à Bâle et de Saint-Maurice à Lyon.

Sa mort (1580) et l'impatience de son fils firent éclater la rupture. C'est autour de Genève que se concentre la lutte. C'est pour la possession de cette ville que Catholiques et Protestants, Impériaux et Français, redoublent alternativement d'adresse et d'audace ; derrière ces prétextes se cache la grande question des Frontières, la revanche du traité de Cateau-Cambrésis pour les uns, son aggravation pour les autres.

Sollicité par deux désirs simultanés, Genève et Saluces, Charles-Emmanuel comptait saisir d'abord la ville. Ce n'était pas l'affaire de Philippe II qui, poursuivant ses propres desseins, voulait aborder de flanc le Dauphiné par la grande citadelle des Alpes. Sixte-Quint, de son côté, répétait au duc, par ses agents secrets, qu'il fallait *chasser les Barbares d'Italie* avant de penser à *brûler ce nid de chenilles* que les hérétiques avaient à Genève. Le duc se décide et envahit le Marquisat (août 1588).

La possession de l'enclave française de Saluces lui devenait en effet indispensable au triple point de vue politique, militaire et commercial. C'est de là seulement qu'il pouvait surveiller les Vaudois, en correspondance incessante avec Genève ; Pignerol, Saluces et Coni étaient les trois portes des Alpes dauphinoises et provençales, la clé de la vallée du Pô, de Turin, de la Lombardie ; enfin, circonstance capitale, le pertuis du Mont-Viso ouvrait aux armées françaises une voie facile, au commerce étranger une route sûre et courte, fort préjudiciables aux péages de Savoie. En 1588, l'intérêt international préoccupait beaucoup moins les princes que le désir immédiat de fortifier sa frontière ou de détourner à son profit une source de revenus. La question du Mont-Viso, les pièces le prouvent, fut d'un poids égal à celui de la question religieuse (Genève) ou de la question politique (Saluces).

Le duc fait en trois mois la conquête du Marquisat; il revient sur Genève, et l'aurait emportée, si la diplomatie de Philippe II ne l'eût rappelé du Léman pour le jeter à la poursuite d'une nouvelle chimère (septembre 1589).

Le roi d'Espagne perdant tout espoir de faire abolir la loi salique en faveur de l'infante Isabelle, née d'Élisabeth, fille de Henri II, sa troisième femme, voulut se servir du duc de Savoie pour battre en brèche la candidature des princes lorrains à la succession de Henri III et pour faire hésiter à la fois parlementaires, huguenots et ligueurs. Le duc publie le fameux manifeste *à la noblesse française*, dans lequel il revendique la couronne comme petit-fils de François Ier par sa mère Marguerite de France, à l'exclusion de Henri de Navarre, que sa religion mettait hors la loi de l'État. Par la voix de son ambassadeur Chabod de Jacob, il fait au Parlement de Grenoble la proposition catégorique de rattacher le Dauphiné à la Savoie pour y reconstituer *le royaume des Alpes ;* ce discours célèbre trahit le secret, déguisé depuis à dessein, de l'origine gallo-romaine de la maison de Savoie, et continue les traditions de ces princes, toujours prêts à invoquer le souvenir des royaumes de Bourgogne et d'Arles en attendant qu'ils se fissent les héritiers des rois d'Italie. Les Dauphinois, plus patriotes que les Provençaux, répondent à l'envoyé ducal que de telles propositions ne sont pas de la compétence d'une Cour de justice. Le sentiment des magistrats dauphinois se trouvait d'accord avec la loyauté des États de Paris, déclarant, par l'organe de l'évêque de Senlis, fougueux ligueur : *que jamais la nation ne consentirait à donner la couronne à des femmes, et encore moins à subir la domination des étrangers.* Tandis que Chabod échouait à Grenoble, l'évêque de Riez et le président Jeannin, agent du roi d'Espagne, entraînaient le vote du Parlement d'Aix.

Le duc se présente à la Provence ; la belle comtesse de Sault lui suscite une opposition passionnée ; rebuté, Charles revient en Dauphiné et s'y heurte à Lesdiguières, rude lutteur, qui sauva peut-être à lui seul l'unité française. Le roi de Navarre venait d'abjurer ; au nom d'une idée nouvelle, *la tolérance*, Henri IV désarmait à la fois, dans l'intérêt public, la démocratie des ligueurs et l'aristocratie des huguenots.

Deux grands actes consacrèrent l'œuvre de pacification à laquelle tendait le roi. Le 13 avril 1598, l'édit de Nantes clôt la guerre civile ; le 2 mai, le traité de Vervins termine la guerre étrangère. La maison d'Autriche restituait à la France une partie de ce qu'elle possédait en 1559. Henri IV, après avoir signé, dit au duc d'Épernon : *De ce coup de plume, je viens de faire meilleure besogne que je n'en eusse fait de longtemps avec les plus vaillantes épées de ma noblesse.*

Le traité de Vervins replaçait le duc de Savoie dans un état de neutralité, nécessaire à la France, mais insupportable à son caractère. La question de Saluces était réservée à l'arbitrage du pape ; le duc réunit avec une fiévreuse ardeur les titres qu'il jugeait utiles à sa cause. On les recueillit en telle quantité *qu'il fallut, pour les porter à Rome, en charger quatre mulets.* Les Allemands et les Espagnols, ses conseils, n'avaient point encore enseigné la formule commode qui dispense aujourd'hui de titres écrits.

Le pape renonce à l'arbitrage ; le duc promet d'opter, dans le délai de trois mois, entre la restitution de Saluces et la *cession de la rive droite du Rhône;* sous main, il arme, comptant sur les intrigues des seigneurs français. Henri IV, dégoûté de ces atermoiements, envahit la Savoie qu'il occupe haut la main. *Mes prédécesseurs ont mis le duc de Savoye en pourpoint,* avait-il dit en quittant Lyon ; *je le mettray en chemise.* Les Savoyards ne se crurent pas conquis, mais *recouvrés.* Le lendemain de l'entrée des troupes françaises à Chambéry (22 août 1600), madame de Sully eut l'idée de faire chez son hôtesse une assemblée des principales dames de la ville, *où le bal fut tenu avec la même liberté et gaieté que s'il y eût eu un an que le roi en fût le maître.*

Le traité de Lyon (17 janvier 1601) fut un des actes les plus considérables de la monarchie française, un des pas les plus sûrs vers l'unité territoriale. Le duc de Savoie, en échange de l'enclave française du marquisat de Saluces, cède à la France les provinces de Bresse, Bugey et Valromey, la baronnie de Gex, c'est-à-dire *toutes ses possessions sur la rive droite du Rhône, depuis Genève jusqu'à Lyon.* Sur la rive gauche, c'est-à-dire à titre d'enclaves sur terre de Savoie, il cède Seyssel, Chanaz, la Balme-de-Pierre-Châtel, etc., afin de conserver à la France les gués et passages; jusque-là le fleuve avait appartenu à chaque riverain, par moitié, dans tout son cours [90].

La séparation des provinces d'outre-Rhône complétait le démembrement inauguré par les Suisses en 1536. La Savoie n'existait plus; d'État souverain, elle tombait à la condition vulgaire de simple dépendance du Piémont; pays ouvert à l'invasion, rétréci sur toutes ses frontières, sa destinée n'était plus que de servir de gage à chaque rupture ou d'appoint à chaque partage, jusqu'à ce que son annexion à la France devînt définitive. Mais le duc Charles avait d'autres espérances; il ne s'était résigné au traité de Lyon que pour gagner du temps; il partageait les illusions de l'Espagne. Le procès de

Biron fut un premier coup ; le maintien de la paix européenne dépendait dès lors uniquement de la France, dont l'attitude énergique et la politique conciliante faisaient hésiter la coalition austro-espagnole. Il fallait, pour servir les projets des coalisés, qu'un accident rejetât l'Europe dans le chaos, en forçant Henri IV à sortir de la défensive ; à la faveur d'une guerre générale, tout devenait possible. On résolut la surprise de Genève.

Cette ville était devenue la capitale des Réformés ; la protection intéressée dont la couvrait la France l'indiquait aux rancunes de Philippe II. En brusquant l'assaut de Genève, prémédité depuis de longues années, on forçait Henri IV à prendre parti, et les alliances se dessinaient nettement. Le coup fut tenté ; il échoua. *L'escalade de Genève* [91], dans la nuit du 11 au 12 décembre 1602, fut, dans sa petitesse, l'un des événements les plus graves du XVIIe siècle.

Le traité de Saint-Julien (21 juillet 1603) ratifie la sentence de Payerne, de 1530, qui accordait aux Génevois *la liberté de leurs alliances ;* il consacre par des garanties internationales, par l'intervention des Cantons suisses et de la France, *l'indépendance de Genève ;* il marque aussi l'affranchissement diplomatique de la Savoie. Ce pays gagne en liberté d'allures l'équivalent de ce qu'il perd en importance politique ; il cesse d'être lié au Piémont par les équivoques qu'amassait *la soif de Genève et la faim de Grenoble,* suivant les expressions de l'ambassadeur du Fresnes.

Délivré de cette passion séculaire, le duc de Savoie se fera *prince italien* et n'aura plus, de ce côté des Alpes, que des retours apparents, mais point décisifs ; il eut quelque peine à s'y décider.

Henri IV venait de prendre parti en faveur des luthériens d'Allemagne, unique moyen de faire brèche au colosse austro-espagnol. Pour réussir dans ses desseins, il lui fallait le concours de Venise, des ducs de Bavière et de Savoie. Ce dernier hésitait encore ; Henri IV lui propose *l'échange de la Savoie contre la Lombardie*, l'exécution des plans de 1448, que les événements devaient ajourner à 1859. Le duc réplique par l'offre du Milanais contre la Bresse et la Bourgogne. Ainsi, alors que le roi veut rejeter au-delà des Alpes ce voisin brouillon *et en faire, en Italie, le rival de la maison d'Autriche*, le duc continue son rêve de royauté des Alpes et consent à installer les Français en Italie pour s'en faire une arme contre l'Espagne. Il savait que les conquêtes des Français dans la Péninsule ne sont point solides ; pour les y remplacer plus sûrement, après qu'ils auraient déblayé le terrain de la souche hispano-tudesque, il se rattachait déjà aux vieux patriotes lombards, aux marquis d'Ivrée, par cette fable de l'origine italienne de la maison de Savoie qui apparaît, en 1608, en même temps que se formulent les desseins de Henri IV. Lodovico della Chiesa, le premier, imagine, sur l'ordre du duc, cette tradition que défendront successivement, de 1608 à 1860, avec les mêmes intentions dynastiques, Tesauro, Maffei, Napione et Cibrario.

Ce n'est point ici le lieu de discuter la réalité du plan fédératif de Sully; toujours est-il que le but incontesté du roi était l'abaissement de la maison d'Autriche; ses moyens : la liberté de conscience, *la coalition des États secondaires;* l'occasion : la double succession du Mantouan et du Montferrat sur le Pô, de Clèves et de Juliers sur le Rhin. L'heure était venue; Charles, encore indécis, bien qu'il eût marié, par précaution, ses deux filles à des Italiens, équivoquait toujours. Lesdiguières, à bout de patience, entre en Piémont avec six mille hommes, rencontre le duc à Brusol, village de la vallée de Suse, et lui fait signer le traité du 25 avril 1610, dont les articles publics règlent la coalition contre l'Espagne, et les articles secrets *l'annexion éventuelle de la Lombardie au Piémont et de la Savoie à la France* [92]. Dix-huit jours plus tard, le 16 mai, le coup de couteau de Ravaillac consternait la France, *sans surprendre l'Europe* [93].

L'Europe n'est plus qu'un chaos. Partout où les dynasties s'affaissent, l'esprit de la Réforme souffle l'insurrection. En France, la guerre civile; en Allemagne, *la guerre de Trente-Ans* (1618-1648); dans les Alpes, *la guerre de don Pèdre;* puis *la guerre de la Valteline,* accumulent les malheurs publics et privés.

Le duc de Savoie veut prendre la revanche des

traités de 1601 et de 1603 ; il échoue à la surprise de Gênes et à la descente en Corse comme il a échoué à l'escalade de Genève. Il envahit le Montferrat ; Louis XIII le bat au pas de Suse (6 mars 1629), et les armées françaises, déconcertant une fois de plus, en la gagnant de vitesse, l'invasion allemande, occupent de nouveau la Savoie (mai 1630).

XI

Politique nationale de Richelieu et de Mazarin. — Nos alliés naturels : Suède, Hollande, Portugal, Suisse, Piémont. — Les traités de Westphalie assurent la puissance de la monarchie des Bourbons. — Retour de l'Alsace et de la Lorraine à la France. — Traité des Pyrénées. — La Suisse, la Savoie, les États allemands de la rive gauche du Rhin deviennent des annexes militaires de la France. — De 1635 à 1660.

L'histoire diplomatique du XVIIe siècle se résume en deux périodes : de 1604 à 1668, avec Henri IV, Richelieu, Mazarin, Colbert, Louis XIV, la France adopte *la politique d'intérêts*, accroît son influence, élargit son territoire, ressaisit peu à peu ses frontières normales ; de 1668 à 1701, avec Louvois et Mme de Maintenon, Louis XIV *abandonne la politique d'intérêts pour la politique de principes*, effraie l'Europe par son ambition, se sépare de ses alliés naturels et compromet l'unité française.

Richelieu, par ses décisions hardies, prépare ce qu'achèvera la finesse de Mazarin, secondée par le génie de Turenne et la fougue de Condé. Pour battre en brèche la puissance croissante de la maison d'Autriche, il l'aborde par trois points d'attaque : la Suède, la Lorraine, le Piémont. La situation était difficile : rompre avec l'Espagne, c'était découvrir toutes nos frontières ; et où étaient nos alliances ? Tandis que les intrigues de cour et les impatiences des Huguenots semblaient provoquer à toute heure la guerre civile, le Cardinal ne rencontrait au dehors que deux États amis, sincères, il est vrai, mais d'un secours médiocre : les Suédois, vaillants soldats, mais pauvres et poursuivis par la mauvaise fortune ; les Hollandais, *pris au collet par les Castillans des Flandres.*

On a remarqué avec raison que la France a rarement pu compter sur l'Europe. Elle fait trop de jaloux pour avoir des amis. On nous flatte sans nous admirer, on nous recherche sans nous aimer. *Nos admirateurs sont souvent nos adversaires ; ils se servent de nous dans leurs dangers et nous délaissent dans les nôtres. S'ils nous font quelque bien, c'est qu'ils sont fatigués de nous faire du mal, et qu'ayant toujours la même inimitié, ils n'ont pas la même puissance* [94].

Ce fut un trait de génie que d'associer l'héroïque peuple suédois à l'œuvre française. Gustave-Adolphe, petit-fils de Gustave Wasa, roi depuis vingt-quatre ans, était un homme droit, plein de grandeur d'âme, emporté par le génie de la guerre et l'enthousiasme religieux. Il rêvait pour son pays la domination de la Baltique, et, appuyé sur la France, il pouvait avoir des vues plus hautes ; la conquête de la Poméranie, l'abaissement de la remuante Pologne, la constitution d'une fédération protestante faisant échec au saint-empire romain d'Allemagne. La journée de Lutzen allait l'ensevelir dans sa gloire. Quel changement si la Suède avait rempli ses destinées ! L'union scandinave s'accomplissait en renouvelant les annexions pacifiques de Calmar ; au lieu du Brandebourg haineux, obstiné, au lieu de la Prusse envahissante et jalouse, débordant jusque sur notre sol, la France retrouvait, au Nord, un allié fidèle, une puissance à la fois maritime et continentale, en état de tenir en échec les flottes anglaises et de peser sur les ambitions tudesques.

La déclaration du Cardinal, en 1635, ne dissimulait rien de ses plans : brisant avec l'Espagne, il renouvelle l'alliance suédoise, il projette avec la Hollande le partage des Pays-Bas, avec le Piémont l'échange du Milanais contre la Savoie. Cette guerre était la première où la France allait à la fois prendre l'offensive sur toutes ses frontières ; la défection de la Saxe, la trahison de la Prusse entravèrent tout.

Je laisse de côté les détails de la période française de la guerre de Trente-Ans.

En 1636, une nuée de pillards se jeta sur nos frontières. *C'était pour la vingt-deuxième fois.* L'Italien Piccolomini et le fameux Jean de Werth attaquèrent la Picardie ; le Tyrolien Gallas envahit la Bourgogne.

Les deux courants de l'invasion devaient pousser leurs flots sur Paris qu'ils espéraient engloutir. *Rien n'excite l'envie des Allemands comme Paris. Ce qu'ils admirent, ils le convoitent. Ce qu'ils ne peuvent avoir, ils le veulent détruire. On ne sait jamais tout ce que recèle d'insatiables désirs la simplicité apparente des peuples pauvres* [95]. Les *Mémoires* de Tavannes, de Montluc, nous le montrent au XVIe siècle; ceux de Pontis, de Monglat, de Montrésor, au XVIIe; nos pères l'ont vue en 1814 et en 1815, cette âpreté insatiable et cette passion de détruire, et nous-mêmes, hélas! en 1871.

Tandis que l'héroïsme des habitants de la petite ville de Saint-Jean de Losne, dignes modèles des défenseurs futurs de Bazeilles, de Phalsbourg, de Châteaudun, sauvait la Bourgogne, la trahison et la terreur livraient nos forteresses du Nord. Richelieu sauva tout. En moins de quinze jours, les Parisiens formèrent une armée de 40,000 hommes qui, *malgré ses plumes et ses rubans*, vanité qui n'est point morte, marcha droit à l'ennemi qui n'y comptait pas *et le heurta à maintes fois, avec de rudes coups de boutoir.* L'ennemi était à sept lieues de Paris; il avait traversé l'Oise. Comme toujours, il envoyait en éclaireurs des cavaliers chargés de rançonner les paroisses; puis, quand il avait passé, on suivait de loin sa trace à la fumée des incendies.

En deux mois, pendant que l'armée de Paris reprenait les villes de la Somme, l'armée de l'Est déblayait les Vosges et rejetait l'ennemi au-delà du Rhin.

Tandis que les Suédois et les Français remportaient de brillants succès sur la coalition des catholiques allemands, la diplomatie de Richelieu ne cessait d'agir, sur la frontière des Alpes, avec une finesse énergique. L'alliance des Savoyards était indispensable; la convention de Cherasco (1631) restitue Casal et Chambéry, mais rouvre aux Français, par la remise de Pignerol, ces routes du Piémont que leur avait fermées le traité de Lyon.

Lorsque le duc, menacé par l'Allemand et l'Espagnol, accusé par les Piémontais de vouloir vendre le pays à la France, se vit réclamer par le Cardinal-Ministre, un an plus tard, la remise d'une nouvelle place de sûreté, Cavour sur la route de Saluces, ou Trino sur celle de Casal, il comprit, non sans amertume, *qu'il lui serait géographiquement impossible de rester honnête homme.* Il faut le reconnaître, la duplicité qu'on a reprochée trop souvent aux princes de la maison de Savoie leur a presque toujours été imposée par l'esprit de domination de leurs puissants voisins : Autriche, France, Espagne. Ils ne pouvaient vivre qu'en se dérobant et furent aussi rarement maîtres de leur volonté que de leurs préférences.

Les événements d'Allemagne permettaient à Richelieu de ne plus dissimuler les principes qu'il résuma avec tant de grandeur dans son *Testament politique.* Victor-Amédée, impuissant à maintenir sa neutralité, accepte avec répugnance de reprendre les combinaisons du traité de Brusol, rompues par Marie de Médicis ; mais, s'il refuse de livrer la Savoie, en échange du titre royal, il accepte *le partage de la Lombardie* (traité de Rivoli. — 1635). Deux ans plus tard, il marchait sur Milan, à la tête de l'armée française, quand, à la veille de franchir la Sésia (7 octobre 1637), il meurt empoisonné. Cette mort subite sauvait l'Espagne dans des circonstances à peu près semblables à celles où l'assassinat de Henri IV, dix-sept ans plus tôt, l'avait également préservée des plus grands périls. La régence de la duchesse Chrestienne, troublée par les révoltes piémontaises, ne fut qu'une lutte acharnée du parti français contre les influences austro-espagnoles. *C'est sur moy qu'ils vengeront la rage de vostre sang*, écrivait la régente au roi son frère (avril 1639) ; *ayez pitié de moy qui me perds-pour servir V. M. Ce seront peut-estre les dernières supplications que je feray à V. M.; au moins elle touche au doigt que je ne perdray jamais l'affection à la France et à V. M. sinon qu'avec la vie.*

Lorsque les princes (Thomas de Carignan et ses frères) deviennent maîtres de Turin, c'est à Chambéry que se réfugie la régente ; c'est en Savoie qu'elle trouve des conseils, de l'argent et des soldats.

L'opinion générale était, en 1639, que Louis XIII n'attendait que l'occasion de dénoncer à l'Europe l'annexion de la Savoie à la France. La mort de Richelieu déconcerte bien des calculs ; la régente craignit d'être abandonnée et fit sa paix avec les princes. Mazarin, plus disposé aux transactions qu'aux coups de force, achète le maintien de l'alliance par l'évacuation de Turin et des citadelles piémontaises. Les contemporains ont prétendu que, durant bien des années, le mariage des sept nièces de Mazarin fut le nœud de la diplomatie française. Les historiens italiens, notamment, affirment qu'une des conditions posées par le Ministre pour ratifier le compromis de 1643 fut que Marie Mancini épouserait le jeune duc de Savoie. Le comte d'Aglié coupa court aux insinuations par ce mot piquant : *Soit! Mais il faut que la Mazarine apporte dans son tablier Genève, le pays de Vaud et le Valley.* Le Cardinal trouva des neveux de même souche et ne négligea aucune occasion de se rapprocher de Chambéry et de Turin. Quels qu'aient pu être les secrets motifs de sa conduite, il eut l'honneur de réaliser les plans combinés par le génie de Richelieu ; cela seul suffit à l'excuser de tout ce dont ses ennemis l'accusèrent.

Les victoires de Rocroy (18 mai 1643) et de Lens (19 août 1648) déterminèrent la signature de la paix dont les négociations duraient depuis cinq ans. Le congrès de Westphalie s'était ouvert le 10 avril 1643, et se partageait en deux assemblées : les catholiques à Munster, les protestants à Osnabruck. Les résultats des traités de Westphalie (24 octobre 1648) furent considérables; ils répondaient aux légitimes réclamations de la France. L'écrit célèbre de Lefèvre-Chantereau, ayant pour titre : *Si les provinces de l'ancien royaume de Lorraine doivent être appelées terres de l'Empire*, dédié à la Régente, et publié à Paris, en 1644, établissait : que la monarchie des Bourbons devait reprendre le royaume d'Ostrasie, dont le royaume de Lorraine n'était qu'un débris, et que ce royaume avait toujours fait partie de la France ; que le gouvernement de la reine avait des raisons anciennes et inattaquables pour retenir la Lorraine et revendiquer d'autres terres *entre Rhin et Meuse*, comme le bas Palatinat, les duchés de Berg et de Juliers, les évêchés de Liége, de Mayence, de Trèves, *prenant partout le Rhin pour borne de la France*, sans que le corps germanique pût se plaindre qu'on blessât son intégrité, *puisque, dans l'origine, ces pays ne faisaient point partie de l'Allemagne.*

Les articles 44, 47 et 54 du traité donnaient satisfaction sur l'ensemble de ces points :

1° *Retour de l'Alsace à la France en échange des subsides fournis aux princes allemands* pendant la guerre de Trente-Ans, *et moyennant une somme de trois millions* à payer à l'archiduc du Tyrol. Cette province, germanisée en 419 et en 955, mais toute gauloise par la géographie, les traditions et les instincts, s'identifia si rapidement à sa nouvelle patrie qu'en moins de cinquante ans il n'y eut point de pays plus jaloux de son existence française.

La ville de Strasbourg, dite impériale, mais qui

constituait une sorte de république, conservait son autonomie. Cette exception se trouvait compensée par la cession de Brisach sur la rive droite du Rhin, par le droit de tenir garnison dans Philipsbourg, ce qui ouvrait une seconde porte sur l'Allemagne, et par la défense aux princes allemands de construire aucun fort sur le Rhin, de l'autre côté de la rivière, entre Bâle et Philipsbourg. La possession du Rhin nous était donc assurée sur ses deux rives, *et la France touchait enfin ce grand fleuve, dont elle était séparée depuis huit siècles.*

2° Ratification du retour à la France des Trois-Évêchés conquis par Henri II en 1552, mais retenus à titre provisoire et sous la condition qu'ils restaient *terres d'Empire.* Les villes de Metz, Toul et Verdun, appartiendront désormais à la couronne de France et lui seront incorporées à perpétuité et irrévocablement en la même façon que, jusqu'à présent, elles avaient appartenu *à l'empire romain,* et sans que les princes d'Allemagne puissent jamais *en revendiquer la possession* ou le patronage, sous quelque prétexte que ce soit, *puisqu'ils sont sur terre de France.*

3° Maintien de l'occupation de la Lorraine, trois fois conquise sous Louis XIII. *La neutralité de la Lorraine* avait été réclamée bien des fois par la France, et bien des fois violée par l'Allemagne. En 1631, le duc avait ouvert aux troupes impériales certaines petites villes, entre autres Moyenvic, place forte dépendant de l'évêché de Metz. Le roi Louis XIII déclara que Metz relevait de la France *et que les prétentions allemandes sur cette ville, contredites par la tradition et par les titres, n'avaient jamais été justifiées.* L'armée française s'empara de ces places et le duc fut contraint, en 1632, de livrer Marsal, sa principale forteresse, et de renoncer à toute alliance hostile à la France.

Gaston d'Orléans préparait néanmoins, avec le duc et l'Espagne, un plan d'invasion de la France; il en partit pour sa pointe dans le Midi, ayant pour soldats *quelques milliers d'Allemands* conduits par des officiers français. Louis XIII occupe aussitôt la Lorraine et se fait céder, par le traité de Liverdun, le comté litigieux de Clermont en Argonne, *l'une des portes de l'invasion.*

Nancy était, à cette époque, une des places les plus fortes de l'Europe, et devait servir à la France de boulevard contre l'Empire et l'Espagne. Richelieu la regardait comme encore plus importante que Metz, et il en avait depuis longtemps préparé l'acquisition [96]. La Lorraine n'était à ses yeux qu'une étape pour ressaisir l'Alsace, *dont la neutralité, invoquée par les habitants,* n'était point admise par les Impériaux. Le 24 septembre 1633, le roi s'installa à Nancy; en octobre, des garnisons françaises occupèrent la haute Alsace, tandis que nos amis les Suédois entraient à Strasbourg. Cette prise de possession fut le point de départ des stipulations de 1648.

4º Ratification par l'Empire de la *cession de Pignerol* par le duc de Savoie ; cette clause terminait un débat qui datait de 1531.

5º *Neutralisation de la Suisse.* Cette stipulation, dont beaucoup d'écrivains ont négligé l'importance, était, à l'égard de la France, aussi capitale pour le moins que la restitution de l'Alsace. Louis XI et François Ier avaient établi entre les Français et les Suisses d'étroites relations d'amitié ; pendant les guerres d'Italie, la France conclut avec les cantons catholiques une alliance dite *Paix perpétuelle*, et avec les cantons protestants un traité de neutralité qui eut sur les destinées de notre pays la plus heureuse influence, en faisant en quelque sorte de l'Helvétie une extension militaire du royaume [97]. Les Cantons s'engagèrent à ne donner passage à aucun ennemi de la France et à mettre à la solde de nos princes des soldats qui formèrent jusqu'à douze régiments et qui ont pris part à toutes nos victoires. Dès 1481, les Suisses avaient refusé des contingents à l'empereur d'Allemagne ; en 1499, ils avaient imposé aux Allemands la paix de Bâle qui reconnaissait implicitement leur indépendance ; mais aucun acte international n'avait consacré leurs libertés. La France, forte de l'alliance non interrompue de cent trente ans qui l'attachait à la Suisse, exigea que l'Europe reconnût son autonomie et sa neutralité. Par le fait, la France reculait sa frontière de cinquante lieues, interposait entre elle et l'Autriche le massif des Alpes, fermait l'une des portes de l'invasion, isolait la Franche-Comté espagnole. La frontière de l'Est était complète de Nice à Philipsbourg ; les enclaves piémontaises, espagnoles et allemandes devaient bientôt disparaître sans effort.

6° La Suède, notre fidèle alliée, prit pied dans les affaires d'Allemagne par des agrandissements de territoire sur la côte continentale de la Baltique ; malheureusement, il fallut compter avec l'Électeur de Brandebourg, et ce partage d'influence, entre l'Oder et le Niémen, diminua les avantages que le cabinet de Versailles voulait assurer aux Suédois et que, d'instinct, il écartait du futur royaume de Prusse.

7° Les Provinces-Unies furent déclarées comprises dans la paix, et à défaut de stipulation formelle, leur indépendance fut tacitement reconnue par le silence de l'Empereur et de la Diète.

L'intérêt national qui, en Allemagne, nous avait rapprochés des États protestants, triompha de même, grâce à Mazarin, pour nous associer à la politique anglaise, des obstacles qu'amassaient entre les gouvernements de Versailles et de Londres la Révolution de 1645 et l'exécution de Charles Ier. L'alliance était devenue si nécessaire qu'elle s'imposa à Louis XIV du vivant du Protecteur et ne souffrit pas du retour des Stuarts. En effet, le fameux *Acte de navigation* de Cromwell, dont Napoléon Ier devait exagérer plus tard les tendances autoritaires par le *Blocus continental*, assurait aux Anglais l'empire des mers. La

Hollande et l'Espagne étaient seules en état de résister à cette puissance nouvelle ; la Hollande fut vaincue ; l'Espagne le fut à son tour par la coalition du Portugal, de l'Angleterre et de la France. Les succès diplomatiques de Mazarin en Allemagne appuyèrent les récentes victoires sur mer et dans les Flandres ; et c'est ainsi que le traité des Pyrénées (7 novembre 1659) vint ratifier et confirmer les traités de Westphalie.

Le traité des Pyrénées assurait la prépondérance de la France sur la maison d'Autriche, reculait sa frontière au Nord et au Midi comme elle l'était déjà à l'Est, et lui donnait sur la Meuse et l'Escaut cette *frontière de fer* qui devait, pendant bien des années et dans les circonstances les plus graves de notre histoire, suppléer à la possession de nos frontières naturelles ou à l'existence d'États neutres interposés entre la France et ses ennemis héréditaires.

Le traité se résumait ainsi :

1° Recouvrement, par le retour du Roussillon et de la Cerdagne, de la frontière naturelle des Pyrénées *qui ont anciennement divisé les Gaules des Espagnes*, dit le texte, affirmant ainsi la pensée traditionnelle de nos princes.

2° Retour de l'Artois (sauf Aire et Saint-Omer) et des principales forteresses du Hainaut, de la Flandre, du Luxembourg. La frontière reculait de trente lieues. La Champagne et la Picardie étaient couvertes par une première ligne de défense. Lille et Dunkerque ne nous appartenaient pas encore ; mais les places de l'Artois ouvraient les portes de la Flandre ; quatre villes entre Sambre et Meuse (Avesnes, Rocroy, etc.) fermaient *la trouée de l'Oise* qui descend sur Paris ; Thionville et Montmédy isolaient la Lorraine.

3º Désarmement de la Lorraine, c'est-à-dire destruction des fortifications de Nancy, création d'une route militaire de France en Alsace, annexion de plusieurs villes. A ces conditions, cette province, occupée depuis plus de trente ans par les troupes françaises, était restituée à ses princes. Le duc refusa, et, malgré les traités de 1662 et 1670, la Lorraine resta occupée jusqu'en 1698.

4º Mariage de Louis XIV avec l'infante Marie-Thérèse *qui préparait l'annexion des Pays-Bas.*

5º Ratification de la *Ligue du Rhin*, conclue en 1658, entre la France, les trois Électeurs ecclésiastiques du Rhin, les princes de Bavière, de Hesse, de Brunswick, qui mettait ces États sous la dépendance et à la solde du roi de France, étendait son protectorat sur l'Allemagne, faisait des provinces de la rive gauche du Rhin une sorte d'annexe militaire du royaume semblable à celle de la Suisse à l'Est. L'armée de la Ligue, d'un effectif normal de 30,000 hommes, portait le titre de : *Armée de S. M. T. C. et des Électeurs et princes ses alliés.*

Mazarin considérait l'annexion de la Savoie et celle des Pays-Bas comme le couronnement de son œuvre. *Étendre nos frontières jusqu'au Rhin de toutes parts,* disait-il, *c'est la vraie sûreté pour la durée de la paix.* Il hésita en 1648 et en 1659 ; Turenne, qui devint, après Mazarin, l'intime conseil du roi, pensait que la conquête des pays rhénans, séparés depuis si longtemps, dont certains étaient devenus si étrangers à la France, deviendrait plutôt un affaiblissement qu'un accroissement, et que mieux valait, tout en rectifiant la frontière, conserver ces pays à titre d'annexes militaires.

La rive gauche du Rhin, remarque judicieusement M. Lavallée, à part les Pays-Bas et les territoires appartenant aux Électeurs de Brandebourg, était principalement possédée par des princes allemands, qui trouvaient dans l'argent et l'alliance du roi de France un moyen d'être indépendants de l'Empereur. C'étaient l'évêque de Liége, les trois Électeurs ecclésiastiques (Mayence, Trèves et Cologne), le prince de Birkenfeld, le duc de Deux-Ponts, etc. Ils s'appelaient eux-mêmes *les Allemands de France,* et formaient dans l'Empire un parti dont la Ligue du Rhin avait grandi l'importance. Louis XIV eut jusqu'à douze régiments d'infanterie et six de cavalerie, composés d'Allemands, commandés par des princes voisins du Rhin, et qui prirent part à toutes nos guerres, même en Allemagne ; sous le règne de Louis XV, le nombre des régiments allemands s'éleva jusqu'à vingt-cinq [98].

Le traité d'Oliva, qui termina la guerre entre la Pologne et la Suède (1660), vint malheureusement compromettre dans le Nord les succès de la politique française au centre et au midi de l'Europe. Frédéric-Guillaume, électeur de Brandebourg, après s'être uni aux Suédois pour écraser les Polonais, brouilla les Suédois avec les Danois, avec les Hollandais, réussit à conserver la province de Prusse, à s'agrandir aux dépens de la Poméranie et de la Pologne. C'est ainsi que commença la grandeur de la maison de Brandebourg, héritière de l'influence de la Suède, *malgré la France et grâce à l'Autriche.*

A l'autre extrémité de l'Europe, l'alliance française affermissait la maison de Bragance sur le trône de Portugal (1363 à 1665), et nous renouvelions, avec ce noble peuple, de vieilles amitiés qui sont restées aussi vives que sûres.

Faire passer à la maison de Bourbon la couronne d'Espagne : telle fut l'idée mère du règne de Louis XIV, de 1646 à 1704. Au Nord, la question se compliqua malheureusement de l'annexion des Pays-Bas et de la rivalité avec la Hollande ; ce fut le défaut de la cuirasse, la cause des désastres de la fin du XVIIe siècle.

L'acquisition des Pays-Bas, écrivait Mazarin en 1646, *ferait à la ville de Paris un boulevard inexpugnable ; ce serait véritablement alors qu'on pourrait l'appeler le cœur de la France.* La guerre *de la dévolution* aurait eu d'autres issues, si le roi, se rangeant à l'avis de Turenne et négligeant les folles ambitions de Louvois, avait accepté la combinaison de Jean de Witt, qui proposait de faire de ces provinces *une république belge,* alliée de la France et de la Hollande, mais les séparant, et complétant la Ligue du Rhin.

Trois fautes vinrent diminuer le prestige de Louis XIV. Hésitant à soutenir la Hollande contre l'Angleterre (traité de Breda. — 1667), puis envahissant les Pays-Bas et la Franche-Comté (traité d'Aix-la-Chapelle. — 1668), et se rattachant à la dynastie des Stuarts, il refroidit les Suédois, inquiéta les Hollandais, amena les trois grands États protestants à se coaliser pour sauver l'Espagne dont la ruine eut tout livré au roi de France. *L'odeur des lis est devenue trop forte en Allemagne,* avait dit l'Électeur de Brandebourg. C'est alors que Louis XIV, abandonnant les vues de Henri IV, de Richelieu et de Mazarin, se reprend à *la politique de principes,* ce qu'on a appelé de nos jours *faire la guerre pour une idée,* et abandonne *la politique d'intérêts.* Les efforts faits pour ameuter l'Europe contre la Hollande, les exigences qu'on imposa à ce pays et que sa légitime fierté ne put accepter, enfin la guerre déclarée à la république des Provinces-Unies sous le seul motif *qu'elle était devenue l'ennemie commune des monarchies* (6 avril 1672), furent, à l'extérieur, la faute la moins excusable de la diplomatie de Louis XIV, et l'acte de son gouvernement qui entraîna les conséquences les plus désastreuses.

XII

Louis XIV abandonne la politique d'intérêts pour la politique de principes. — Rupture avec les États secondaires. — Invasion de la Hollande. — Coalition de l'Europe. — Traité de Ryswick qui rétrécit nos frontières. — Traité d'Utrecht qui renverse contre la France l'équilibre des traités de Westphalie. — Le Piémont et la Prusse deviennent des éléments nécessaires du concert européen. — Chacun de leurs accroissements sera fatal à la France. — De 1660 à 1713.

Lorsque, en 1667, Louis XIV, mal conseillé, enfiévré de domination, réclamait aux Espagnols tout ce qui appartenait à Marie-Thérèse, il affirmait, dans son manifeste à l'Europe, *ne vouloir qu'user de ses droits et rentrer dans l'ancien héritage de la couronne.* C'était la conclusion des théories depuis longtemps émises par les publicistes à ses ordres, et particulièrement dans un récent ouvrage, d'une rédaction fort habile, et dont la modération calculée avait, un instant, donné le change aux diplomates : *le Traité des droits de la Reine.*

Mais, poursuivre jusqu'au bout de tels desseins, c'était renverser l'équilibre si malaisément établi en Europe entre l'influence catholique et les institutions protestantes ; c'était recommencer les guerres de religion, rompre avec les Hollandais, avec les Suédois, vieux amis sacrifiés à l'ambition ; c'était les jeter dans l'alliance anglaise, refaire une coalition nouvelle, à la fois territoriale et maritime, et qui pesa sur nos destinées jusqu'au milieu du XIXᵉ siècle. Il n'était pas d'agrandissement territorial qui pût compenser les périls de la triple alliance.

Les événements engagèrent de plus en plus le roi dans la voie dangereuse où le poussait son ministre ; c'était bien que de s'attacher le Danemark ; mais il aurait fallu l'associer à la fortune de la Suède au lieu de chercher à faire des rivaux de ces deux peuples frères. Quant à la Pologne, c'était folie que d'y renouveler les rêves du duc d'Anjou et d'espérer s'en servir comme d'une arme à deux tranchants, qui menaçât à la fois la Russie grandissante et l'Empire maître des Allemands. Les résultats de ces tendances regrettables ne se firent point attendre : la Franche-Comté, conquise en février 1668, ne put être conservée. La paix d'Aix-la-Chapelle (2 mai 1668) la rendit à l'Espagne.

L'invasion de la Hollande en 1672 amena, deux ans plus tard, l'invasion de l'Alsace par les Allemands coalisés. Ce fut la vingt-troisième, *et la seule qui fût légitimée par notre offensive.* Le prince d'Orange attaquait par les Flandres ; Montecuculli aborda l'Alsace par Strasbourg et Colmar ; Turenne, par une série de marches rapides et audacieuses, tourne les Vosges, aborde l'ennemi en flanc, et, en quelques combats hardis, délivre l'Alsace avec des soldats épuisés, dont le courage semblait grandir avec la misère, tant il est vrai que c'est le général qui fait l'armée (1674-1675). *Nous souffrons, mes amis,* disait-il à ses officiers, raconte le marquis de La Fare ; *mais, marchons en avant. Il ne faut pas qu'un seul homme de cœur soit en repos en France tant qu'un seul Allemand sera debout en Alsace.* Il faudrait citer quelques traits de cette guerre d'après les Mémoires du temps. Un capitaine gascon défendait Bliescastel contre plusieurs milliers d'Allemands ; de 400 hommes qu'il avait au début, il lui en restait 70 après un mois de siége. Il tenait bon, voulant brûler sa dernière livre de poudre et n'ayant plus de pain. *Nous arrivâmes à temps,* dit La Fare, *pour lui donner du peu que nous avions. Il avait mangé ses mulets et était prêt, plutôt que de se rendre, à manger quelqu'un qui était mort par accident, sa servante, que nous vîmes étendue dans un saloir. Le pauvre homme méritait une récompense, et il ne l'eut pas.* La Fare oublie de dire son nom.

En 1815, à Huningue, un Béarnais, Barbanègre, tint deux mois contre 25,000 hommes ; quand il capitula, avec les honneurs de la guerre, il comptait 150 soldats valides. Les habitants de la ville s'étaient montrés dignes de ces braves.

Un autre, *un inconnu aussi*, à Turkeim, le matin de la bataille, reconnaît l'ennemi, revient au camp, *criblé d'arquebusades,* et ne tombe qu'après avoir eu la force de détailler à Turenne le fort et le faible de l'Allemand. Ce sont des faits à rapprocher de cet acte de sublime folie dont s'émerveilla l'armée en 1870, à Bazeilles. Un simple pompier de la Chapelle, dont nul n'a su le nom, voit les Poméraniens incendier son village. Il court, furieux, se place au milieu de la route, seul, à découvert, épuise ses cartouches et tombe sous la mitraille, car nos ennemis n'eurent pas honte de tirer le canon sur un homme isolé. N'est-ce pas plus beau que le sacrifice des Spartiates aux Thermopyles, cet élan d'un homme qui, sans prendre, comme Léonidas, la précaution de graver son nom sur la pierre, brave toute une armée et l'arrête, seul, pendant cinq minutes ?

La France comptait sur trois alliés qui lui manquèrent subitement : le duc de Lorraine sur toutes les villes de qui flottaient les couleurs françaises, l'électeur palatin qui venait de marier sa fille au duc d'Orléans, frère du roi, et le margrave de Brandebourg, le Prussien. Le duc de Lorraine manqua le premier ; on le battit. L'électeur palatin, se déclarant tout à coup, tomba sur les Français du Palatinat, *les massacra, et les pendit aux noirs sapins de ses forêts.*

C'est pour venger ces exécutions, autant qu'en représailles des brutales invasions de Jean-Casimir en 1562, 1568 et 1576, que Louvois fit incendier le Palatinat par Duras et Durfort. Cette dévastation de toute une province, ordonnée de sang-froid, exécutée avec une rigueur quasi criminelle, a laissé sur les bords du Rhin d'ineffaçables souvenirs. Les Allemands ne nous l'ont jamais pardonnée. Certes, de telles revanches sont coupables ; mais les cruautés qu'on a tant reprochées à Louis XIV étaient justifiées, dans l'esprit des soldats de 1674, par le souvenir des tueries de la veille et des pillages tant de fois renouvelés depuis cent ans [99]. Quant au Prussien, violant le traité de Vossem *dont l'encre n'était pas sèche*, il rentra dans la coalition, consentant que l'Autriche reprît cette puissance dirigeante que les traités de Westphalie lui avaient momentanément enlevée.

La mort de Turenne fut un rude coup. Cependant l'invasion allemande de 1677, suite de celle de 1674, fut repoussée sur tous les points. En 1679, le traité de Nimègue rectifie la frontière du Nord en assurant à la France une série de places fortes, s'appuyant l'une l'autre, et fermant toutes les avenues du royaume depuis Dunkerque jusqu'à la Meuse ; les traités qui suivirent *rétablirent à peu près les choses en Allemagne sur le pied du traité de Westphalie*. La ville impériale de Strasbourg fut occupée le 30 septembre 1681. Je n'ai pas à apprécier ici la portée morale de l'institution des *chambres de réunion* de Metz et de Brisach. *Il n'y a pas de prescription contre les droits de la couronne de France*, disaient les magistrats de Louis XIV ; soit, mais il n'en est pas non plus contre la vérité et la justice.

La Franche-Comté, conquise pour la seconde fois en 1674, fut maintenue aux mains de la France. La ville de Montbéliard, prise dès 1697, puis restituée, prise de rechef en 1674, ne fut point annexée ; le comté de Montbéliard et le canton de Porentruy commandaient la route de Bâle à Langres ; l'Allemagne ne voulut pas se dessaisir de cette porte si facilement ouverte à ses invasions. La paix de Ryswick, dix-neuf ans plus tard, fut acceptée avec un mélange de lassitude et d'amertume ; *on sentait une espèce de honte,* dit Mme de Maintenon, *à restituer ce qui avait coûté tant d'efforts et de sang* (1697). Dans l'intervalle, la révocation de l'édit de Nantes avait peuplé et enrichi à nos dépens l'Angleterre, la Suisse *et surtout la Prusse.*

Les résultats acquis pendant cette période sur la frontière de l'Est exigent des développements particuliers, en raison du rôle que joua le Piémont, de l'importance chaque jour plus grande acquise par la Savoie, et des essais que tenta l'Allemagne pour battre en brèche l'œuvre de 1648, *la neutralité helvétique,* notre salut de 1668 à 1698.

Lors de la signature de la paix d'Aix-la-Chapelle, la France, entraînant après elle l'Espagne et l'Italie, semblait avoir réalisé pour toujours *cette alliance des races latines, dont l'illusion renouvelée prépare des mécomptes semblables à ceux de 1697* [100].

L'intimité des cabinets de Versailles et de Turin

était complète ; le duc cédait sur le vieux litige de la délimitation du Dauphiné (Chapareillant, etc.), réglé en 1672, fournissait un contingent à l'expédition de Candie (1667 à 1670), un autre à l'armée de Catalogne ; mais, en échange de certains accords secrets, il obtenait carte blanche du côté de Gênes et de Genève. Ce blanc seing lui servit peu ; car il échoua dans la surprise de ces deux villes.

La seconde régence d'une princesse française (Jeanne-Baptiste de Nemours. — 1675 à 1683) ne modifia pas les relations internationales de la région des Alpes. Une combinaison nouvelle fait entrevoir à Louis XIV et au jeune Victor-Amédée l'espoir de remplacer en Angleterre la maison de Hanovre ; séduit par les promesses du duc d'York, Victor-Amédée épouse la princesse Marie, fille de Philippe d'Orléans et de Henriette d'Angleterre (1684). Il venait de se donner un maître. L'attitude impérieuse du roi sert au duc de prétexte pour négocier avec la coalition ; le 4 juin 1690, pressé par Catinat de se déclarer, il signe le traité de la *quadruple alliance ;* deux mois plus tard, ses États étaient envahis ; en Savoie, rien n'est changé que l'intitulé des arrêts de justice ; en Piémont, une guerre cruelle amène des représailles sans pitié [101].

En 1693, le duc se sépare de l'Autriche, dont il redoute les préoccupations dynastiques ; un accord secret le rattache à la France ; on adopte pour base des accords futurs *la neutralité de l'Italie*, premiers pas vers son indépendance, et l'on convient d'agir de concert tout en demeurant en état apparent d'hostilités. Le traité de Pignerol (1696) consacre les conventions précédentes et rompt la coalition. La Savoie est évacuée; et la paix générale se règle par le traité de Ryswick (octobre 1697).

Cette convention consacrait diplomatiquement, *malgré l'opposition de Rome et de Venise*, le titre royal du duc de Savoie et ses prétentions à la prééminence sur les autres princes italiens. La succession d'Espagne s'ouvre; nouveaux débats. Le marquis de Torcy, ministre de Louis XIV, avait réalisé l'union des États secondaires sous la direction de la France. Le duc de Savoie devait être l'âme et le nerf de cette coalition; il en fut le dissolvant. On comptait sur lui pour maintenir l'Italie, inquiéter l'Allemagne, dégager les Alpes; il brouilla toutes les combinaisons, rompit toutes ses attaches, se glissa parmi les adversaires et les alliés *comme un cerf dont les crochets subits déconcertent les meilleurs limiers*, disait l'envoyé de Venise, et, tantôt écarté avec mépris, tantôt avidement recherché, il aboutit par ces voies tortueuses à un succès inespéré. Ses filles, la duchesse de Bourgogne et la reine d'Espagne, le servirent avec un rare bonheur; d'une précocité rare, également inquiétantes par l'esprit, la grâce, la passion, elles eurent le prix de dix armées dans les mains de l'habile Amédée. L'éclat de 1702 rendit pour onze ans la Savoie à la France. La province fut occupée en douze jours au mois de septembre 1703. La Savoie devenait, à l'Est, ce qu'était, depuis 1552, la Lorraine au Nord, une annexe militaire du royaume.

L'invasion en avait été retardée par d'étranges négociations du Piémont avec l'Helvétie. Victor-Amédée se jugeait impuissant à défendre la Savoie, et il voyait dans ce pays de si vives et de si naturelles sympathies pour la France qu'il en proposa *l'agrégation à la Suisse*. Les instructions secrètes données à l'intendant Mellarède pour son voyage à Berne contiennent des articles qui se passent de commentaires :

« *Obtenir de Berne et de Zurich qu'on fasse pour
» la Savoie les mêmes observations que pour les pays
» qui sont auprès du lac de Constance;* proposer en
» retour de leur céder ses propres droits sur Ge-
» nève, de renoncer définitivement au pays de Vaud.
» — Ne se préoccuper que de Berne et de Zurich,
» car, avec tous les autres, il y aurait des lenteurs
» telles que la Savoie serait occupée avant. — Ne pas
» confier la Savoie au seul canton de Berne, qui a
» toujours eu des desseins sur le Chablais ; *engager
» tous les cantons protestants à garantir le duché* et
» charger Berne de le défendre par un traité qui ôte
» tout prétexte de le garder. »

M. de Mellarède réussit, en effet, à faire accepter par les Cantons le principe de la *neutralisation de la Savoie* sous la protection du corps helvétique; mais le marquis de Puysieux, ambassadeur de France, sut empêcher une entente sur les détails d'exécution, et la Savoie fut envahie avant la clôture des conférences de Soleure.

Louis XIV, en échange du libre passage de ses troupes, le cas échéant, par le Valley, avait toutefois concédé *la neutralité du Faucigny et du Chablais.* Tandis que les négociations continuaient à Baden et à Soleure, M. de Murald, député du Corps helvétique, vint à Chambéry (février 1704) pour s'assurer des intentions du roi. Ses compliments furent amers :

« Les seigneurs de Berne et de Fribourg, dit-il dans sa harangue, ne prétendent pas que la conquête de la Savoie soit injuste ; mais ils ne doivent pas plus négliger le soin de leur repos que celui de leur liberté. Ils requièrent donc qu'il y ait suspension d'armes en ce pays jusqu'à la résolution de la Diète de Baden. »

Le duc de La Feuillade, qui avait pour mission *de caresser les Suisses*, répond à une lettre de M. Escher, président de la Diète : *Si vous n'êtes pas satisfaits de la neutralité du Faucigny et du Chablais, le roi vous remettra encore Montmélian.* C'était beaucoup s'avancer ; il n'est pas probable que Louis XIV eût consenti à mettre cette forteresse aux mains des Suisses. Toutefois, leur attitude gênait le roi ; essayant de gagner du temps, il ne renonçait pas à l'annexion de la Savoie, mais il hésitait à rompre.

Au mois de mars 1704, la Diète de Baden notifie les conditions de la neutralisation des Alpes : évacuation de la Savoie par les Français ; occupation du pays par 2,000 Suisses ; à Montmélian, garnison mixte se composant pour les 2/3 de Suisses et pour 1/3 de Savoyards. Louis XIV, fort ému, ne pouvant accepter, n'osant refuser, trouva un expédient inattendu dans l'impatience de Victor-Amédée.

Le duc redoutait par-dessus tout que les Bernois occupassent la province ; il aurait voulu les utiliser, mais à leurs périls et risques, sans engager l'avenir. La Diète exigeait un gage, et le duc essaya de ressaisir, *en compromettant les Suisses,* ce gage aux trois quarts perdu. Au mois d'avril 1704, profitant de l'attaque des Français sur Nice qui a dégarni la ligne des Alpes, il lance par les vallées de la Tarentaise et de la Maurienne deux corps d'armée qui ravitaillent Montmélian. Une dépêche de Victor-Amédée à M. de Mellarède, en le prévenant de cette entreprise, le pressait de décider, *à tout prix,* les Bernois à lui prêter quelques soldats : *si peu nombreux qu'ils soient, l'enseigne y suffiroit.* Le 12 avril, la Savoie paraissait reconquise sans combat. Mais M. de La Feuillade sort tout à coup de l'inaction dangereuse où le retenaient les ordres de la Cour ; il attaque les Piémontais et les rejette dans le val d'Aoste. Le duc écrit à Mellarède :

« C'est une mauvaise espérance que celle de la neutralité. Les Suisses se laissent séduire à la promesse du roi de France de ne point incorporer la Savoie au royaume ; nous ne voulons plus semer de l'argent parmi eux (29 mai 1704). — Rompez sur ce chef ; c'est une affaire manquée (4 août). »

Quelques jours plus tard, la bataille de Blenheim livre aux Impériaux l'Allemagne et la plus belle armée de la France ; les Anglais occupent Gibraltar ; l'archiduc Charles débarque à Lisbonne ; le duc de Savoie reprend l'offensive.

Si j'insiste sur les négociations de 1703 et de 1704 avec les Cantons helvétiques au sujet de la neutralisation de la Savoie et de son occupation éventuelle par les troupes suisses, c'est que, dans des temps très-rapprochés de nous, en 1814, en 1815, et surtout en 1870 et 1871, la Prusse entra en pourparlers avec la Confédération pour exiger la neutralité du Chablais et du Faucigny, et cela dans des termes identiques à ceux des déclarations de la Diète de Baden. L'histoire n'est jamais perdue pour les Allemands ; et notre mémoire, à nous autres Français, est toujours trop courte. Le représentant de la France à Berne connaissait, par bonheur, le récit que je viens de résumer [102], et il répliqua aux prétentions de nos ennemis par les arguments de M. de Puysieux.

Je ne ferai pas le détail des opérations militaires qui se succédèrent en Savoie de 1704 à 1713 ; ni la destruction des places fortes du Piémont par les généraux français qui appelaient cette rage *rogner les ongles du Savoyard*, ni l'héroïque résistance de Montmélian (1703 à 1705), ni l'invasion de la Provence par les coalisés (1707-1708), ni l'ingénieuse et vigoureuse défense des Alpes par le maréchal de Berwick (1709 à 1712). La bataille de Turin avait donné trois provinces au duc Victor-Amédée ; étroitement lié à la politique de la reine Anne, *attaché par un traité secret à la Prusse*, il repoussait avec dédain les ouvertures de paix et se reprenait, comme Charles-Emmanuel, à rêver le royaume d'Arles ou, tout au moins, le royaume des Alpes.

Les articles secrets convenus à **Turin**, le 4 août 1704, par l'intermédiaire de Hill Atcham, contenaient cet aveu : *Désirant oster à la France le pied qu'elle a en-deçà des Alpes et pourvoir à la seureté commune que menacent les vastes desseins de cette couronne*, etc. La reine Anne ratifie la cession impériale de 1703, laquelle attribuait au duc les territoires frontières du Milanais (la Lomelline, le Vigévanasque, etc.), et s'engage *à faire restituer à l'Italie ce que la France possède au-delà des Alpes*, stipule la liberté des Vaudois, promet de faire effort pour la *cession du Dauphiné et de la Provence*, conquis ou non. Cet accord se rattachait aux articles convenus avec Léopold, en 1703, contre la France [103].

La déception du duc en Provence et le mauvais succès des Allemands dans leurs attaques de Savoie amortirent ses espérances. Les Provençaux disaient tout haut *qu'il ne leur importoit à qui ils fussent, M. de Savoye, quoy qu'il fist, ne pouvant les tourmenter plus qu'ils ne l'estoient*. Leur mauvaise humeur n'en fit pas des traîtres ; quant aux Savoyards, ils assistaient chaque année, avec une indifférence affectée, à la descente bruyante des armées coalisées dans les défilés de la Tarentaise ou de la Maurienne et à leur retraite aussi prompte que mal en ordre.

En 1711, le duc sachant que Harley et Bolingbroke cherchent à traiter sur les bases *du fait accompli,* se décide à tenter en personne la conquête de la Savoie. Il parvient jusqu'en vue de Chambéry; le pays reste sourd à son appel ; découragé, il bat en retraite sans avoir pu entraîner le prudent Berwick à livrer bataille.

La lassitude des peuples imposait la paix ; mais les prétentions du duc de Savoie parurent tellement exorbitantes, que les conférences ouvertes à Utrecht furent aussi souvent rompues, renouées, abandonnées et reprises que celles de Westphalie. Victor-Amédée, *certain que ses intérêts étaient devenus ceux de l'Angleterre,* se préoccupa fort peu de la reprise des hostilités. C'est alors que le cabinet de Saint-James envoya à Turin le comte de Peterborrow qui aborda le duc avec une brusquerie de nature à déconcerter ses lenteurs calculées. Il lui prouva qu'à hésiter plus longtemps il perdrait, aux yeux de la reine, les bénéfices de sa situation et que, la paix faite avec l'Angleterre, il resterait exposé aux justes exigences de Louis XIV. Ce langage décidé modifia l'attitude de Victor-Amédée ; ses représentants abandonnèrent leurs prétentions chimériques, de peur de voir, un jour, rejeter les légitimes demandes, et la Savoie se retira de la grande alliance.

Les ministres anglais proposent de transférer Philippe V en Italie, de lui donner *la Savoie, le Piémont et la Sicile qui, après lui, reviendraient à la France;* le duc de Savoie devenait roi d'Espagne. Philippe V s'obstine; Louis XIV hésite, et les Wighs, successeurs de la reine Anne, firent roi le duc Amédée au profit de l'Autriche, *pour qu'il gardât les Alpes contre la France et la séparât à tout jamais de l'Italie.* Assuré que son propre succès est une condition forcée de la paix, Victor-Amédée n'eut donc rien à faire pour précipiter les événements.

L'effort de la coalition avait surtout porté sur la frontière du Nord. La vingt-quatrième invasion des Allemands commença en 1709 par Tournay et Mons, pour finir à la bataille de Malplaquet (10 septembre); *cette boucherie,* dirent les Allemands, qui ne fut une victoire que dans leur imagination. Villars, blessé au début de l'action, comme Mac-Mahon à Sedan, aurait rejeté le prince Eugène sur la Meuse sans cette mauvaise fortune qui le fit tomber mourant, sur un brancard. L'armée fut héroïque, et de telles défaites valent des victoires. *Pour donner du pain aux brigades que je fais marcher,* écrivait Villars, *je fais jeûner celles qui restent.* Dans les préliminaires de la bataille de Malplaquet, on retrouva le caractère tudesque pur, inquiet, alerte, faisant de l'espionnage une vertu civique. Relisez le récit du duc de Saint-Simon :

« Les Allemands sont pleins de ruse; ils vont au devant des colloques sous prétexte de trêve ou de compliments. Pendant tous ces manéges, un très-petit nombre de ce qu'ils avoient d'officiers plus expérimentés, et de leurs meilleurs officiers généraux à cheval, petit pour ne rien montrer et ne donner point de soupçon, et un peu plus grand nombre d'ingénieurs et de dessinateurs à pied, profitoit de ces ridicules colloques pour bien examiner tout, jeter sur le papier de principaux traits du terrain, prendre tout ce qu'ils purent de remarquable, désigner les endroits à placer leur canon, se bien mettre dans la tête le plan de leur disposition, et considérer avec justesse tout ce qui pourroit leur être avantageux ou nuisible, dont ils ne surent que trop bien profiter [104]. »

Au mois de juin 1712, deux mille cavaliers allemands firent une course en Champagne, évitant les troupes qu'on mit à leur poursuite *et faisant le dégât de deux armées qui auraient passé par là plusieurs semaines*. Ils brûlèrent un faubourg de Vervins, passèrent près de Sainte-Menehould, *firent beaucoup de désordres et de vilenies* autour de Metz, passèrent la Meuse à Saint-Mihiel, la Moselle à Pont-à-Mousson, *emmenèrent grand nombre d'otages et tout un convoi de chevaux chargés et de chariots remplis à en crever* [105].

De 1709 à 1712, la situation ne fit qu'empirer. L'ennemi était à quatre étapes de Paris; le vieux roi Louis XIV fut sublime. On lui conseillait de reculer avec le gouvernement jusqu'à Blois, Tours, puis Poitiers, afin de mettre la Loire comme un fossé entre l'envahisseur et lui. *Ce n'est point en arrière qu'il faut aller pour défendre l'État ; c'est en avant, c'est sur la Somme*, dit-il. *Car je ne consentirai jamais à laisser les Allemands approcher de la capitale sans courir à eux pour les en empêcher.*

Le prince Eugène, maître du pays entre l'Escaut et la Sambre, prit d'assaut le Quesnoy, investit Landrecies, menaça la vallée de l'Oise, lançant ses coureurs jusque sous les murs de Reims et de Soissons. Un coup de fortune sauva la France. Le 24 juillet 1712, Villars força les lignes de Denain ; en trois mois il chassa les Impériaux de l'Escaut sur la Meuse, de la Meuse sur le Rhin, obligeant par ses succès imprévus les diplomates d'Utrecht à hâter la rédaction de leurs protocoles.

Les traités d'Utrecht (11 avril 1713) terminaient tristement un grand règne. Au point de vue spécial des frontières, la France perdait relativement autant qu'en 1559, beaucoup plus qu'en 1697.

1° Sur les Pyrénées, point de changement.

2° A l'Est, perte de tout ce que la France occupait sur les deux versants des Alpes : abandon des vallées piémontaises en échange de la vallée de Barcelonnette ; *restitution de la Savoie au Piémont.*

3° Sur le Rhin, perte des têtes-de-pont de la rive droite ; acquisition de Landau, médiocre compensation pour couvrir Strasbourg et les Vosges.

4° Au Nord, démolition de Dunkerque, cession de quatre villes, *création d'une barrière de huit forte-*

resses, de l'Escaut à la Meuse, formant un réseau de places fortes *gardées à frais communs par la coalition.*

5° L'électeur de Brandebourg devient *roi de Prusse;* il acquiert la Haute-Gueldre, il cède à la France la principauté d'Orange (comme héritier de Guillaume III) ; il réduit à néant l'influence de la Suède dans la Baltique et le Danemark ; *il prend position sur notre flanc, à l'Est, à dix lieues de nos frontières, comme prince de Neufchâtel,* les habitants de ce canton helvétique l'ayant choisi pour souverain.

6° Le duc de Savoie devient roi de Sicile ; il succède aux Français sur le versant oriental des Alpes ; il nous ferme désormais l'Italie.

Les traités d'Utrecht, de Rastadt et de Bade furent le triomphe de l'Angleterre, qui acquit des colonies importantes, s'installa en Espagne (Gibraltar, Minorque), imposa au Portugal un protectorat abusif et prépara la décadence de la Hollande. On renversait contre la France l'équilibre des traités de Westphalie ; l'Autriche recouvrait une partie de ses anciennes possessions, mais dispersées, mal délimitées, d'une défense compliquée et coûteuse.

Deux États secondaires, accrus en territoire et en importance, prenaient une place définitive dans le concert européen et y devenaient des éléments nécessaires d'équilibre : *la Prusse au Nord,* le Piémont au Sud. La situation géographique de ces deux États, leur organisation militaire, la finesse et l'énergie de leurs princes en faisaient des adversaires dangereux.

Grâce aux événements du XVIII° siècle, ils n'allaient cesser de croître ; par la force même des choses, chacun de leurs succès ne pouvait être qu'une blessure faite à la France.

XIII

Politique de Louis XV. — La guerre des Alpes recommence au moment où la question d'Italie reparaît. — Politique de M. d'Argenson. — Coalition de l'Europe contre la République française. — Invasions de 1792. — La France reprend possession de ses frontières naturelles. — Le Directoire viole la neutralité de la Suisse. — Paix de Lunéville. — La conquête fait dépasser à la France ses limites naturelles ; la coalition de l'Europe les lui fait reperdre. — Invasions de 1814 et de 1815. — De 1713 à 1815.

Les traités successifs de Londres (1720), de Prado (1728), de Séville (1729) et de Vienne (1731), ne ramènent pas la paix en Europe. La guerre, un instant localisée par les traités de Nystadt (1721) et de Vienne (1725), se reporte de nouveau dans les Alpes.

En 1728, l'attente des successions d'Espagne et d'Autriche troublait le monde comme l'avait fait, de 1688 à 1700, le partage anticipé de l'héritage de Charles II.

L'empereur Charles VI n'avait pas de fils et cherchait à assurer ses États à sa fille Marie-Thérèse; les conférences de Cambrai et le traité de Séville (1729) déterminent ce que sera l'action commune de la France, de l'Angleterre et de l'Espagne dans les affaires allemandes. L'agrément du roi de Sardaigne était indispensable au règlement provisoire des affaires italiennes. L'adresse ingénieuse, l'hésitation calculée de ses ministres à Londres, à Paris, à Madrid et à Vienne, lui donnent la courte illusion d'un grand rôle à jouer. Le comte Filippi lui promettait, au nom de l'Empereur, *le Dauphiné et la Provence*, vieilles chimères auxquelles une politique plus réfléchie aurait préféré la Sicile qu'offrait l'Angleterre ou les territoires lombards qu'offrait l'Espagne. Jamais l'alliance de la Savoie n'avait été plus marchandée; jamais on n'avait mieux senti de quel embarras était pour la politique générale un prince qui, maître des deux versants des Alpes, gênait aussi bien la défense de la France que l'attaque de ses ennemis.

La guerre de la succession de Pologne (1733-1735), la guerre de la succession d'Autriche (1741-1748) et la guerre de Sept-Ans (1756-1763) continuent à modifier l'équilibre européen dans un sens désastreux pour la France.

Quatre faits considérables vont précéder la Révolution française : *la constitution militaire de la Prusse*, la prépondérance maritime de l'Angleterre, la révolte des colonies américaines et le partage de la Pologne.

En Italie, la guerre aboutit à la conquête du Milanais par les Français et à celle du royaume de Naples par les Espagnols. Les deux partis se disputaient diplomatiquement la possession de ce vaste camp retranché du Piémont, qui ouvre ou ferme l'Italie. La cour de Vienne offrait de laisser rebâtir, dans la vallée du Pô et sur les frontières milanaises, les citadelles piémontaises démolies par les Français; la cour de Versailles, plus généreuse, continuait à assurer au roi de Sardaigne les conquêtes futures de l'armée combinée en Lombardie. La politique de l'intérêt détermine Charles-Emmanuel; mais la guerre, en dépit de vifs succès, n'aboutit qu'au traité de Vienne (octobre 1735). Le roi de Sardaigne s'annexe trois provinces ; le roi de France, qui s'était interdit, par un excès de grandeur d'âme, tout agrandissement territorial au-delà des Alpes, se déclare satisfait d'avoir enrichi ses alliés. Le seul sérieux avantage du pays dans ces combinaisons fut l'*échange* consenti par la maison de Lorraine *de la Lorraine contre la Toscane*. Le roi de Pologne reçoit en échange de son royaume perdu les duchés de Bar et de Lorraine, *avec réversion à la France*, éventualité qui se produisit en 1776. On put donc considérer, dès 1735, comme terminé, le long débat qui s'était prolongé durant deux siècles au sujet du retour de ces provinces à la mère patrie. Cette cession, a-t-on remarqué, fut faite dans un intérêt de prévoyance pour la paix rare en politique ; on voulut éviter que le duc de Lorraine, époux de Marie-Thérèse, fille unique de l'empereur Charles IV, héritier présomptif de l'empire par ce mariage, créât au cœur de la France un danger permanent par la possession de ce grand chemin de la Moselle qui conduit du Rhin en Bourgogne.

Le comté de Montbéliard, autre avenue allemande, et dont la possession était toujours débattue, resta sous le séquestre de la France, de 1723 à 1748; il redevint français, en même temps que Porentruy, en 1792.

La guerre de la succession d'Autriche (1741 à 1748) renouvela les combinaisons et les piéges de la guerre de la succession d'Espagne (1701 à 1713). Le roi de Sardaigne offrit à la cour de Vienne son appui en échange du Milanais; simultanément, il proposait au cardinal Fleury le partage immédiat de la Lombardie, *partage dans lequel il se flattait trop aisément que chacun trouverait ses convenances, parce que les siennes n'étaient pas oubliées.*

Sur le refus de Versailles, Charles-Emmanuel redoutant de voir encore une fois l'Italie, des Alpes à la mer de Sicile, retomber aux mains de princes français, se décide à tout oser pour fermer aux Espagnols l'entrée de la Lombardie; il prend parti pour la reine de Hongrie (1742). La cour de Madrid assiége aussi *la citadelle des Alpes,* qu'elle attaque sur deux points à la fois : de front en Savoie (par la Maurienne), de revers par la Spezzia. Les Espagnols occuperont la Savoie pendant six années (1743 à 1749); leurs allures cassantes, leur pillage régulier feront regretter l'entrain sympathique des garnisons françaises [106].

Pendant que la Savoie supporte impatiemment le joug de l'Espagne, le roi de Sardaigne déchire le traité de 1733 et force la France à sortir de la neutralité. *L'équilibre italien* n'était pas du goût de l'Autriche ; le cabinet de Versailles, de son côté, n'avait pas encore su se dégager des ambitions de Louis XIV ; dès qu'une armée française apparaissait au sommet des Alpes, il semblait qu'elle fût à la veille de recommencer les conquêtes rapides de Louis XII et de François Ier. La cour de Turin, pour sa part, n'en était pas arrivée à la perception nette de *la possibilité de l'indépendance italienne* ; elle s'obstinait à croire que la protection de l'Autriche était plus nécessaire que l'alliance française au maintien de l'autonomie du Piémont. Ces erreurs doubles eurent pour résultat de perpétuer l'assujettissement de l'Italie et les embarras de l'Europe.

La médiation de l'Angleterre fait obtenir au Piémont la cession de Pavie, de Plaisance, de Final, et resserre les liens de la triple alliance (à Worms, septembre 1743) ; Louis XV y répond par le traité de Fontainebleau qui livre à Philippe V toutes les possessions autrichiennes en Italie *et rend à la France les pays restitués au Piémont par le traité d'Utrecht* [107].

Charles-Emmanuel, menacé par l'armée combinée, imagine, pour défendre la citadelle des Alpes, le Piémont, de retourner contre la France le plan qui avait successivement protégé contre l'invasion la Provence, le Dauphiné, la Savoie, pendant les campagnes de 1703 à 1713. Il exécute, *sur la crête des Alpes,* les travaux gigantesques amoncelés par Villars et Berwick, au fond des vallées, depuis Antibes jusqu'à Genève ; il les reproduit, avec plus d'art et de fatigues, de Nice à Aoste, immense demi-cercle que protégeront deux lignes concentriques, sans compter la neige, le froid et le vertige de l'abîme [108].

La neutralité helvétique défendait la gauche des Alpes, le val d'Aoste, le val du Tessin ; la mer couvrait la droite. De front, cinq grandes voies, librement ouvertes depuis le démantèlement des forteresses piémontaises, en 1690, menaient directement à Turin ou dans les plaines lombardes : la Corniche, que suffisait à couvrir le canon des flottes anglaises si le vent les maintenait à portée, si la tempête ne les en chassait point ; le col de Tende qui permet de prendre Nice à revers par Saorgio, ou de gagner Saluces par Coni ; le mont Genèvre, accessible par la vallée de la Durance, et qui livre à la fois la vallée d'Oulx et les passages du Mont-Viso ; la Maurienne, dont les issues sur le plateau du Mont-Cenis commandent les trois routes du Dauphiné par Exilles, de Turin par Suse, de la Tarentaise, par Lans-le-Bourg et les glaciers ; enfin la Tarentaise d'où, par le passage si aisé du Petit-Saint-Bernard et les cols étroits qui l'entourent, on peut envahir le val d'Aoste, passer dans le Valley, garder les défilés de Faucigny ou menacer la Maurienne.

J'insiste sur ces détails, parce que la défense des Alpes, en 1744 et 1745, montre tout le parti qu'un général énergique et prévoyant peut tirer des Alpes de Savoie. Les campagnes de 1709, de 1711, de 1742, prouvent combien on a tort de vouloir défendre le passage des hautes Alpes en se concentrant dans les vallées ; les campagnes moins décisives de 1794 et de 1814 en ont été une preuve nouvelle. Mais les enseignements de l'histoire sont, dans notre malheureux pays, lettre morte ; l'expérience du passé n'y a jamais empêché de fautes. C'est, toutefois, un devoir de conscience que d'appeler l'attention sur la configuration géographique de notre frontière de Savoie, si peu connue en France, si mal appréciée, et de critiquer cette construction de forteresses au fond des vallées, à Conflans et à Chamousset, votée en 1874, et que n'ont pu imaginer que des hommes totalement étrangers au pays, qui n'ont point pris la peine de parcourir à pied les défilés de la Vanoise, de Valloire, les vallées de Cormayeur, du val de Tignes, les plateaux du Mont-Iseran et du Mont-Cenis, ou simplement de feuilleter l'*Histoire militaire* du comte de Saluces et les *Mémoires* du maréchal de Berwick.

« *Il faut observer,* dit Berwick, *qu'en fait de
» guerre de montagne, quand on est maître des
» hauteurs, l'on arrête son ennemi.* La guerre des
» Alpes paraît d'abord extraordinaire et fort diffi-

» cile ; mais je puis assurer qu'en suivant l'idée que
» je m'en suis faite, c'est la plus aisée. Il ne s'agit
» que d'être bien averti des mouvements des enne-
» mis *et de faire ses navettes à propos;* l'un et
» l'autre sont très-faciles, car, par ma position, on
» voit venir l'ennemi de si loin que l'on peut tou-
» jours se concentrer à temps, quand même il dé-
» roberait quelques marches (campagne de 1709). »

Les difficultés naturelles du sol formaient une première ligne de défense ; en arrière, se dressaient, à l'orée des gorges, aux issues des cols, des camps retranchés, des redoutes en terre, des postes munis d'artillerie. Vingt-cinq mille soldats et tous les paysans de la montagne furent employés, pendant les cinq mois de l'été de 1743, à construire ce rempart formidable, dont une route militaire rattachait les tronçons, en permettant à la cavalerie et aux attelages de franchir des gorges réputées inaccessibles, et aux milices des paroisses de se rallier aux troupes régulières, dès que les feux allumés auraient signalé l'ennemi. Coupant les trouées que la nature a faites aux Alpes, ce chemin, tracé au flanc des glaciers, suspendu parfois sur l'abîme, rappelait les plus hardis travaux des Romains ; ses débris en ont conservé, sur certains points, l'apparence et le nom. En arrière encore, les villes démantelées du Piémont, Aoste, Bard, Ivrée, Suse, Exilles, Pignerol, Fénestrelle, Démont, Coni, Montalban, avaient été munies à la hâte de ravelins palissadés ; puis, en avant du cercle de fer que défendaient les Austro-Sardes, la discipline des miliciens (précurseurs des compagnies alpines de 1872), l'énergie des Vaudois, le patriotisme des Savoyards, la neutralité des Suisses, paraissaient être des avant-gardes bien solides.

La frontière des Alpes, devenue, non pas seulement *pour l'imagination*, comme on l'a dit légèrement, mais en réalité, une infranchissable barrière, n'aurait pu être forcée que par un Charles XII ou un Bonaparte.

Les assauts des armées combinées vinrent se briser sur ces lignes en 1743, en 1744, en 1745, en 1746, en 1747 et en 1748, malgré d'héroïques efforts.

Le marquis d'Argenson, ministre des affaires extérieures de France, avait repris la pensée de Henri IV : *indépendance de l'Italie, assurée par le désintéressement de la France*. Ce plan n'eut pas de succès en 1746; on ne crut pas à sa sincérité. *L'Italie*, disait ce fin diplomate, sincère autant que fin, *est depuis trois siècles l'un de ces théâtres d'ambitions et de conquêtes où se viennent consumer les grandes puissances : nous y avons voulu conserver quelques citadelles pour prendre part aux désordres sous prétexte de défense et d'équilibre; ce n'est point cela qu'il faut :* C'EST DE CONCENTRER LES PUISSANCES ITALIQUES EN ELLES-MÊMES, *c'est d'en chasser l'Autriche, et de* MONTRER L'EXEMPLE DE N'Y PLUS PRÉTENDRE.

Ce programme était celui de 1610; il devait se réaliser en 1859. Mais, en 1746, l'Espagne crut à un piége, et, pour sa part, ne voulut point acquiescer à l'abandon de ses possessions italiennes.

Le traité d'Aix-la-Chapelle termine la guerre (18 octobre 1748). On restitue au roi de Sardaigne la Savoie, Nice et toutes les villes prises sur lui; on le maintient dans ses acquisitions de 1743. Mais la France insiste pour consacrer à nouveau *l'autonomie de Genève et celle de Gênes ;* ces deux républiques, remuantes, agitées, convoitées depuis si longtemps par les princes de la maison de Savoie, demeuraient, en quelque sorte, sous la garde de la France, des points neutres qui rompaient la ligne défensive des Alpes et compensaient, dans une certaine mesure, l'abandon des limites naturelles du royaume [109].

Les Génevois se débattaient contre le réseau d'influences dont les enveloppait le roi de Sardaigne. *Ce sont des gens inquiets,* écrivait le Sénat de Savoie en 1713, *qui ne tâchent que d'agrandir leur terrain pied à pied, délicats sur les moindres choses, ne serait-ce qu'un buisson, une hutte ou un bout de pavé.* Les traités de 1586 et de 1603 n'avaient jamais été, dans l'esprit de la cour de Turin, qu'une concession provisoire à des nécessités politiques. *Nous regardons messieurs de Genève comme sujets de S. A. R.,* disait une publication officielle de 1674; Mellarède rappelle au Sénat, en 1723, *qu'il est de principe qu'on considère Genève comme faisant partie des États.* Le traité de 1754, pour lequel les agents français eurent à intervenir, céda aux Génevois *la ville et sa banlieue* avec deux enclaves en Savoie. Il fut renouvelé et *raffermi* en 1782, d'accord avec la France et le canton de Berne. Le maintien de Genève comme cité libre restait une tradition de la royauté française.

L'équivoque dans la délimitation définitive de la frontière de l'Est avait pour l'ordre public de fâcheux résultats. Sans parler des *accidents,* pour employer le langage des protocoles, survenus au XVIe siècle et au XVIIe pendant la longue série des invasions, des passages d'armées espagnoles ou allemandes et des exécutions militaires, depuis 1749 surtout, quantité de soldats licenciés, d'Espagnols déserteurs, de paysans ruinés par la guerre, couraient la Savoie, le Dauphiné, la Bresse ; il y avait des troupes de malfaiteurs sur le Mont-Cenis, dans la vallée du Drac, dans les gorges du Bugey, la vallée des Dappes, la forêt de Chaux. Depuis le pont du Var jusqu'à l'enclave de Mulhouse, c'est-à-dire sur le versant ouest des Alpes et du Jura, dans une zone de vingt lieues de large, les maisons isolées étaient devenues inhabitables, et les paysans ne sauvaient leurs troupeaux et leurs récoltes qu'en échange de l'aide qu'ils prêtaient aux bandits. Des villes importantes avaient même été insultées et taxées. Des rôdeurs pillaient les barques du Rhône ; les gorges du massif de la Grande-Chartreuse et du bailliage de Novalaise servaient d'asile aux contrebandiers. Louis Mandrin fut le plus hardi, le plus célèbre des chefs de ces déclassés du XVIIIe siècle. Au mois de mai 1755, il fut enlevé sur terre de

Savoie ; le comte de Noailles fut envoyé à **Turin**, en ambassade extraordinaire, pour s'excuser sur l'intérêt public de cette violation de territoire. Cet incident hâta les négociations du traité de Turin, du 24 mars 1760. Cette importante convention modifie les traités de 1601 et de 1672, si favorables à la France, et règle les limites des deux États depuis le confluent de l'Arve et du Rhône jusqu'à l'embouchure du Var.

« Les enclaves de part et d'autre sont supprimées ; la vallée de Chézery fait retour à la France ; les territoires d'Aire, Pont-d'Arlod, Chanaz, la Balme-de-Pierre-Châtel sont restitués à la Savoie. Le Rhône redevient comme jadis la limite normale, par le milieu de son plus grand cours, du confluent de l'Arve à celui du Guiers. Le roi de Sardaigne renonce à toute prétention sur le massif de la Grande-Chartreuse ; à travers les Alpes, la ligne de partage des eaux devient la ligne frontière [110]. »

Un siècle plus tard, jour pour jour, cette barrière diplomatique tombait, et l'annexion de la Savoie se consommait, pour être, s'il plaît à Dieu, enfin définitive (24 mars 1860).

Les événements de France, la rédaction des cahiers, le choix des députés aux États généraux, eurent bientôt leur contre-coup en Savoie ; l'assemblée de Vizille et l'assemblée de Romans (1788) donnèrent un corps à cette contagion de l'exemple, à cette fièvre de nouveauté qui sont pour les trois quarts dans la conviction des foules [111]. Les esprits intelligents de la vallée du Rhône et de la vallée de l'Isère se mirent à étudier les éventualités prochaines qui pouvaient engager la Savoie dans un conflit européen. On remit en question les projets d'accession à la Suisse de 1704, on redouta les conséquences d'une intervention semblable à celle de 1782 à Genève ; entre l'Autriche, le Piémont, la Suisse et la France, nul n'hésita. Le 22 septembre 1792, l'armée française entre en Savoie au milieu des acclamations ; ce ne fut ni une invasion, ni une conquête, mais un mutuel élan de fraternité. *Deux frères, longtemps séparés, se retrouvent, s'embrassent ; voilà cette simple et grande histoire* [112].

Chaque commune élut un député, chargé d'un mandat impératif ; ces députés, réunis, le 21 octobre 1792, dans la cathédrale de Chambéry, firent connaître le vœu des populations. Sur 658 communes, 653 votèrent l'annexion immédiate à la France ; une demanda une république indépendante ; une s'abstint ; trois, occupées par les troupes sardes, ne purent envoyer d'élus.

Genève résistait à l'entraînement universel. On ne concevait pas, à Paris, où affluaient les réfugiés de tous pays, y apportant leurs illusions et leurs désirs, qu'il se trouvât un peuple qui refusât d'être français [113]. Allemands de la rive gauche du Rhin, Belges, Savoyards, tous abdiquaient leur nationalité au sein de la France ; seuls, les Suisses s'obstinaient à rester eux-mêmes. Les Cantons invoquent les traités de 1584 et de 1782 ; les généraux républicains hésitent à violer la neutralité helvétique, et, de 1792 à 1794, Genève resta un centre actif de contre-révolution.

En 1793, les Austro-Sardes descendent des Alpes ; maintenus à l'issue des vallées, ils sont rejetés au-delà des monts en avril 1794. Les merveilleuses campagnes de Bonaparte en Italie assuraient l'annexion diplomatique de la Savoie. Les illusions du roi Victor-Amédée s'évanouirent lorsqu'il souscrivit à l'armistice de Cherasco (avril 1796) ; le 23 mars 1794, il avait consenti au traité de Valenciennes, par lequel il cédait à l'Autriche le Novarais *en échange des territoires qui pourraient échoir aux Austro-Russes dans leurs conquêtes futures en Dauphiné et en Provence.* Par le traité de Paris, du 15 mai 1796, le roi de Sardaigne renonce à tous ses droits sur l'ancien duché de Savoie et sur les comtés de Nice, de Tende et de Beuil. Il s'engage à démolir les remparts d'Exilles, de la Brunette et de Suse.

La Révolution gagne la Suisse ; le Directoire fait payer son appui par le sacrifice de Mulhouse et de Genève, villes libres (avril 1798) et membres de la Confédération helvétique. Mulhouse, ville impériale depuis 1273, république bourgeoise dégagée du protectorat allemand depuis 1468, accepta volontiers le sort de l'Alsace ; Genève, refuge permanent des proscrits cosmopolites, n'abdiqua que pour un temps.

Les progrès de la Révolution reforment contre la France une seconde coalition des États européens.

Les Austro-Russes et les Anglo-Napolitains abordent sur plusieurs points à la fois l'immense ligne de défense qui s'étendait de Naples à Mayence. On comprit alors ce que l'ancienne neutralité suisse assurait d'avantages à la France en lui permettant de concentrer ses forces, comme elle le fit de 1792 à 1796, entre Mayence et Strasbourg, d'une part, entre le Mont-Blanc et Gênes de l'autre. Pour devancer les coalisés, il fallait occuper le massif entier des Alpes et s'y retrancher comme dans une citadelle qui servît de base d'opérations aux armées d'Italie, du Rhin et de Suisse.

Quelques années plus tard, les grandes annexions italiennes semblaient avoir supprimé, tout au moins pour la frontière du Sud-Est, les dangers auxquels est toujours exposée une province limitrophe de l'étranger. Le Piémont est réuni au territoire français; Parme, Plaisance, Gênes sont occupées; la médiation du Premier Consul pacifie la Suisse en démocratisant et unifiant la fédération des XIX Cantons; le Valley forme une république particulière (1799-1804).

Un Savoyard, M. Lanfrey, qui semble avoir emprunté à Joseph de Maistre, avec l'éclat et la netteté du style, ce parti pris qui déraisonne parfois et cet amour de l'absolu qui rend souvent injuste, a écrit l'histoire de cette grande époque en expliquant tout par l'humeur du maître et la servilité des sujets. C'est trop de mépris pour le peuple français [114].

Pendant quatre-vingts ans, de 1712 à 1792, la

frontière du Nord n'avait pas été violée. La Révolution éclate ; aussitôt Allemands du Nord et Allemands du Sud s'assemblent, font trêve à leurs querelles particulières, s'associent contre l'ennemi commun, se préparent à saisir cette occasion, enfin venue, de dépouiller une proie qui, depuis trois générations, a eu le temps de réparer les pertes de 1709 et de 1712.

On a prétendu que les Allemands étaient trop pratiques pour s'effrayer d'une idée, *et surtout d'une idée française;* que, malgré le sentimentalisme de leurs poëtes et de leurs romanciers, ils avaient des goûts trop positifs pour s'armer en faveur d'un principe jeté par terre et pour sauver d'innocentes victimes. Toujours est-il que le roi de Prusse, Frédéric-Guillaume, l'empereur François II d'Autriche envahirent avec des masses énormes la Lorraine et l'Alsace.

Le duc de Brunswick, général des Prussiens, lance, le 25 juillet 1792, l'insolent manifeste qui porte son nom : *Nous le disons à la France et à Paris en particulier : les habitants des villes, bourgs et villages qui oseront se défendre contre nous et tirer sur nos troupes, soit en rase campagne, soit par les fenêtres, portes et ouvertures de leurs maisons, seront fusillés sur-le-champ, et leurs maisons démolies et brûlées.*

La ville de Paris et tous ses habitants se soumettront sans délai aux armées alliées. S'il y a la moindre résistance, nous en tirerons une vengeance exem-

plaire et à jamais mémorable, en livrant Paris à une exécution militaire et à une subversion totale.

Nos armées ne valaient pas mieux en 1792 qu'en 1712. Mais l'ardeur entraînante de quelques hommes sauva tout. Dumouriez et Kellermann couvrirent la Lorraine, Paris, la France, dans les défilés de l'Argonne à Valmy (20 septembre 1792), puis, à l'Ouest, à Jemmapes (6 novembre). *Les uhlans ont paru à quinze lieues de Paris,* écrivait-on à Dumouriez ; *Verdun a capitulé le 2 septembre.* — Eh! que m'importe! répondait-il. *Quoi que vous me disiez des uhlans, je ne changerai pas mon plan pour cette houzardaille. S'ils vous gênent, tuez-les !*

Repoussés de Lille, de la Champagne et de la Lorraine, les Allemands, accrus de renforts considérables, inondent la Flandre avec le prince de Cobourg, et l'Alsace avec Würmser et Brunswick. Jourdan bat les Autrichiens à Wattignies (15 octobre 1793) et à Fleurus (26 juin 1794) ; Hoche bat les Prussiens successivement aux *sources de la Lauter,* à *Wœrth,* à *Reischoffen,* à *Froeschviller,* lieux témoins de tant d'héroïsme et de si généreuses défaites, force les fameuses lignes de *Wissembourg.* La Flandre et l'Alsace sont sauvées. Les armées françaises prennent l'offensive, brisent le faisceau de la première coalition et forcent la Prusse à demander la paix en 1795.

C'est *l'idée de neutralité* qui domine. La Flandre hollandaise passe à la France ; mais la rive gauche du Rhin, l'Allemagne septentrionale, la Saxe et la

Franconie sont déclarées neutres. La Hollande redevient l'alliée de la France; elle défend ainsi les embouchures du Rhin contre les agressions du Nord, empêche l'invasion de tourner par la mer la ligne naturelle de défense ; c'était le rôle de la Suisse aux sources du fleuve.

Le traité de Campo-Formio (17 octobre 1797) ratifiait les conquêtes de l'esprit révolutionnaire ; mais le Directoire se montrait, dans sa politique extérieure, d'une imprudence et d'une présomption qui faillirent compromettre les succès payés du sang de nos soldats. La paix était le premier besoin du pays. *Si elle eût été faite à Lille*, dit Bonaparte, *on ne peut calculer ce que seraient devenues nos destinées, à cette époque où nous avions encore tant d'enthousiasme de patrie.*

Dans un intérêt purement politique et personnel, faisant litière des besoins de la France, le Directoire continua la guerre. Les révolutions de Rome et de Suisse furent des actes maladroits et odieux; on y violait à la fois le texte des traités publics, d'anciennes amitiés, et tout ce qu'il y a de plus respectable au monde : la religion, la faiblesse, la vertu.

La conquête de l'Helvétie, pays républicain, montra le vide et le mensonge des théories révolutionnaires, viola une neutralité trois fois séculaire, utile à l'Europe entière, indispensable à la France, et fit des Alpes suisses un champ de bataille, de barrière qu'elles étaient. Par un juste retour, seize ans plus tard, les

Alliés faisaient de la Suisse le grand chemin de Paris.

La dépossession du pape Pie VI, la spoliation des États de l'Église, le pillage des couvents et des musées de Rome, justifièrent l'horreur qu'inspirait à tous les honnêtes gens le souvenir des crimes de la Convention ; il semblait que l'athéisme fût érigé en principe de droit public. Au point de vue politique, cette extension de la domination française en Italie l'affaiblit par son excès même. Nul n'insulte Rome sans être châtié. *Ceux qui mangent du Pape en crèvent*, a dit Joseph de Maistre.

Pitt devint l'âme de la résistance de l'Europe à de tels principes, appuyés de tels attentats. *Il ne s'agit point ici d'intérêts*, disait le ministre anglais aux princes dont il sollicitait la coalition ; *il s'agit des principes sur lesquels repose la République française.* Ces principes sont restés suspects, malgré la différence des temps et la modération apparente des partis ; jamais ils ne trouveront d'appui chez les peuples qui restent fidèles aux lois du respect et aux croyances religieuses. Le 18 brumaire balaya les turpitudes du Directoire ; c'était une nouvelle forme de la Révolution qui, semblable à Protée, les revêt toutes pour s'insinuer et devenir toute puissante, et qui, successivement, les use par son impuissance à rien fonder, les détruit par son âpreté corrosive.

Le roi d'Angleterre, mis en demeure par Bonaparte

de conclure la paix, répondit en indiquant *le rétablissement de l'ancienne monarchie comme le seul événement qui pût assurer à la France la possession incontestée de son ancien territoire.* La guerre continua. Masséna à Zurich, puis à Gênes, Moreau sur le Danube, Bonaparte à Marengo, brisèrent par des coups hardis et heureux tout l'effort des coalisés. Le traité de Lunéville ratifia celui de Campo-Formio (9 février 1801). Un grand acte de justice, le rétablissement du pape dans ses États, en fut la consécration, malheureusement trop éphémère.

L'Angleterre restait seule en armes; elle s'arrogeait l'empire des mers, et la France, qui luttait pour *la liberté des neutres* depuis 1778, reprit la défense des principes de 1780, signa avec les États-Unis le fameux traité qui codifiait le droit maritime et renouvela ses alliances avec la Suède et le Danemark au nom du vieux principe : *le pavillon couvre la marchandise.*

Les événements se précipitent, l'épopée impériale conduit nos armées dans toutes les capitales de l'Europe; Napoléon Ier venge, à Iéna et à Auërstaedt, toutes les invasions que nous avions subies depuis les origines de la nation (14 octobre 1806). La Prusse paraît morte, l'empire allemand est détruit; grâce à la Confédération germanique et aux intérêts complexes des États secondaires, il semble que *l'unité de l'Allemagne,* ce péril contre lequel lutte depuis des siècles le génie de la France, soit à jamais conjuré.

Mais Napoléon avait dépassé le but ; ses rêves de grandeur ameutent contre sa domination toutes les rancunes de l'Europe. Dépassant nos limites naturelles, exagérant l'étendue de l'empire, violant un peu partout, et surtout à Rome, les droits les plus sacrés, entraîné, pour son malheur et le nôtre, par l'inexorable logique des principes dangereux sur lesquels reposait l'existence de son autorité, il semblait avoir emprunté à lord Chatam son aveu cynique : *Si nous étions justes un seul jour, nous n'aurions pas un an à vivre.* Depuis l'heure où son étoile pâlit pour la première fois, une conjuration secrète s'ébaucha dans l'ombre et ne cessa de grandir. *J'ai trop aimé la guerre,* disait Napoléon en quittant Paris; *la force numérique de la France n'était pas en rapport avec l'empire du monde que je rêvais pour elle et par elle.* C'est l'empire démesurément étendu qui perdait la France ; la fièvre révolutionnaire l'avait empêchée de se recueillir et de se borner.

Les Allemands, façonnés à la revanche par de grands citoyens dont nos angoisses patriotiques ne doivent pas méconnaître les vertus civiques, entraînés par le souffle vengeur de l'opinion qui empruntait à la verve des poëtes une force irrésistible, se soulevèrent au nom de leurs libertés mourantes. Ils avaient à venger, disaient-ils, l'incendie du Palatinat, l'Allemagne pillée par nos armées. Ils reprirent, avec un emportement et une émotion dont un esprit impartial ne peut nier la grandeur, ces vieilles routes des invasions germaniques, tant de fois déjà parcourues par leurs pères. Nourris dans les écoles, dans les Universités par les idées unitaires et absorbantes qui faisaient le fonds de leur enseignement philosophique, les Allemands de Berlin comme ceux de Munich et de Dresde voyaient surtout dans Napoléon le continuateur de Louis XIV; ce qu'ils voulaient combattre, anéantir, c'était *la force expansive de l'esprit français*, beaucoup plus que l'oppression transitoire d'un empire dont la durée était marquée comme celle de toutes les créations humaines.

La *bataille des nations* se livre à Leipsick (18 octobre 1813); le 21 décembre, l'empire est envahi par l'Est; l'armée de Bohême, en violant la neutralité de la Suisse, entre par la Savoie et par Bâle; l'armée de Silésie marche sur la Marne, l'armée du Nord sur l'Oise. Le territoire est occupé; malgré une défense intrépide, des combats de géants, un contre dix et parfois un contre seize, le flot monte, grandit, couvre tout. Paris, qu'une simple muraille eut sauvé, en laissant le temps à l'empereur de se jeter en avant des alliés, n'avait ni garnison ni canons; après une lutte héroïque de dix heures, soutenue par quelques milliers de conscrits, de vétérans et de volontaires, contre toutes les forces de la coalition, Paris capitula. *L'invasion triomphait pour la première fois de notre histoire* (31 mars 1814).

Le 1er mars 1815, Napoléon Ier revient de son exil

de l'île d'Elbe ; il est à Paris le 20 ; l'acte final du Congrès de Vienne est signé par les coalisés le 9 juin. Napoléon entre en Belgique le 14, bat les Prussiens à Ligny le 16, livre bataille aux Anglais le 18. C'est Waterloo.

L'invasion recommence ; *c'était la vingt-septième.* La défection de la Suisse livrait la frontière de l'Est. Paris, fortifié à la hâte, servait de réduit aux troupes assemblées de toutes parts. Cette armée, dit Lavallée [115], comptait venger Waterloo, en écrasant les cent mille étrangers qui s'étaient aventurés si audacieusement sur Paris, et qui venaient de s'éparpiller, par de fausses manœuvres, autour de cette ville : *la victoire était certaine et l'ennemi lui-même l'a avoué.*

Une victoire, dans ces circonstances, n'aurait pas délivré le pays, puisque les Russes et les Autrichiens, en ce moment, passaient le Rhin ; mais elle permettait de négocier et sauvait l'honneur. La coupable Convention du 5 juillet livra Paris aux Prussiens, le 7.

La deuxième restauration des Bourbons n'arrêta pas l'irruption des masses allemandes ; un million d'hommes armés couvrirent la France, rançonnant les villes, pillant les campagnes, insultant à toutes nos gloires. Les Prussiens se montrèrent les plus âpres à la curée ; ils n'évacueront le territoire français que trois ans plus tard, le 22 novembre 1818.

Ils y reparaîtront après cinquante-cinq années de paix, le 6 août 1870.

XIV

Traités de 1815. — Restauration de la maison de Bourbon. — Rôle confié par la coalition à la Prusse, aux Pays-Bas, au Piémont, pour resserrer et surveiller la France. — Inimitié de l'Angleterre et de la Prusse contre la France. — De 1815 à 1830.

Le premier soin des coalisés vainqueurs fut d'enchaîner la France. Le système de barrière militaire formé autour d'elle s'accusait jusque dans les plus petits détails. Toutes les précautions du Congrès de Châtillon (4 février au 19 mars 1814) et du Congrès de Vienne (juin 1814 à juin 1815) sont dirigées *contre l'ardeur conquérante de la nation française, qui, pendant dix années, avait troublé l'Europe.* Les hommes d'État ne virent de garanties pour le repos universel que dans la création, autour de l'ennemi qu'on voulait dompter, *d'États neutres et intermédiaires*, possédant des forces suffisantes pour résister à l'imprévu d'une invasion. Au Nord, le royaume des Pays-Bas ; sur le Rhin, la Confédération germanique ;

à l'Est, la Suisse neutralisée; dans les Alpes, une forte monarchie, s'étendant du Léman jusqu'au Var, et confiée à l'esprit militaire et agressif de la maison de Savoie.

Quantité de protocoles furent combinés pour fixer les bases de la neutralité helvétique et faire concorder les intérêts de Genève, Bâle, Berne, Fribourg, etc. Du côté de l'Italie, on ne voulait pas agrandir outre mesure le Piémont en lui livrant la Lombardie aux dépens de l'Autriche, ou en lui abandonnant ce versant français des Alpes que la jalousie de l'Angleterre considérait comme inféodé au cabinet de Vienne, du jour où il serait revenu aux mains du roi de Sardaigne. On imagina le démembrement de la Savoie; Genève en fut distraite et rattachée à la fédération helvétique; à titre de compensation, renouvelée des projets d'équilibre du XVIIe siècle, on livra Gênes au Piémont. Puis, la Savoie fut coupée en deux par une frontière anormale qui laissait au roi de France les trois principales villes, Chambéry, Rumilly, Annecy, et réservait au roi de Sardaigne la vallée de l'Isère et toutes les positions militaires des Alpes occidentales, depuis Charroux jusqu'à Collonges.

Tel fut le secret des paragraphes VII et VIII de l'article 3 du traité du 30 mai 1814 : reconstituer le Piémont sans le rendre trop fort, et *créer entre lui et la France un motif permanent d'antagonisme et d'irritation*. L'énoncé de la ligne frontière prouvera que l'on avait réussi. Elle s'appuyait, sur le cours du Rhône, à Chancy, et se dirigeait sur Chambéry, en renfermant dans le territoire français Saint-Julien, Reignier, Arbusigny, Annecy, Faverges, Le Châtelard, mais en côtoyant les cantons de Bonneville, La Roche, Thorens, Ugines, L'Hôpital, Saint-Pierre-d'Albigny, Montmélian, La Rochette, qui restaient au Piémont avec toutes les vallées des Alpes, et se terminait entre Apremont et Chapareillant, à neuf kilomètres de Chambéry.

Comme à toutes les époques de son histoire, la Savoie se trouvait sacrifiée aux convenances particulières de la diplomatie. Cette attribution de territoire, aussi insultante pour la France que désobligeante pour le Piémont, n'émut pas seulement les partisans du roi de Sardaigne. Tous les partis s'associèrent dans une irritation légitime. Tandis que Joseph de Maistre écrivait : *cette division de l'indivisible est insupportable ; si, au moins, la Savoie n'était pas divisée, en pleurant son ancien maître, elle aurait la consolation de conserver son intégrité* [116] ; le comte Marin publiait une brochure dont le titre seul était un avertissement : *les Alpes sont les limites naturelles et nécessaires du territoire français*. Et les hauts dignitaires de l'Empire, originaires de Savoie et ralliés à Louis XVIII, adressaient au Congrès de Vienne une protestation dont le langage, à la fois hardi et mesuré, faisait à la conscience des diplomates un suprême appel.

Ce document se terminait par cette conclusion énergique :

La Savoie a toujours appartenu à la France en temps de guerre ; elle doit lui appartenir irrévocablement en temps de paix [117].

La campagne de 1815 ne rendit un instant les Alpes aux Français que pour y ramener aussitôt les coalisés. Malgré l'héroïque défense de L'Hôpital par le colonel Bugeaud (28 juin 1815), l'armée française, mal commandée, bat en retraite sans presque combattre. L'ennemi abordait en masses profondes la frontière de l'Est par trois points à la fois : la vallée du Rhône par Genève, le col des Rousses et Lyon ; la vallée de la Durance par le pont du Var, Antibes, Grasse, Castellane ; la vallée de l'Isère, au centre, par le Petit-Saint-Bernard (Tarentaise) et le Mont-Cenis (Maurienne).

Le traité de Paris (20 novembre 1815), ratifiant cette facile et rapide prise de possession des Alliés, déclara que la Savoie tout entière serait restituée au roi de Sardaigne et que, du Rhône jusqu'à la mer, la ligne de démarcation devait être celle qui, en 1790, séparait la France de la Savoie et du comté de Nice.

La question de frontières, si vivement débattue en 1814, était cette fois résolue au profit de l'intégrité du territoire savoyard, *mais contre la France*.

Plusieurs communes du Chablais, en cessant d'être françaises, ne s'étaient pas résignées à devenir italiennes, et s'associèrent aux démarches que fit la Confédération helvétique pour prendre sa part des dépouilles de l'Empire. Il avait été question, en effet, en 1814, un instant, de donner à la Suisse, pour prix de sa neutralité violée par les troupes autrichiennes, *tout le bassin du Léman.* Les populations de Genève, de Thonon, de la vallée de l'Arve, s'étaient émues; et les colléges électoraux du département du Léman, réunis le 14 juin 1814, déléguèrent leur président, Bastian, pour aller à Zurich solliciter l'accession, comme on l'avait déjà fait en 1703, en 1713, en 1748. Les adresses collectives des trois provinces portaient 577 signatures, et Bastian motiva cette démarche auprès du comte de Bubna, gouverneur provisoire des Alpes, dans une lettre du 10 juillet, où il déclarait que les habitants du nord de la Savoie, *las d'être sans cesse envahis, ne souhaitaient que la certitude du repos par leur accession à un pays neutre.*

Le canton de Vaud, seul, appuya la demande de la rive gauche du lac ; il insistait sur ce que la Diète ne pouvait consentir à la réunion de Genève que sous la condition de lui adjoindre un territoire suffisant. Les instances du landamman Monod échouèrent devant la prudence des Suisses, l'opposition du Piémont et de la France, et la lassitude des Alliés qui eurent hâte de signer le traité du 30 mai.

L'idée fut reprise en 1815. Au Congrès de Vienne, un homme d'État remarquable, Pictet de Rochemont, fut chargé de réclamer pour la ville de Genève une délimitation *qui la désenclavât sans l'absorber,* et lui permît de se rattacher, par un territoire national, soit avec le pays de Vaud, soit avec le Valley.

Le Chablais et le Faucigny furent intéressés au plus haut degré dans ces débats, où le Congrès ne vit que l'importance de la route du Simplon et la nécessité de la fermer à la fois aux Italiens, aux Allemands et aux Français. Il fut question de détruire la route du Simplon, ce merveilleux ouvrage des Français [118]. Le roi de Sardaigne céda quelques paroisses et *le libre parcours*, avec suppression du droit de transit entre Genève et le Valley, le long du lac ; le roi de France accorda le passage par Versoix, dans les mêmes conditions ; les douanes sardes et françaises furent reculées. Malgré les efforts du Piémont, dont les agents ne comprenaient point qu'on voulût fortifier la protestante Genève au lieu de la *restituer* aux catholiques, le second Congrès de Paris donna Versoix et Saint-Julien à la Suisse, créa autour de Genève une large zone affranchie des douanes, et englobé dans la neutralité helvétique tout le territoire de la Savoie compris au nord d'une ligne droite à tirer d'Ugines au Rhône en passant par Lescheraines et le Bourget. Le traité de Turin compléta cet accord (16 mars 1816) en le modifiant, par l'échange de Saint-Julien contre les paroisses qui séparaient la petite république de son enclave de Jussy.

L'article 23, renouvelant les vieilles conventions diplomatiques du XVIe siècle, déclarait que le roi de Sardaigne *ne pourrait aliéner le Chablais, le Faucigny et le Génevois en faveur d'aucune puissance autre que la Suisse*, de même que la Suisse ne pouvait aliéner le pays de Vaud qu'en faveur de la Savoie. C'est ce texte qu'invoquèrent les rares Savoyards qui, poussés par l'Angleterre en 1860, soudoyés par la Prusse en 1871, osèrent discuter la légitimité et la sincérité de l'annexion de 1860.

J'ai dit quelles précautions avaient été prises sur notre *frontière de l'Est* pour nous isoler de l'Italie, notre alliée naturelle, notre sœur de race et d'instincts, et pour faire de la Savoie un sujet permanent de discorde et d'inquiétude entre le Piémont et la France.

Sur la frontière du Nord, même adresse, même âpreté, mêmes piéges. Paris, *où résident la tête et le cœur de la France*, pour employer la phraséologie contemporaine; ce qui veut dire que notre excès de centralisation met la France tout entière à la discrétion du caprice ou de l'héroïsme de la capitale; Paris a toujours été l'objectif de l'invasion. Trois avenues y conduisent: la vallée de l'Oise, immortalisée par les campagnes de 1712 et de 1794; la vallée de la Marne, où les Prussiens furent si rudement battus en 1792; la vallée de la Seine, que l'on aborde par la Suisse, Bâle, Huningue, Porentruy, Montbéliard, Belfort, et qui servit aux invasions de 1814 et de 1815. La coalition s'ouvrit ces trois avenues et y accumula contre nous des obstacles formidables.

La neutralité de la Suisse fut reconnue ; *mais on l'étendait à une partie de la Savoie,* afin de se prémunir contre une nouvelle occupation de ce pays par la France ; les cantons allemands, pénétrés des passions et des préjugés de la coalition, ne furent plus pour nous *les anciens alliés perpétuels* de François Ier et de Louis XIV, *les bons amis* du roi Louis XI ; le protectorat de Neufchâtel, maintenu au roi de Prusse, fit de ce canton une sentinelle avancée de l'Allemagne ; Genève, redevenant plus que jamais une capitale protestante, faisait échec, dans la pensée de certains diplomates, à sa voisine, la catholique cité de Lyon.

Huningue fut démantelé ; Belfort, mal fortifié, n'était point en état de fermer *la trouée*. Les coalisés avaient échoué, grâce à l'énergie du roi Louis XVIII et au zèle du duc de Richelieu, dans leur demande d'occuper Strasbourg ; mais ils reprirent Luxembourg. C'était, sur ce point, le rappel pur et simple des premiers protocoles de Ryswick. On se souvient de ce qu'écrivait Vauban à cette occasion :

« Un pont sur le Rhin et une place de la grandeur et de la force de Strasbourg, qui vaut mieux elle seule que le reste de l'Alsace, cela s'appelle donner aux Allemands le plus beau et le plus sûr magasin de l'Europe. Luxembourg fera le même effet. Ces deux places sont les meilleures de l'Europe ; *nous perdrions avec elles pour jamais l'occasion de nous borner par le Rhin ;* nous n'y reviendrons plus [119]. »

Toute la frontière française, de Bâle à la Meuse, au lieu de côtoyer la *Ligue du Rhin* et les annexes militaires qu'on appelait jadis *les Allemands de France*, se trouva en face d'une puissance uniquement établie pour lui faire échec, la *Confédération germanique*, ayant une armée, des finances et quatre citadelles construites, armées et gardées à frais communs : Luxembourg, Mayence, Landau, Rastadt.

Le roi de Prusse, qui ne possédait sur terre gauloise que le duché de Clèves et une partie de la Gueldre, reçut presque toute *la France rhénane*; on le constitua ainsi gardien de l'Allemagne contre la France par la possession des anciens départements compris entre le Rhin, la Moselle et la Meuse. Agrandi de la Poméranie, du tiers de la Pologne, de la moitié de la Saxe, de la Westphalie, s'étendant de la Meuse au Niémen, le royaume de Prusse devenait l'une des grandes puissances européennes.

Les desseins avortés en 1713 étaient, cette fois, mis à exécution dans leur entier. On retournait contre nous la politique de la maison de Bourbon ; au lieu d'envelopper la France d'États amis, neutres, alliés ou faibles, qui lui formaient pour ainsi dire comme une double ceinture, on l'entourait d'États puissants, de confédérations ennemies ou de voisins hostiles. On multipliait les points de contact [120] et les causes de conflit, tout en nous désarmant.

Le prince Eugène proposait, en 1712, de confier aux Hollandais la garde de citadelles entre la mer et la Meuse. Ce plan s'exécuta en 1815. La Belgique et l'évêché de Liége furent annexés à la Hollande; le nouveau royaume des Pays-Bas fut destiné à jouer, au Nord-Ouest, le rôle qu'on donnait au Piémont au Sud-Est. Celui-ci était l'avant-garde de l'Autriche; les Pays-Bas, aux mains de la maison d'Orange, devinrent la tête-de-pont des Anglais sur le continent. La situation se fut aggravée si le mariage prévu entre le prince d'Orange et la princesse Charlotte d'Angleterre s'était réalisé; le port d'Anvers, si convoité par le commerce de Londres, devenait une possession britannique.

Les citadelles de Philippeville et de Mariembourg, acquises par Mazarin avec tant de sollicitude, et qui gardaient avec Avesnes et Rocroi les sources de l'Oise; la ville de Sarrelouis, clé du chemin qui mène dans la vallée de la Marne, de Mayence à Saint-Dizier, fortifiée par Louis XIV; Huningue, la porte de Bâle, étaient, les trois premières prises, la dernière démolie. En arrière de ces villes, les Alliés entreprirent des travaux considérables, où ils dépensèrent 400 millions, de 1815 à 1830. Louis XVIII pouvait répéter le mot de Louis XIV en 1709 : *Ils m'ont fait voir que leur intention était de s'ouvrir des voies plus faciles pour pénétrer dans l'intérieur de mon royaume toutes les fois qu'il conviendrait à leurs intérêts de commencer une nouvelle guerre.*

La Russie, l'Angleterre, l'Autriche elle-même n'avaient point intérêt à démembrer la France; il leur suffisait qu'elle fût réduite à l'impuissance. La Prusse, dans son ardeur de vengeance, et pour avoir le droit d'appuyer des demandes dont elle paraissait se désintéresser, tout en les provoquant, mit en avant les petits princes allemands, les descendants des anciens stipendiés de Louis XIV, ces courtisans de Napoléon, qui lui devaient leurs États et leurs couronnes. Ce fut *cette meute hurlante* qui, sous la pression secrète de la Prusse, réclama *le règlement des frontières françaises*. La carte en avait été dressée par l'état-major prussien avec une science des détails, une connaissance du pays, une clairvoyance que les diplomates admirèrent et dont ils firent honneur à la haine que la Prusse ne chercha plus dès lors à dissimuler. Cette âpreté parut excessive.

Ce n'est pas d'hier que l'Europe a dû défendre notre pays contre la haine de la Prusse. Les traités de 1815, aux yeux de cette impitoyable ennemie, n'avaient pas assez amoindri notre situation; tous les instruments en furent critiqués et discutés avec une singulière âpreté par le baron de Hardenberg qui, comme le comte de Bismarck, gagna son titre de prince en désespérant la France, et par M. de Gagern, depuis la convention de Paris (30 mai 1814) jusqu'à l'acte final du Congrès de Vienne (9 juin 1815).

En relisant les pièces authentiques des délibérations qui accompagnèrent et suivirent le Congrès de Vienne et les traités de 1815, il est aisé de noter un à un les griefs de l'Allemagne contre la France [121], de ressaisir dans les pièces échangées la portée des précautions prises contre nous, et de constater avec quelle persévérante ténacité la Prusse a mis à exécution, en 1871, ce qu'elle réclamait en 1697, en 1709, en 1713, en 1748, en 1814.

Selon les diplomates de Berlin, de Leipzig ou de Hanovre, les Alliés n'avaient pas assez réfléchi, en signant le traité de Paris et en le faisant confirmer par le Congrès de Vienne, que le territoire français, tel qu'on le constituait, était encore menaçant pour l'Allemagne; qu'il était nécessaire *d'ébrécher plus complétement la frontière pour rendre la France impuissante à jamais se mêler des affaires du Rhin* [122].

« La France, disait le baron de Gagern, envoyé par le roi des Pays-Bas, mais tout dévoué à l'idée prussienne, la France est entourée d'un triple rang de places fortes qu'elle n'a point acquises ou conquises par des *voies légitimes*, mais que ses intrigues et les discordes de l'Allemagne lui ont données dans le cours des derniers siècles; *l'Alsace est en première ligne parmi les provinces que son astuce lui a mises entre les mains* [123]. »

Ici, M. de Gagern faussait l'histoire. Ce n'était pas l'astuce, mais les victoires de Louis XIV qui avaient donné l'Alsace à la France. Le livre de M. le comte d'Haussonville (*Histoire de la réunion de la Lorraine à la France* [124]) contient sur ce sujet tous les éclaircissements nécessaires.

A la conférence d'Hagueneau, tout en discutant la légitimité des pouvoirs des plénipotentiaires français, le baron Khesbeck, délégué par le roi de Prusse, déclara qu'il était devenu indispensable de prendre des garanties sérieuses ; *nous devons travailler*, conclut-il, *pour le repos de nos enfants* et non pas seulement pour notre tranquillité personnelle.

Ces garanties se résumaient en trois points : 1º lourde indemnité pécuniaire qui, sous le nom de contribution pour les frais de guerre, embarrassât pour bien des années les finances du pays ; 2º rectification des frontières de la France, de manière à les réduire à un système purement défensif, sans qu'il y eût pour elle possibilité d'envahir la Belgique, l'Allemagne ou l'Italie ; 3º mesures sévères contre l'armée française, de façon à limiter son effectif et à surveiller ses armements.

Le baron de Gagern ne demandait rien moins que la cession de l'Alsace et de la Lorraine, qu'on aurait constituées en Grand-Duché sous le gouvernement de l'archiduc Charles. Le nouveau roi des Pays-Bas exigeait Condé, Valenciennes et presque jusqu'à la Somme, comme ligne de frontières. C'est à peu près ce qu'enseigne aujourd'hui la Prusse dans ses écoles, et la Carte de France qu'elle fit imprimer en 1874 fait passer la limite extrême de notre territoire par Gravelines, Douai, Cambrai, Rethel, Verdun, Bar-sur-Ornain, Vesoul, Lons-le-Saulnier, Nantua, Seyssel, les Échelles, Grenoble, Briançon et Antibes.

Ce que la conquête a donné, la conquête peut l'enlever. Ce principe est dangereux ; ces sortes d'exemples, quand la force les introduit dans le droit public, sont d'un fâcheux effet. Le succès ne justifie pas les abus de la victoire ; les individus disparaissent, mais les peuples restent, et les peuples ont de la mémoire.

Le prince de Metternich lui-même admettait les réclamations des Allemands et cette idée qu'il n'y aurait aucune garantie contre l'invasion française si l'on n'accordait pas à l'Allemagne Metz, Strasbourg, Sarrebrück.

Puisqu'on était saisi de tous ces points par la conquête, écrivait M. de Hardenberg, il fallait en profiter *pour mettre fin à ces tristes guerres qui, depuis deux siècles, troublaient la paix du monde.*

Le système constant de la France, appuyait M. de Metternich, a été d'augmenter le nombre de ses forteresses et de diminuer, par la démolition ou la conquête, le nombre des places fortes de ses voisins. Ce système, lui assurant les avantages de l'offensive et ceux de la défensive, lui avait valu tous ses succès.

M. de Gagern ajoutait, avec ce genre d'ironie particulier à l'âpreté allemande: *Les forteresses en dehors de la ligne projetée pour devenir la nouvelle frontière sont des bosses et des défauts corporels jetés sur la configuration naturelle de la France, et qui la rendaient fort désagréable à ses voisins.* C'est à cette heure de crise que le renvoi de M. de Talleyrand et les grâces hautaines du duc de Richelieu décidèrent l'empereur Alexandre et sauvèrent quelque peu une situation qui paraissait désespérée.

Ne pouvant obtenir les empiétements territoriaux qu'ils méditaient, les Alliés forcèrent alors *cette porte d'argent*, selon le mot de Capo d'Istria, qui devait être pour les Prussiens de 1871 *une porte d'or*. Ce n'est pas non plus d'aujourd'hui que *les maigres bandits de l'Elbe et du Nord*, comme disait Sidoine-Apollinaire, il y a quatorze siècles, en parlant des Allemands de son temps, convoitent notre climat, notre soleil, nos gras pâturages et nos joyeux vignobles.

S'il y a de grandes monarchies, remarquait l'intraitable baron de Gagern, et si elles sont nécessaires pour entrer en balance avec d'autres monarchies également grandes, *la France est la première de toutes par ses ressources intérieures*. Elle tire de son sol, de sa propre substance, des ressources telles, en hommes, en argent, en produits naturels, en objets d'échange indispensables à ses voisins, *que l'Europe entière coalisée contre elle est à peine un adversaire assez puissant. Il faut la réduire à l'impuissance en épuisant ses ressources.*

Les conditions accessoires des traités de 1815 furent non moins pesantes, non moins cruelles que celles relatives au démembrement du territoire : 700 millions à payer pour les frais de guerre, 735 millions d'indemnité *pour les dommages causés depuis 1792*, occupation, aux frais du pays, par 150,000 hommes, de quinze départements pendant cinq ans ; c'était une charge de plus de *deux milliards*. Les Prussiens réglèrent la question d'argent ; les Anglais, par un calcul méchant, provoquèrent un dernier outrage : l'enlèvement des objets d'art accumulés dans nos musées par la conquête. La restitution des statues et des tableaux enlevés à l'Italie et à l'Espagne était juste. Mais les motifs de cette restitution n'étaient point tirés de l'équité. *Ces dépouilles,* disait lord Castlereagh, *demeurant les titres des pays abandonnés, maintiendraient chez les Français l'idée de ressaisir ces pays, et le génie du peuple français ne s'associera jamais complétement à l'existence plus limitée qui est désormais assignée à la nation.* Wellington ajoutait : *Il faut que le peuple français soit averti, s'il ne le sent pas encore, que l'Europe est plus forte que lui.*

La vitalité de la France résista à ces attaques : la rançon de 1815 fut payée comme devait l'être celle de 1871, sans appauvrir un pays plein de ressources ; mais avec moins de hâte, avec plus de réflexion.

La libération du territoire fut obtenue par anticipation le 30 novembre 1817, grâce aux efforts du roi et du duc de Richelieu, sans aggravation de charges, et par la simple exécution de nos engagements.

L'ennemi héréditaire souleva alors la délicate question des garanties morales. La France offrait-elle assez de sécurité pour qu'on pût croire au rétablissement de l'ordre public? Son gouvernement était-il assez fort, assez affermi; les conditions de son existence étaient-elles assez solides pour qu'on pût se fier à lui, traiter avec lui à longue échéance, l'admettre, en un mot, dans le concert européen?

Les souverains et leurs ministres, toujours préoccupés du progrès de l'idée révolutionnaire, avaient le pressentiment que là était le péril et que ce fléau tourmenterait encore l'Europe.

La France, avec sa force d'expansion, son exubérance, ses ressources inépuisables, était considérée comme le foyer de cette flamme subtile, destructrice de toute autorité, de tout respect, de toute tradition, et qui ne laisse que des ruines partout où elle a passé.

Le régime parlementaire, si excellent en théorie, si décrié par la pratique, inaugurait ces secousses périodiques qui sont d'autant plus dangereuses qu'elles semblent légales; à chaque élection compromettante, M. de Metternich s'écriait : *Vous voyez bien que la Révolution n'est pas finie !*

Les faits contemporains n'offrent-ils pas une analogie frappante avec ceux de cette revue rétrospective? L'irréflexion des factions, l'hésitation des partis, le caprice des ambitieux, l'absence d'un vrai politique, ne sont-ce pas, aujourd'hui même, les motifs de la froideur de nos amis et les prétextes des calomnies de ceux qui souhaiteraient de nous voir à tout jamais perdus ?

Le Congrès de Vienne, au point de vue de l'état social et de la politique générale, et en laissant à part la revanche prise par l'Europe contre la France pour la punir de vingt années de victoires, avait eu pour but *l'ordre et le maintien des principes sur lesquels se fonde le repos des États*. Ces principes, croyait-on [125], devaient triompher, par la détermination des gouvernements *à conserver invariablement les institutions anciennes contre les attaques des novateurs et des sectaires*. C'était le dessein avoué de la Sainte-Alliance.

L'Angleterre, mécontente de n'avoir pas de rôle dominant, se hâta de troubler cet accord. Son instrument favori fut cet *esprit révolutionnaire* qu'on se flattait d'avoir extirpé de France; elle lui offrit asile; M. Canning osait déclarer en plein Parlement : *qu'il tenait dans ses mains les outres d'Éole.*

Le Congrès de Laybach (1820) vint consacrer le principe d'intervention à propos des révolutions d'Espagne, de Portugal, de Naples et de Grèce. Le droit absolu d'intervention contre la Révolution fut le but et le résultat du Congrès de Vérone, dont la convocation était provoquée par la France, qui rentrait ainsi, d'instinct, dans le concert européen, et s'imposait de rechef à ses plus mortels ennemis (1822).

En 1828, la Russie proposait à la France de lui

faire restituer ses frontières naturelles, *le Rhin, les Alpes, les Pyrénées* [126], telles que les lui avait garanties la déclaration des Alliés en 1814. La Révolution de 1830 fit tout avorter.

La Restauration portait tout le poids des fautes accumulées dans notre malheureux pays de 1789 à 1815 ; on l'accusait d'avoir été ramenée d'outre-Rhin *dans les fourgons de l'étranger*. Cette odieuse calomnie n'est plus à discuter. Le patriotisme du roi Louis XVIII avait sauvé plusieurs de nos provinces ; le zèle du roi Charles X à réparer nos pertes nous donnait l'Algérie et faisait de la Méditerranée *un lac français*, à l'instant même où on précipitait la dynastie du trône. Nos récents malheurs ont démontré aux plus incrédules ce que nous a coûté la perte de la monarchie traditionnelle et héréditaire.

La France est devenue ingouvernable par la facilité même qu'on trouve à la gouverner. Que sont toutes nos révolutions à leur début ? un caprice de l'opinion, un mécontentement inconscient, un désir du changement accru, irrité par les calculs de la presse. Un mouvement éclate, les ministres hésitent, le sentiment du devoir s'évanouit, l'audace de quelques hommes perdus de dettes et de conscience rompt le charme qui protégeait le pouvoir ; de ce qu'il hésite à se défendre, à verser le sang, on en conclut qu'il est indigne de vivre ; les meneurs attirent à eux d'honnêtes gens, chez qui l'ambition le dispute à la vanité ; ce vernis de bon renom, des mots sonores, l'ivresse du bruit, entraînent la foule, et quand le pays se prend à réfléchir, l'usurpation est consommée. Il n'y a plus de remède. Il faut s'en remettre au temps qui use tout, et surtout à Dieu qui mesure l'épreuve à notre force.

XV

Révolution de 1830. — Belgique et Hollande. — Révolution de 1848. — Belgique et Savoie. —Révolution d'Italie. —L'unité italienne. — L'annexion de la Savoie et de Nice complète la frontière de l'Est. — Théorie des nationalités. — Progrès de la Prusse. — Danemark. — Confédération germanique. — Autriche. — De 1830 à 1869.

La Révolution de 1830 dégagea la France au nord par la dislocation des Pays-Bas. La Belgique, subordonnée plutôt qu'unie à un État qui différait d'elle par la race, la religion, les mœurs, les intérêts, témoigna immédiatement ses répugnances, fit opposition à tous les actes de la maison d'Orange et saisit, pour s'insurger, le premier prétexte qui s'offrit à elle [127]. Le Congrès de Bruxelles, d'accord avec l'opinion publique, penchait pour que la Belgique rentrât dans l'unité française; les Belges choisirent pour roi le duc de Nemours, second fils de Louis-Philippe; le roi refusa. On a blâmé sa prudence; on oublie que la France restait suspecte, que l'Angleterre avait combattu pendant vingt années et dépensé 20 milliards pour empêcher Anvers d'être français.

Ce qui parut, tout d'abord, c'est que l'une des citadelles construites en 1815 contre nous s'écroulait ; on élut roi Léopold, prince de Saxe-Cobourg ; il épousa une fille de Louis-Philippe ; son royaume fut déclaré neutre ; il semblait que l'influence française s'équilibrât dès lors avec la pression anglaise et que la création du nouveau royaume fût un véritable succès pour la branche cadette des Bourbons. Il fallut toutefois l'intervention armée de la France et de l'Angleterre pour faire accepter de la Hollande le régime intronisé en Belgique (1831 à 1833).

La situation du gouvernement de Juillet était extrêmement délicate ; c'est à peine s'il pouvait compter de temps à autre sur l'Angleterre, amie équivoque, qui le discréditait sans cesse par des procédés désobligeants. Il eut à remplir une tâche ingrate, peu brillante, toute de modération, de précautions et de prévoyance ; il s'en acquitta à merveille.

Le roi Louis-Philippe accomplit ce laborieux travail avec une sollicitude éclairée, ferma dans la mesure du possible les brèches de 1815, répara ou fortifia à nouveau nos places fortes, couvrit nos frontières, et surtout construisit la double enceinte de Paris, travail gigantesque, que réclamait Vauban, que Napoléon voulut exécuter en 1814 et qui, en 1870, mieux utilisé, aurait sauvé la France. En 1840, la Prusse et l'Angleterre avaient reformé contre nous la coalition de 1815 ; nos ennemis d'outre-Rhin conviaient l'Europe *à venir une troisième fois coucher dans Paris*. M. Thiers saisit l'occasion : *Frappez Paris*, disait-il, *et la France est comme un homme frappé à la tête*. En fortifiant la capitale, vous apporterez une modification immense à la guerre, à la politique ; vous rendrez impraticables les guerres d'invasion, c'est-à-dire les guerres de principe.

Trop sage pour précipiter des complications à l'extérieur, le gouvernement de Juillet continua à fortifier le pays, en dedans de ses frontières. C'est ainsi qu'après Paris, Belfort et la *frontière de fer* de Vauban qui fermaient nos brèches du Nord et du Nord-Est, il fortifia Lyon, pour suppléer à la perte de la Savoie. Cette place, située au point de rencontre des trois bassins du Léman, de la Saône et du Rhône, garde ou observe tous les passages des Alpes, du Jura et des Vosges par le plateau de Langres, menace la Suisse et couvre le centre par la vallée de la Haute-Loire. Suivant les circonstances, Lyon est admirablement situé pour servir de camp retranché à une armée en retraite, ou de base d'opérations à des troupes qui prendraient l'offensive.

En même temps, un réseau de grandes voies de communication et de chemins de fer, combiné avec une sagacité prévoyante, commençait cet outillage industriel qui a permis, depuis, à la production et aux échanges de prendre un si merveilleux essor.

La Révolution de 1848 vint brusquement interrompre ces progrès d'un pays laborieux et économe. Ses conséquences, au dehors, furent considérables : elle fit écrouler, au midi, le Piémont de 1815 comme celle de 1830 avait, au nord, détruit le royaume anglo-prussien des Pays-Bas.

Tout l'effort des révolutionnaires se porta dès lors en Italie, où des nécessités locales, des luttes de race, des conflits sans cesse renaissants, des ambitions audacieuses ouvraient un vaste champ à l'activité des chefs de *la révolte internationale.*

Les traités de 1815, violés par le roi de Prusse l'année même de leur signature, violés par l'empereur d'Autriche à Troppaü et à Leybach, furent déchirés en 1830 par l'insurrection. L'équipée internationale de 1834 (Mazzini et Ramorino) n'a point de contre-coup en Savoie. De 1840 à 1847, les graves incidents de la politique européenne modifient les relations et font prévoir de prochains remaniements territoriaux. Tandis qu'on accusait la France de violer les traités d'Utrecht par les mariages espagnols, l'Autriche, la Russie et la Prusse violaient une fois de plus les traités de 1815 par la suppression de la république de Cracovie.

La Savoie, placée entre deux foyers révolutionnaires, le Piémont et la Suisse, se préoccupait des incidents de nature à redresser la frontière. Lucerne en 1845, Berne et Genève en 1846, Fribourg et le Valley en 1847, venaient d'être le théâtre de faits importants ; tandis que les utopies révolutionnaires troublent la Suisse, l'Italie est entraînée vers *l'idée unitaire* par les écrits d'Azeglio, de César Balbo, de Gioberti, de Mamiani. Les révolutions qui, de février à juin 1848, ensanglantèrent toutes les capitales de l'Europe, ne furent pas sans remuer les vieux instincts des nationalités.

La publication du Statut par le roi Charles-Albert consacre la rupture du Piémont avec la Sainte-Alliance. *Plus le roi se rapprochait des idées italiennes, et plus il se séparait de la Savoie.* Les Savoyards l'eurent vite compris. Ils avouèrent franchement que le grand mouvement qui agitait la Péninsule, et qui avait pour but de reconstituer la nationalité italienne, ne pouvait les influencer au même degré que les habitants d'outre-monts, *et qu'ils se déclaraient tout à fait désintéressés de la question d'unité* [128]. Ils réclamèrent un article spécial de la Constitution qui consacrât en Savoie l'emploi officiel de la langue française ; ils ne protestèrent pas contre *l'opinion répandue au-delà des Alpes sur le penchant qui entraînait la Savoie vers la France.* Les partis se dessinent et lancent leurs manifestes : M. Brunier, d'Aiguebelle, demande l'annexion à la France ; M. Despine, d'Annecy, le maintien de l'union sarde ; M. Bastian, de Carrouge, l'accession à la Suisse. Les opinions de ces trois hommes étaient la résultante de la situation géographique et des intérêts immédiats de chacune des trois provinces.

Les résultats de l'attitude nouvelle du Piémont étaient considérables pour la France. La Révolution de 1848 renversait dans les Alpes la puissante citadelle construite par la Sainte-Alliance contre nos frontières du Midi, de même que la Révolution de 1830 avait brisé celle qu'on avait remise, au Nord, entre les mains du roi des Pays-Bas. Du jour où l'ambition du Piémont le met à la tête des peuples italiens, de mercenaire de l'Autriche, *il devient l'avant-garde de la Révolution*, et la France ressaisit, du même coup, sa légitime influence sur les peuples de race latine.

L'annexion prochaine de la Savoie s'imposait à l'opinion des gouvernements, à chaque pas que faisait le Piémont dans la voie dangereuse où il semblait que la France eût mission de retenir son élan plutôt que de le précipiter. Cette éventualité, au surplus, était depuis longtemps dans les prévisions du gouvernement du roi Louis-Philippe. Le 7 novembre 1847, M. Guizot écrivait au prince de Joinville : « Les Italiens voudraient que la France mît à leur disposition ses armées, ses trésors, son gouvernement, *pour faire ce qu'ils ne pourraient faire par eux-mêmes*, ce qu'ils ne tenteraient pas sérieusement, pour chasser les Autrichiens d'Italie et établir l'unité nationale et le gouvernement représentatif [129]. »

Par une matinée du mois d'avril 1870, ayant l'honneur de m'entretenir avec l'illustre vieillard de l'*Histoire de Savoie*, que je venais d'écrire, et des nécescessités auxquelles avait répondu l'annexion de 1860, M. Guizot confirma mon opinion par ces paroles textuelles :

La possession des Alpes est indispensable à la France, et sans la révolution de 1848, il est probable que le gouvernement du roi eût réalisé à bref délai cette conquête pacifique qui nous était assurée diplomatiquement. Quant à moi, ajouta-t-il avec un accent de mélancolie, *c'était mon rêve de ministre.* Puis, il reprit: *La Belgique aussi nous est nécessaire ; on a manqué l'occasion, en 1831, par timidité ; en 1848, la République nous l'a fait perdre aussi, comme elle nous fit perdre la Savoie.*

La République de 1848, en effet, aurait bénéficié de la diplomatie royale, si l'outrecuidance de ses chefs n'avait pas voulu brusquer la situation. De secrètes combinaisons voulaient entraîner la France en Italie. On annonçait dans des actes officiels la formation de l'armée des Alpes *pour réparer les torts anciens subis pour la France;* on y rappelait aux soldats *les sympathies que leurs devanciers trouvèrent, en 1792, au-delà de la frontière.* Le Consul sarde répondait aux émigrants qui réclamaient le visa du passe-port : *la Savoie ne nous regarde plus!* La surprise de Chambéry (3 et 4 avril 1848) par l'armée révolutionnaire partie de Lyon avec la connivence probable des autorités fit tout manquer. Les Savoyards, indignés qu'on voulût les violenter et qu'on essayât de les traiter en pays conquis, chassèrent les intrus à coups de fusil. Cette malheureuse équipée couronna les maladresses des ministres de février ; ce fut le pendant de la sotte expédition de *Risquons-Tout!* sur le territoire belge (25 et 29 mars) et de l'échauffourée de Ramorino à Saint-Julien en 1834. Toute pensée d'annexion fut ajournée.

M. Bixio écrivait de Turin à M. de Lamartine : *L'opinion publique est blessée de voir la Savoie profiter des embarras que donne la guerre contre l'Autriche pour se détacher de la monarchie sarde ; mais c'est surtout contre la France que le déchainement est général.* On prononça le mot fameux : *L'Italia fara da se!* Et le cabinet de Paris désavoua tout.

La politique piémontaise, de 1850 à 1858, accentua l'écart qui, chaque jour, séparait davantage la Savoie du Piémont ; les lettres confidentielles échangées, de 1854 à 1859, entre le comte de Cavour et le marquis Costa de Beauregard, chef du parti conservateur en-deçà des Alpes, seraient la clé de bien des mystères, si on se décidait à les publier. L'entrevue de Plombières (septembre 1858) vint soudain inquiéter la diplomatie ; la question italienne se réveillait avec un subit éclat, et le Piémont, puni par la douloureuse expérience de Novare du cri de désespoir : *L'Italia fara da se!* que lui avait arraché le malentendu de 1848, se jetait aux bras de la France impériale, que la guerre de Crimée, si bien conçue, si bien conduite, venait de rendre l'arbitre de l'Europe.

Comme au traité de Paris du 30 mars 1856, l'em-

pereur, en signant les préliminaires de Villafranca (8 juillet 1859), fit preuve d'une sagacité clairvoyante et d'une modération qui, malheureusement, ne put arrêter en Italie la marée montante des insurrections.

Fidèle aux traditions de l'histoire et aux intérêts de la France, compensant l'agrandissement du Piémont dans la vallée du Pô par le retour des Alpes occidentales à la France, il essayait de constituer une *fédération italique sous la présidence du pape*. La Prusse et l'Angleterre, alliées intimes de la Révolution, ne le permirent pas; on ne pouvait alors prévoir les déplorables conséquences, au point de vue catholique et national, de la guerre de 1859.

En 1857, il s'était produit un fait important pour la sûreté de notre frontière de l'Est et pour l'intégrité territoriale de la Suisse, dont les coalitions de 1814 et de 1815 avaient si peu ménagé la neutralité. Un conflit entre le canton de Neufchâtel et le roi de Prusse, *prince de Neufchâtel depuis 1713*, avait failli amener l'invasion de la Suisse par les troupes allemandes. La Confédération helvétique, à la suite de troubles assez vifs, réclamait du roi la reconnaissance légale de l'indépendance du Canton, qui existait en fait depuis 1848 ; l'Autriche et le Wurtemberg se disposaient à barrer le passage à l'armée prussienne. On invoqua la médiation de la France ; et un traité, signé à Paris le 26 mai 1857, consacra la renonciation de la Prusse à tous ses droits de souveraineté sur le territoire de Neufchâtel. Cet acte fut d'autant plus remarqué que la Prusse, jusque-là, n'avait jamais renoncé à des droits ni à des prétentions. On pensa avec raison que le motif de cette concession inattendue était le désir de ne point indisposer la France à la veille du règlement de la question du Sleswig et du Holstein [130].

Parmi les questions de nationalité, l'une des plus compliquées est assurément celle qui divise, depuis 1848, le Danemark et la Prusse. Elle est à la fois très-simple et très-obscure : très-simple, si on l'envisage au point de vue du droit international moderne, comme le font le cabinet de Copenhague et ses alliés; très-obscure, si on se place, avec les Allemands, au point de vue du droit féodal. Les événements qui se sont produits de 1856 à 1865 permettent de rappeler, à cette occasion, la célèbre parole du roi Frédéric VII : *La guerre n'est point terminée, elle n'est qu'interrompue.*

L'abandon de Neufchâtel par la Prusse et les complications qui surgirent à propos des questions fédérales, la rivalité toujours plus vive de Vienne et de Berlin et les projets d'hégémonie germanique, firent redouter, en 1858, à l'Allemagne, qu'une alliance secrète entre la France et la Russie n'amenât, à notre profit, la restitution des frontières du Rhin.

Les événements d'Italie, que la Prusse avait tout intérêt à précipiter, et dans lesquels certains hommes politiques devinèrent sa main, rejetèrent sur les Alpes les vues que le gouvernement français avait d'abord portées sur les provinces rhénanes. En face de l'attitude de l'Europe, de la jalousie que réveilla le prompt succès de nos armes, on dut limiter le terrain des revendications légitimes, et le recouvrement régulier de la frontière de l'Est en devint plus facile.

Le traité de Turin, du 24 mars 1860, qui céda à la France, *en échange de la Lombardie conquise par nos armes*, le duché de Savoie et le comté de Nice, réalisait enfin les combinaisons politiques jugées nécessaires par les diplomates de 1448 et de 1609. De plus qu'à ces dates déjà anciennes, et comme en 1791 et en 1814, *l'annexion* immédiate, complète, *était réclamée par les populations* de la Savoie et de Nice; on l'a dit ailleurs, en en donnant les preuves [131]; le plébiscite se produisit dans les conditions les plus rares de libre discussion et de vote réfléchi autant qu'enthousiaste.

L'annexion souleva toutefois de très-délicats conflits. Le parti suisse, peu nombreux, demandait, comme en 1704 et en 1814, l'accession à l'Helvétie, sinon de la Savoie tout entière, au moins des bassins de la Dranse et de l'Arve, c'est-à-dire du Chablais et du Faucigny. Ce parti, composé de démocrates et d'agents italiens, comptait autant de chefs que de soldats. Il fonda à Bonneville un journal spécial qui vécut peu, *la Savoie du Nord*.

D'après les dépêches de M. Harris, ministre d'Angleterre à Berne, communiquées au Parlement, la

Suisse sollicitait les bons offices de l'Angleterre pour obtenir du Piémont la cession du Chablais et du Faucigny, et de la France le district de Gex, c'est-à-dire le flanc du Jura, la route fortifiée des Rousses, le fort de l'Écluse et la vallée du Rhône à Bellegarde, plus le territoire en litige dans la vallée des Dappes. Les plus modérés revendiquaient la neutralisation perpétuelle de toute la Savoie.

Le démembrement de la province, réclamé par les démocrates d'Annecy, de Thonon, de Genève, qui espéraient arrêter la France au torrent des Usses, c'est-à-dire à Seyssel, Frangy, Sillingy, Annecy et Faverges, servit de texte à quelques rares théoriciens qui se firent les apôtres d'un rêve renouvelé de 1568, *la Savoie indépendante*, c'est-à-dire le suicide.

Le résultat du vote rejeta dans l'ombre tous les dissidents et fut salué par ce cri d'enthousiasme d'un journal qui traduisait alors l'expression sérieuse des tendances locales, et dont les inspirateurs n'avaient encore de parti pris ni contre les hommes, ni contre les choses :

Enfin nous voici Français! Cet acte délie nos consciences de tous scrupules ; il est licite d'avouer nos préférences. Demain, nous serons citoyens de la grande nation. La France est notre mère ; tout jeunes, nous avons appris à balbutier son nom avec amour et respect ; les chansons de France ont bercé notre enfance et égayé notre jeunesse ; nous avons partagé sa gloire et ses revers ; nous avons pleuré avec elle à Waterloo et nous avons battu des mains au retour de ses **aigles triomphantes**. Vive la France!

Les mesures de détail qui assurèrent l'exécution du traité d'annexion furent vivement critiquées par l'opinion. La plupart de celles qui liquidèrent la situation vis-à-vis du Piémont furent consenties par des agents mal informés, et qui furent mauvais juges des intérêts dont le hasard les avait faits arbitres; là encore l'adresse italienne eut beau jeu contre l'ignorance et la vanité françaises.

Parmi les préoccupations de l'esprit public qui disparaissent, à distance, dans le grand courant de l'opinion, mais qui, au printemps de 1860, avaient une gravité exceptionnelle, il faut citer les terreurs des communes de la haute Maurienne, menacées, par l'impéritie de nos commissaires, de rester unies au Piémont. Sept communes du mandement de Lans-le-Bourg protestèrent contre tout démembrement de la Maurienne, déclarant *que les habitants de ce pays ne voulaient pas plus être Piémontais que les Chablaisiens et les Faucignerans n'avaient consenti à être Suisses*.

On ne fit droit qu'en partie à ces réclamations, et, lors du règlement définitif des frontières, les commissaires français furent sévèrement blâmés par le public d'avoir consenti à abandonner au Piémont le plateau du Mont-Cenis, *qui appartient tout entier à des habitants de Lans-le-Bourg*, et fit toujours partie de la Savoie.

Même faute fut commise au Petit-Saint-Bernard, lorsqu'on s'arrêta maladroitement *à douze mètres de l'Hospice,* savoyard par sa fondation, ses traditions et son histoire, abandonnant aussi tout le plateau à l'Italie ; et, dans le comté de Nice, d'abord au col de Tende, et surtout à Vintimiglia, lorsqu'on accepta pour limite le pont Saint-Charles, à une portée de fusil de Menton, au lieu de fixer la frontière à la vieille limite provençale [132], à la vraie limite niçoise, déterminée par le torrent qui, descendant du col de Tende, baigne les murs des forteresses féodales de *Vintimille.*

On a fait aussi le silence autour des manifestations des habitants du val d'Aoste, aussi français que le sont les Savoyards par leur commune origine celtique, *leur langue,* leurs mœurs et même leur situation géographique, affirmation qui paraîtra peut-être singulière à ceux qui n'ont point parcouru la splendide vallée d'Aoste, *fermée du côté de l'Italie,* au fort de Bard et au pont Saint-Martin, par un mur de rochers et une barrière morale plus difficiles à franchir que les pentes relativement adoucies du Petit-Saint-Bernard.

Les tendances françaises des Valdôtains n'ont point faibli ; elles se traduisaient, au lendemain de l'annexion (le 31 décembre 1861), par un vote fortement motivé de la junte municipale d'Aoste et la publication d'une vigoureuse brochure intitulée : *la Langue française dans la vallée d'Aoste.* Les Valdôtains avaient les mêmes griefs que les Savoyards; 1860 les séparait pour la première fois de la Savoie, *dont ils avaient toujours fait partie intégrante* [133]; la brochure municipale de 1862 se termine par ce cri d'indignation : *Si le Parlement s'obstine à proscrire nos lois, on pourra dire qu'Aoste, pucelle pendant neuf siècles de barbarie, fut brutalement violée par un peuple civilisé.* Depuis lors, le cabinet italien, logique dans ses actes administratifs, a proscrit dans le val d'Aoste l'emploi exclusif officiel et légal de la langue française, comme les Russes l'ont fait pour l'idiome national, en Pologne, depuis 1832, et les Prussiens, en Alsace et en Lorraine, depuis 1871. C'est le droit du maître. Nous autres, Français, race généreuse et imprévoyante, nous laissons les Arabes parler arabe, les Niçois et les Corses parler italien; nous n'avions jamais éprouvé la moindre crainte en entendant nos frères d'Alsace parler allemand.

Pendant dix années, de 1860 à 1870, le Gouvernement français fit pour les pays annexés beaucoup au-delà de ce qu'il faisait pour les départements de l'ancienne France. On a constaté, dans un travail spécial [134], que l'Institut a récemment honoré de ses suffrages [135], les progrès réalisés en Savoie depuis l'annexion jusqu'à la guerre. On y a prouvé, d'après les documents officiels les plus détaillés, *soumis à la critique la plus sévère et contrôlés par des chiffres puisés aux sources les plus sûres,* que si, de 1850 à 1860, le revenu du sol, dans son ensemble, a augmenté annuellement de 1/200, de 1860 à 1870, il a augmenté, chaque année, de 1/50 ; que les produits du sol et du travail, évalués 50 millions en 1859, se sont élevés à 98 millions en 1869, *en adoptant les mêmes bases d'appréciation* pour les deux époques, afin d'éviter toute apparence d'exagération, bien que ces bases se fussent étrangement modifiées dans le sens de la hausse de 1860 à 1870. On y établit, enfin, que le territoire de la Savoie [136], estimé 600 millions en capital par le gouvernement sarde, valait plus d'un milliard en 1869, et que le Gouvernement français, abstraction faite des sommes considérables *perçues en Savoie pendant dix ans et employées sur place en travaux publics*, en totalisant seulement les emprunts de guerre, les sommes payées à l'Autriche et au Piémont pour frais d'acquisition, et les fonds de subvention envoyés pendant dix années *de France en Savoie* pour couvrir les insuffisances de recettes (Règlement des budgets définitifs de 1861, 1863 et 1866), a dépensé pour l'annexion de la Savoie près *d'un milliard*, c'est-à-dire l'équivalent de la valeur vénale *actuelle* de son territoire tout entier.

Nul, en Savoie, n'ignore ces faits ; les ennemis les plus déclarés du gouvernement avaient la pudeur de témoigner *de leur vive reconnaissance pour la France.*

Mais la guerre de Prusse vint changer tout cela, et il se rencontra des publicistes assez peu soucieux de leur dignité pour oser écrire, en méchant français, que *l'annexion n'avait été qu'un marché où la Savoie s'était trouvée dupe.*

Les Savoyards ont répudié ces agents prussiens ; ils ont protesté par leurs actes contre de pareilles doctrines. On sait avec quel héroïsme ils ont combattu dans les rangs de l'armée de l'Est ; on connaît moins les sacrifices matériels de toute nature qu'ils ont consentis, avec un remarquable élan, dans l'intérêt de la défense nationale. Après avoir dépensé près de *cinq millions* en frais de guerre, ils ont souscrit pour près de *quarante millions* aux emprunts de 1870, 1871 et 1872.

« Ce chiffre répond éloquemment, disait un jour-
» nal de Chambéry (août 1872), aux reproches adres-
» sés si fréquemment à notre population de nourrir
» des idées séparatistes. Lorsqu'un petit peuple,
» *après s'être librement annexé à une grande na-*
» *tion,* a quelque regret de cette union, il n'est pas
» si empressé de lui ouvrir sa bourse. »

A la façon dont la Savoie s'est montrée française au milieu de nos récents désastres, on pouvait oublier que l'annexion ne datait que de dix années. Quelques pamphlétaires l'ont rappelé, *au nom de la Prusse,* à ces bataillons héroïques qui combattirent depuis les rives de la Loire jusqu'aux défilés du Jura, jusqu'aux premiers villages de la Suisse hospitalière. Ils ont osé dire que cette vieille province de souche gauloise n'avait rien de français, ni dans le sang, ni dans les mœurs ; qu'elle n'était associée à la grande famille française ni par les traditions, ni par les sympathies ; que son histoire l'isolait du reste de l'Europe, et que son retour dans sa nationalité mère était simplement le résultat d'un calcul intéressé.

Répudiant à la fois les enseignements du passé et la fierté de leur pays, les radicaux qui plaidaient en 1870 ce triste procès de l'ingratitude contre l'affection, du mensonge contre la vérité, prétendaient dans de longs factums, minutieusement élaborés sous la dictée de l'étranger, que la votation de 1860 n'avait été qu'un contrat d'affaires. Le Chablais n'a point voté son retour dans une patrie ancienne, disaient-ils ; *il n'y a point de patrie hors de la commune ;* le Chablais a voté : oui, *mais avec la zone* [137] ; Chambéry a voté : oui, *mais avec la cour d'appel ;* la vallée de l'Isère a voté : oui, *mais avec les chemins de fer.* Puis, au nom de droits acquis méconnus, de promesses violées, ils menaçaient du refus de l'impôt et provoquaient la province *à pétitionner le démembrement* [138].

Le bon sens des populations fit justice de ces perfidies ; ces idées n'eurent pas d'écho ; ces hommes rentrèrent dans l'ombre. Malheureusement, la presse parisienne les prit au sérieux, surtout à Nice, et la maladresse d'un préfet donna au parti séparatiste une audace qu'il ne se sentait pas et une importance à laquelle il n'osait prétendre. Le Gouvernement s'émut, et fit voter une loi spéciale pour punir quiconque provoquerait un démembrement du territoire. Ces précautions étaient inutiles. Les conseils généraux de Nice, de Chambéry et d'Annecy, protestèrent *à l'unanimité* contre l'agitation qu'on avait essayé de fomenter et contre les calomnies dont on accablait les pays annexés.

Nous sommes Français de sang et de cœur, s'écriait, aux applaudissements de l'Assemblée, le président du conseil général de la Haute-Savoie, région la plus travaillée par les agents prussiens et par les meneurs de l'Internationale ; *nous ne désespérons pas de notre vraie patrie ; nous ne l'abandonnerons pas parce qu'elle est dans le trouble et le malheur* (octobre 1874).

Les événements qui suivirent les annexions italiennes de 1860 et de 1861 modifièrent du tout au tout la politique européenne. Les traités de 1815, ceux de Laybach et de Vérone sont déchirés. Le principe de non-intervention fait place, à son tour, au principe excessif et dangereux des nationalités. La guerre de Crimée avait été une guerre politique, de tradition nationale, comme la France en avait fait souvent sous l'ancienne monarchie ; la guerre d'Italie, moins nécessaire, arrêtée court comme si l'on n'avait aperçu l'abîme que tout à coup, avait inquiété l'Europe ; la guerre du Mexique brouilla tout. Dès 1860, la Prusse, suscitant les petits États allemands, avait posé la question de l'hégémonie prussienne et d'une constitution unitaire. *L'unité de l'Italie appelait invinciblement l'unité de l'Allemagne ;* l'œuvre d'équilibre, si laborieusement conduite par l'ancienne diplomatie française, était menacée à la fois au Midi et au Nord. L'abandon diplomatique du pape, rétabli à Rome par les armes de la France en 1849, fut l'une des fautes de l'empire ; cet abandon prépara le retrait de l'armée d'occupation, retrait qui coïncide fatalement avec nos désastres.

La guerre du Holstein (1864), la guerre d'Autriche (1866), le conflit du Luxembourg (1867), marquent, par les progrès de la Prusse et la défaillance des alliés naturels de la France, le terme de l'ascendant et du prestige de notre politique.

L'état intérieur de la France réagit, à cette date, plus qu'à aucune autre époque de notre histoire, sur notre conduite à l'extérieur. Un illustre écrivain l'a dit avec l'autorité de l'expérience et du patriotisme : *Les institutions militaires ne donnent pas, ne garantissent pas la victoire; elles donnent le moyen de combattre, de vaincre, ou de supporter des revers... Sans elles, pas de sécurité ni de véritable indépendance pour les nations* [139].

Le gouvernement, vacillant entre la fatigue du pouvoir personnel et le rêve de l'empire libéral, faible vis-à-vis de l'opposition dont l'audace grandissait en même temps que sa propre condescendance, faible vis-à-vis de l'étranger, faible surtout vis-à-vis de ses propres conseillers, oubliait jusqu'aux principes de politique générale si nettement posés par Napoléon Ier :

Les armées françaises ont toujours été jouées par les princes du corps germanique. Il est indispensable à la France que l'Allemagne, outre l'Autriche et la Prusse, soit partagée entre trois autres monarchies.*(Saxe, Bavière, Hanovre)* assez puissantes pour défendre leur territoire, faire respecter la neutralité et contenir l'ambition de l'Autriche, de la Prusse et de la France même; car cette dernière puissance, *que nous supposons bornée par le Rhin et les Alpes*, ne peut avoir des intérêts à démêler qu'en Italie [140].

XVI

Guerre franco-allemande de 1870. — 28ᵉ invasion des Allemands en France. — Traité de Francfort. — Perte de l'Alsace et de la Lorraine. — Les prétentions européennes de la Prusse et les Cartes de son enseignement scolaire. — De 1870 à 1876.

Ce qui préoccupe aujourd'hui, en France, tout individu qui sent et qui pense, c'est la Prusse ; ce qui obsède l'esprit de tout citoyen digne de ce nom, c'est l'abaissement momentané de notre pays. L'ignorance de l'histoire fait faire fausse route à la plupart de ceux qui discutent nos récents malheurs. On croit être suffisamment perspicace si l'on regarde de quelques années en arrière ; les polémistes sérieux remontent à 1866, au lendemain de Sadowa, et l'on écoute avec quelque surprise ceux qui, partant de plus haut, parlent de 1813 et de la défection de la Prusse inaugurant les trahisons de nos alliés. Les récits qui précèdent ont suffisamment démontré que, pour comprendre ce que sont et ce que doivent être les relations politiques de la France et de la Prusse, il ne suffirait même pas de revenir à 1713 et d'examiner les stipulations des traités d'Utrecht, après les dernières et tristes années du règne de Louis XIV; mais qu'il fallait se reporter plus avant encore dans nos annales, jusqu'aux origines de la nation, jusqu'aux premiers pillages des Germains dans les îles de l'Yssel, sur les rives du Rhin, lorsqu'ils incendièrent pour la première fois les villages des Bataves, des Éburons et des Trévires, de souche celtique comme les Bituriges et les Arvernes.

Dans l'histoire, comme dans l'optique, l'éloignement rapproche les objets et, si les hommes avaient un peu plus de mémoire, c'est-à-dire beaucoup moins de présomption, l'étude approfondie de l'histoire deviendrait pour eux l'enseignement pratique le plus utile.

Là encore, et nous ne saurions trop le répéter, les Allemands sont nos maîtres. Ils ne cessent de rattacher aux siècles passés les événements les plus récents des annales contemporaines; pour eux, le temps n'est qu'un grand fleuve qui traverse l'humanité; ils le remontent volontiers et retrouvent à sa source les éléments des faits actuels. Récemment, un homme d'esprit, un historien d'outre-Rhin, M. Didolff, déclarait, dans une dissertation savante, que *la nation teutonique est née en 870, au traité de Mersen, sur la Meuse, après le partage de la Lotharingie, quand l'œuvre de Charlemagne fut démem-*

brée par ses propres descendants et divisée à peu près suivant les principes du Nationalisme contemporain. Il terminait en s'applaudissant que 1870 consacrât merveilleusement le jubilé millénaire de la nation teutonique par la défaite de son *ennemi héréditaire (Erbfeind)*.

C'est dans le même ordre d'idées, que, depuis 1815, il s'est formé en Allemagne une école historique dont le but est de prouver que les Margraves de Brandebourg ont été les plus patriotiques de tous les princes de l'Allemagne, qu'eux seuls n'ont jamais pactisé avec les Italiens et les Français, ces ennemis héréditaires de l'Empire, qu'ils n'ont jamais combattu les empereurs élus que dans l'intérêt de la liberté germanique, qu'ils sont, depuis le XVIIe siècle, la force et l'esprit de la grande patrie allemande, et que la maison de Habsbourg-Lorraine, ambitieuse, mais égoïste et sans élan, a causé la décadence de l'empire et l'énervement du sentiment national. M. de Sybel fut le plus hardi et le plus heureux de ces *architectes historiques de la petite Allemagne*, comme les Prussiens ont appelé franchement ces écrivains sans pudeur qui ont frelaté l'histoire.

Ce n'est point ici le cas de rappeler les causes apparentes et les motifs réels de la guerre de 1870, les fautes qui amenèrent nos premières défaites, le crime révolutionnaire qui, bouleversant le pays en face de l'ennemi, décréta la guerre à outrance dans l'unique intérêt d'un parti.

Les résultats de notre imprévoyance *et surtout de nos divisions* sont présents à toutes les mémoires : *perte de l'Alsace et de la Lorraine*, charges, indemnités de guerre, frais de toutes sortes dépassant *dix milliards*, occupation militaire de l'ennemi. Le zèle patient de l'Assemblée nationale, les ressources immenses du pays, l'activité patriotique d'un homme d'expérience, ont permis d'obtenir à bref délai *la libération du territoire*. Mais l'œuvre de réparation commence à peine. Il serait puéril, dans ce naufrage soudain d'une situation qui paraissait inébranlable, de chercher à faire la part des responsabilités. Nous sommes encore trop rapprochés des événements pour dégager la vérité des préventions et des erreurs, qu'elles soient ou non volontaires. A ceux qui nient les vingt années de prospérité qui permirent à la France de suffire, *par le superflu de son épargne*, aux charges écrasantes que nous a léguées le 4 Septembre, comme à ceux qui prétendent que *les hommes à principes sont dispensés de réussir*, touchante excuse pour les présomptueux, une seule réponse est à faire : ajournons le procès des partis ; l'Europe nous observe ; associons nos efforts pour le bien public.

La brèche est ouverte au Nord-Est ; l'œuvre de la vieille royauté française est détruite ; nous retournons aux temps où Henri II essayait la conquête de la Lorraine et Henri IV celle de l'Alsace pour éloigner les invasions allemandes. Metz a remplacé Luxembourg et forme avec Strasbourg les deux plus formidables têtes-de-pont que l'Allemagne ait jamais rêvé de construire pour faire en France des irruptions soudaines et irrésistibles. L'invasion de 1870-1871 a été *la vingt-huitième*. Marquée par des actes inqualifiables de cruauté, par un parti pris inexorable de pillage régulier et de sévérité imméritée, elle laissera des traces profondes dans le cœur des contemporains. Et quelle semence germera dans l'âme de nos fils?

La conséquence immédiate de la guerre de 1870 a été, en Prusse, au point de vue national, une telle exaltation des esprits, que l'enseignement public a osé prendre la responsabilité des caprices annexionnistes dont on avait jusque-là laissé des savants à gages hasarder l'étrangeté. Partout ailleurs qu'en Prusse, de semblables écarts auraient motivé des explications diplomatiques ; les cours du Nord et le cabinet de Londres n'ont sans doute pas pris ces fantaisies au sérieux. On a tort. On sait que les Prussiens n'autorisent rien sans réflexion et que le calcul, chez eux, est un art véritable. Comme je l'ai dit au début de ce livre, la France n'est pas seule intéressée à étudier dans l'histoire la marche de l'ambition allemande et les progrès de la domination prussienne. Indépendamment des États secondaires de l'Europe occidentale, les États du sud de l'Allemagne, l'Autriche-Hongrie, *la Russie elle-même*, sont menacés par un esprit exclusif et absorbant qui prélude à ses violences en falsifiant l'érudition.

On sait ce que les maîtres d'école enseignent en 1875 : *Les limites politiques de l'empire allemand sont de beaucoup en arrière de ses limites naturelles, et nous avons le regret d'avouer que le tiers environ de la patrie allemande est encore retenu par ses voisins.* Ces procédés géographiques sont aussi menaçants pour la paix future de l'Europe, que l'erreur historique qui présente la France comme toujours prête à envahir l'Allemagne a été dangereuse pour nous-mêmes.

Je transcris ce texte, qu'on ne saurait trop faire connaître :

L'Allemagne est située entre les Alpes et la mer ; la frontière du Sud est formée par le massif des Alpes, depuis le Jura (Suisse française) jusqu'au golfe de Fiume (littoral hongrois, sur l'Adriatique).

La frontière du Nord, ou maritime, se partage entre la mer d'Allemagne (mer du Nord), depuis le cap Gris-Nez (en France) jusqu'au Petit-Belt (Jutland), et la Baltique, depuis le Petit-Belt jusqu'au golfe de Cronstadt (Russie).

A l'Ouest, la frontière naturelle de l'Allemagne commence au cap Gris-Nez (à 25 kilomètres au nord de Boulogne), pour aboutir au plateau de Langres, en suivant la ligne de partage des eaux qui descendent vers la mer du Nord et de celles qui tombent dans le détroit du Pas-de-Calais.

Cette ligne de partage suit les collines du Boulonnais et de l'Artois par Marquise, Guines, Surques, Bécourt, Fruges, les sources de la Lys, Avesnes, les sources de l'Oise au-dessous de Landrecies, traverse les Ardennes, Rocroi, Beaulieu, Tarzy, Marlemont, Thin-le-Moutier, les sources de la Vence, Tourteron, et domine les défilés des Argonnes, à gauche de la vallée de la Meuse, et aboutit à Langres.

Puis, la frontière allemande, suivant la crête des monts Faucilles, les sources de la Saône et la ligne de faîte qui sépare le bassin du Rhin de celui du Rhône, laissant Belfort à l'ouest, se rattache au Jura, lequel forme jusqu'au Rhône un rempart entre la France et l'Allemagne (Suisse bernoise et lac de Genève).

La frontière orientale de l'Allemagne est moins facile à déterminer. Les Allemands regrettent d'avoir une ligne de partage des eaux à peine sensible entre l'Oder et la Vistule; ils daignent accepter une frontière provisoire qui, partant de ce point, aboutit au réseau fluvial des affluents de la rive droite du Danube, la Leitha, le Raab, la Drave, la Mur, la Save, tandis que la ligne vraiment naturelle serait déterminée par les Krapacks, la porte du Danube, la Hongrie.

En tout ceci, les Allemands n'invoquent pas le droit brutal de la conquête ; ils s'appuient uniquement sur la nature. Leurs frontières politiques sont en effet de beaucoup en arrière de leurs frontières naturelles; c'est un fait admis par les historiens les plus autorisés et qui est enseigné dans nos écoles publiques : le Jutland, la Hollande, la Belgique, l'Artois, la Flandre, les anciennes terres d'Empire que possède encore la France, la Suisse, les provinces du haut Danube et le territoire au nord du Niémen, n'appartiennent pas encore à l'empire allemand dans le sens politique; la grande patrie ne compte malheureusement que 13,468 milles carrés de superficie ; un tiers de son territoire national est retenu par ses voisins.

On sait que l'empire allemand, c'est la Prusse. Ces prétentions et cette modération orgueilleuse n'ont pas besoin de commentaires. *La France, la Belgique, la Hollande, le Danemark, l'Autriche, la Russie, l'Italie, sont à la fois intéressés à les contredire.* L'héroïque Danemark, la Hollande, où le génie de l'homme lutte contre la nature et où les grands citoyens coudoient les divins artistes, la Belgique, qui nous est chère à tant de titres, la Suisse hospitalière, sont supprimés de la carte des nations par ces Teutons insatiables. La Russie elle-même se voit enlever ses plus riches provinces slaves, et c'est à peine si l'empire allemand, gigantesque pieuvre s'abreuvant à la fois dans l'Adriatique, dans la mer d'Angleterre et dans la Baltique, laisserait à l'Autriche la Hongrie.

C'est un orgueil propre à l'Allemagne, et surtout à la Prusse, de croire à sa prééminence morale sur les races, et cet orgueil prend un caractère particulier, surtout quand il s'agit des Slaves. On dirait que les Puritains de la Prusse espèrent justifier par là les iniquités dont ils se sont rendus complices contre la Pologne. Partout où le Germain est en contact avec le Slave, disent-ils, le Slave doit s'effacer devant le Germain, comme les qualités superficielles s'effacent devant les vertus solides.

Qui donc a propagé en France tant d'erreurs dangereuses, tant d'illusions sur le caractère, le génie, l'esprit, les appétits des Allemands ? Deux écrivains dont le talent a servi la rancune et qui n'ont flatté l'Allemagne que pour se venger des Français : Voltaire, qui fit tant de mal à notre pays par ses hypocrisies élégantes et le charme éloquent de ses calomnies ; Mme de Staël, ignorante et crédule. Nous revenons un peu tard de ces erreurs funestes ; Henri Heine, le premier, nous avait dessillé les yeux ; on ne le crut pas. On accuse nos historiens de ne juger nos voisins depuis la guerre qu'avec ressentiment ; qui pourrait en être surpris ? Mais, est-ce vraiment calomnier un peuple que de mettre en lumière des défauts qu'on n'avait pas vus et de lui discuter certaines vertus trop généreusement octroyées ?

On a remarqué finement [141] combien il serait curieux d'étudier l'histoire de nos sympathies, ou plutôt de notre engouement pour l'Allemagne depuis cinquante ans. Mme de Staël [142] et Benjamin Constant [143] ont donné le branle à cette agitation de l'esprit français en faveur d'un pays pour lequel, d'instinct, il a toujours eu une sorte de répulsion naturelle. Du temps de Saint-Simon, pas un gentilhomme ne savait l'allemand ; le P. Bonhours écrivait une piquante dissertation sur la question de savoir si un Allemand peut avoir de l'esprit. Frédéric II lui donna un démenti auquel Voltaire, pour la seule fois de sa vie, riposta fort mal. Fontenelle loua Leibnitz ; Rosbach nous fut un cruel affront ; nous n'en prîmes pas davantage les pays d'outre-

Rhin au sérieux. L'Anglomanie avait précédé chez nous le Germanisme ; il nous faut toujours une maladie dans l'esprit. Henri Heine [144] et M. Saint-René Taillandier [145] ont arraché le voile et nous ont fait apparaître *ce lourd et hypocrite Teutonisme de la Prusse se préparant dans l'ombre, et réparant le gigantesque marteau de Thor pour écraser la France.*

Mais hélas! ce que nous ignorons, c'est surtout notre temps : *recentium incuriosi*, indifférents que nous sommes à ce qui se passe hors de nos frontières.

Sachons toutefois juger, avec l'impartiale histoire, les ennemis de nos pères et les nôtres. Quel spectacle que celui de ce peuple froid, contenu, raisonneur, si fier de la gloire que lui avait donnée Frédéric II, tombé si bas après Iéna, se relevant tout entier, en 1813, sous l'aiguillon du patriotisme et prodiguant à son roi son sang et ses dernières ressources !

Puisse cet exemple servir de leçon aux nations sceptiques et frivoles et leur apprendre qu'elles sont solidaires de leur gouvernement, quel qu'il soit, même de ses fautes, quand il s'agit du salut de la Patrie !

Ce que fit la Prusse en 1813, ce que fit l'Autriche en 1866, pourquoi la France ne l'a-t-elle point fait après la sanglante bataille de Sedan !

Laissant de côté les débats irritants des partis, je ne me préoccupe ici que de la France. Je n'apprécie que l'intérêt absolu et primordial du pays, abstraction faite des revendications des uns, des théories des autres, des déceptions et des surprises du plus grand nombre.

Ce qui s'est produit au milieu de nous, dans des circonstances aussi pénibles pour de vrais patriotes, doit être matière à de sérieuses réflexions ; car un pays qui se disloque et s'effondre de la sorte, *en face de l'invasion*, révèle une situation singulièrement compromise. Il faut que les bases de la société soient bien mal assises, que les étais du gouvernement soient bien vermoulus, pour qu'une secousse semblable à celle de 1870, au lieu de resserrer les joints, de tasser les murs, subitement, fasse tout crouler !

L'état social est profondément miné par le travail ténébreux d'agents insaisissables. Tels ces tarets que nos navires apportent des Indes, qui se logent dans la charpente des maisons de Rochefort, de La Rochelle, de Brest, creusent les madriers les plus solides, rongent les bois les plus durs, sans que nul se puisse douter de leur travail souterrain. Les planchers s'effondrent, la maison s'abat, que les habitants épouvantés se demandent encore avec stupeur comment et pourquoi ils seraient menacés.

Ce qui s'est produit en septembre 1870 avait eu deux précédents : en juillet 1830, en février 1848. Dans ces trois crises de notre malheureux pays, ce n'est point à de vulgaires émeutes, conduites par les plus impuissants des hommes, qu'il faut attribuer la chute d'établissements dont leurs adversaires eux-mêmes reconnaissaient la force et les puissantes racines.

En 1830, en 1848, en 1870, comment a pu s'écrouler en quelques heures un gouvernement institué par la nation, consolidé par de grands services, par des années de paix, de prospérité, et si solidement assis en apparence ? C'est qu'en avant des émeutiers qui ont l'audace, en arrière des ambitieux qui ont l'à-propos, se meut, s'insinue, fermente et bouillonne un dissolvant qui lasse toutes les convictions et triomphe de tous les courages ; je veux parler de ce rationalisme envahissant qui, depuis 1791, est devenu l'esprit de nos institutions et, par conséquent, de la société tout entière.

La démocratie est inscrite à chaque article du Code civil ; quand le principe légitime de l'égalité devant la loi est devenu le fonds même des mœurs, quoi d'étonnant à ce que l'égalité politique, c'est-à-dire la possession du pouvoir, devienne l'idéal de ceux qui peuvent se croire intentionnellement mis à l'écart par les classes dirigeantes ? Comment expliquer la soudaine défaillance des caractères, l'effarement des défenseurs jusque-là convaincus de certaines causes, la résignation des chefs, l'inertie des citoyens devant chaque surprise révolutionnaire, autrement que par l'influence occulte d'une puissance d'autant plus audacieuse qu'elle est anonyme, d'autant plus terrible qu'on ne la peut surprendre que lorsqu'elle a déjà frappé ? Depuis que le scepticisme a ruiné les anciennes croyances et que l'enthousiasme de la liberté s'est lassé de lui-même par l'abus des révolutions, il n'est resté dans la nation française qu'un élément unique de vitalité, une source de dévouement et de sacrifice que la morale de l'intérêt est impuissante à fermer, c'est la conscience de la nationalité, c'est le Patriotisme. Fasse Dieu que la politique des partis n'éteigne pas cette dernière flamme, cette suprême espérance de la Patrie !

En 1813, le mouvement qui souleva l'Allemagne était à la fois patriotique et révolutionnaire ; ce fut au nom du roi de Prusse et des libertés allemandes que le baron de Stein et le général York allumèrent l'incendie qui allait ouvrir à la coalition les portes de l'empire français. Mais, s'il convient de rendre justice à l'intraitable énergie des Prussiens, à leur légitime soif de revanche, ce qu'une saine morale ne saurait excuser, c'est la persistance de leur haine, c'est l'âpreté de leur vengeance et la joie fiévreuse avec laquelle, en 1870 et en 1871, ils ont complété l'œuvre de 1814 et de 1815. L'honnête homme éprouve, à les suivre dans leurs succès, lentement prémédités, une sorte de fatigue morale.

Aujourd'hui, qu'ils se sentent, en Europe, seuls en état de faire à bref délai une guerre d'invasion, ils jettent le masque, ils arborent audacieusement des principes qu'ils avaient, depuis soixante ans, soigneusement cachés.

Il est inutile d'insister sur la puissance malfaisante d'un ennemi pour qui l'agrandissement de sa patrie est l'unique vertu, à qui tous les moyens sont bons pourvu qu'il parvienne à son but, et chez qui tout est calcul jusqu'à l'emportement. Mais il faut que l'Europe soit attentive et qu'on prête l'oreille au moindre bruit de Berlin. Que notre propre expérience lui serve !

Si le cabinet de Londres avait osé publier les dépêches qu'il échangeait en 1869 et en 1870, nous aurions des preuves certaines et surabondantes de notre aveuglement et surtout, il faut bien l'avouer, quoi qu'il en coûte, de l'indifférence, de la complicité, peut-on dire, avec lesquelles les gouvernements européens les plus intéressés à nous défendre, ou tout au moins à nous avertir, nous laissèrent glisser sur une pente où rien ne devait nous arrêter, et préparèrent ainsi l'abîme où nous pouvions disparaître.

Cette clairvoyance de l'étranger qui, restant muette, devenait une trahison, un crime de lèse-civilisation, nous la sentions par instinct, mais, par dégoût de la réflexion, nous en plaisantions. Tels ces cœurs légers, ces esprits vagabonds qui, ne creusant rien, n'acceptant que ce qui les flatte, sont les derniers à connaître ce qui les touche le plus.

En 1870, les projets de la Prusse étaient le secret de la comédie. Huit ou dix mois avant la rupture, lord Clarendon était informé du traité secret qui liait la Russie vis-à-vis de la Prusse, au cas où l'Autriche voudrait faire une démonstration sur les frontières de la Galicie [146].

En 1870, la Prusse disait : *On me forcera d'atta-*

quer pour me défendre. C'est un mot qui n'est pas neuf en politique ; l'histoire le répète au début de tous les conflits, et la Prusse semble y revenir avec un goût marqué.

On peut, il est vrai, le réfuter par cette parole aussi nette que brève de Montesquieu : *Le véritable auteur de la guerre n'est pas celui qui la déclare, mais celui qui la rend nécessaire.*

De nombreux travaux historiques, la plupart publiés depuis cette date fatale de *l'année de la guerre* qui marquera dans nos annales comme l'empreinte d'une vision funèbre, et particulièrement les livres étudiés de M. Duvergier de Hauranne, de M. Heinrich, de M. Lefébure, de M. Hertslet, ont traité ces questions complexes avec une sûreté d'analyse et une sagacité pénétrante qui ne laissent rien à ajouter [147].

En 1874, l'argument des feuilles allemandes contre la France était la réorganisation de l'armée française. Elles simulaient la crainte d'une guerre d'invasion au-delà du Rhin au moment où, et pour longtemps encore, nous nous sentions embarrassés par les tâtonnements, les dépenses, les études d'une transformation radicale de notre système militaire.

Le service obligatoire, la mobilisation de l'armée territoriale, mesures coûteuses, qui ébranlent le pays et désorganisent sa vie normale, se prêtent, il est vrai, à ces décisions brusques, à ces marches rapides, à ces attaques soudaines qui sont le propre des guerres d'invasions; mais cet ébranlement de tout un peuple devient un danger par sa durée même.

Des armées permanentes, solides, souples et maniables, relativement peu nombreuses, sont l'instrument le mieux approprié aux qualités spéciales de notre nation, susceptible de supporter la fatigue de guerres lointaines.

Le système allemand, ainsi que la guerre de 1870 en a donné la preuve, excellent pour suffire à un effort de quelques mois et pour ne pas aller beaucoup au-delà des frontières, devient impraticable si la guerre se prolonge, s'éloigne, s'il faut jeter des réserves et des parcs jusqu'au cœur du pays envahi. Personne, en Europe, n'était dupe de cette soi-disant inquiétude des Prussiens en face des lois et des règlements qui essaient, si péniblement, de réorganiser nos armées [148].

Ce n'est qu'un détail entre mille; de même que la querelle à propos des armements, et les mortifications que nous avons subies quand il fut question des mandements des évêques, et d'autres faits d'ordre intérieur, ne sont que des cas particuliers choisis çà et et là par l'habileté provoquante de nos ennemis pour ne point aborder de front ce qui les blesse et les mord au cœur, notre inaltérable gaieté, notre vaillante insouciance, notre incomparable fécondité de travail et d'épargne.

Quant à la grande lutte engagée par l'empire allemand contre la catholicité, parce que tout ce qui est catholique a son point d'appui en France et son centre à Rome, c'est encore un plagiat, et la résistance du vénéré Pie IX est plus admirable que le triomphe de Grégoire VII.

Le comte de Munster, ambassadeur d'Allemagne en Angleterre, affirmait récemment, dans un discours public, jusqu'où devaient aller les desseins de son gouvernement. Cette hardiesse de paroles, tout à fait étrange dans la bouche d'un diplomate, ne sera pas une des moindres surprises de ce temps. Si les Anglais sont clairvoyants pour eux comme ils le furent pour nous il y a cinq ans, ce discours ultra-piétiste, et les allusions à l'Irlande qu'il contient, allusions plus qu'indiscrètes dans un pays aussi ombrageux de son indépendance que l'est l'Angleterre, doivent leur devenir matière à sérieuses réflexions.

La théorie du prince de Bismarck, en matière religieuse, est celle des empereurs des maisons de Franconie et de Souabe, de Philippe le Bel, de Louis XIV, de Napoléon Ier, lorsque Grégoire VII, Innocent III, Boniface VIII, Innocent XI et Pie VII, désarmés, trahis, réussirent par l'énergie de leur résistance, par l'héroïsme de leur faiblesse, à rompre des coalitions, à briser des pouvoirs qui semblaient à tout jamais invincibles.

Les trois siècles de libre discussion qui se sont écoulés depuis le moyen âge ont répandu dans le monde trop de lumière, trop d'indépendance d'esprit, un sentiment trop vif de l'équité, pour que l'Église catholique puisse être anéantie au nom de la liberté de conscience, et qu'un César allemand rétablisse, au profit d'un absolutisme monstrueux, cette théocratie contre laquelle s'insurgeait Luther, en la remplaçant, — car il faut toujours à l'homme une règle et un maître, — par la présomptueuse inanité de sa propre omnipotence.

Un historien, qui a eu toutes les prétentions et que la fortune a accablé sous tous les succès, a écrit un jour [149] que *ce qui l'intéressait le plus vivement dans le spectacle des choses humaines, c'était la quantité d'hommes, d'argent, de matière qui a été remuée.*

Ce qui se passe sous nos yeux doit singulièrement modifier dans son esprit cette appréciation trop peu spiritualiste. Qu'est-ce que le mouvement de la matière et du nombre en face de ces surprises de la Providence qui flagelle un peuple par ses propres victoires, le ruine par l'entassement même de son butin, l'énerve par le sentiment de sa grandeur et l'humilie sous le poids écrasant de ses succès? Les époques les plus dramatiques de l'histoire nous offrent-elles un tableau plus saisissant que celui des scènes contemporaines? Là, un prince environné de gloire, maître absolu d'armées puissantes, qui sent le sol trembler sous son trône, la statue aux pieds d'argile du Prophète; ici, un vieillard, dépossédé, trahi, sans États, sans soldats, sans trésor, mais que l'univers entier enveloppe d'admiration et d'amour, dont le pouvoir grandit avec l'apparente impuissance, et dont un mot, un signe suffisent à remplir d'allégresse, de crainte ou d'espoir trois cents millions d'hommes répandus sur la surface du globe. Qu'est-ce donc que la politique et que l'histoire en face de cette opposition morale? Et cette force invisible qui jette des rayons sur Rome et de l'ombre sur Berlin, ne doit-elle pas intéresser l'homme qui pense plus vivement que les merveilles de l'industrie, de la science ou de la guerre?

La civilisation européenne est dans une crise générale profonde, où les principes du passé se trouvent en conflit permanent avec les idées du jour, où les religions se heurtent à la philosophie, multiple elle-même, où la Monarchie et la République se disputent la noble ambition de faire le bonheur des peuples, où le sentiment est rarement d'accord avec la raison.

Les races latines, épuisées par les merveilleuses créations dont elles ont enrichi l'humanité, fatiguées des jouissances morales et matérielles que leur prodiguent et le climat de leur sol et les aptitudes de leur race, sont en quelque sorte rendues impuissantes par la lassitude qui succède à des siècles de vie intense. Les races du Nord, plus vigoureuses parce qu'elles ont moins vécu, plus âpres parce qu'elles ont moins produit, plus ardentes parce qu'elles ont moins joui, les pressent et les poussent, en les déclarant désormais déchues. Ne désespérons point cependant. L'idée fait aujourd'hui si rapidement le tour du monde et touche tant de fronts, que la barbarie des anciens âges ne peut renaître. L'intérêt universel n'est plus dans l'abus momentané de la force, mais dans la reconnaissance commune de droits indéniables ; ce n'est plus le fléau de la guerre qui passionne les cerveaux des hommes, c'est le besoin de la paix et du repos qui les séduit et qui les attire.

L'accord n'est pas impossible entre les nations qui vivent de raisonnement et celles qui n'existent que par les sensations; l'association des races du Nord et de celles du Midi a déjà rendu de grands services à l'idée chrétienne ; quelle action féconde elles auraient sur l'univers inculte et ignorant qui reste à civiliser, si, des deux parts, abdiquant les rancunes et les ambitions, on se décidait à rendre justice aux qualités de ses voisins, au lieu de n'exalter que les siennes propres, et à ne corriger que ses défauts au lieu de blâmer ceux d'autrui.

Mais les illusions de l'abbé de Saint-Pierre sont tombées en discrédit et, aujourd'hui, si quelque homme d'État se laisse emporter par l'imagination, il subit bientôt le sort de M. de Lamartine, dédaigné par le peuple le plus impressionnable de la terre *comme suspect de trop d'émotions.* Ne possède pas qui veut le sens pratique et subtil de M. Disraëli.

XVII

Conséquences du traité de Francfort, signé en dehors du concert européen. — Danger de cette situation. — Tentatives de rapprochement faites par la Prusse. — Conditions actuelles du désarmement en Europe. — Indépendance des États secondaires. — Rachat de l'Alsace et de la Lorraine. — Neutralité de la France rhénane assurée par le partage de ce territoire entre la Hollande et la Belgique. — Règlement de la question d'Orient. — Rachat et neutralisation du canal de Suez; compensations accordées à la Prusse; attributions des provinces européennes de l'Empire ottoman à l'Empire gréco-hongrois. — Rôle asiatique de la Russie.

Une *paix perpétuelle*, selon la formule traditionnelle et illusoire des instruments diplomatiques, a été signée à Francfort, le 10 mai 1871, entre la France et l'Allemagne. Les Allemands n'ont jamais cru que cette paix pût durer longtemps, dans les conditions où elle venait de se conclure. Trois semaines après la signature du traité, le général de Kirchbach répondait à la municipalité de Posen :

Plaise à Dieu que vous ayez raison de conclure de la guerre qui vient de finir à une paix durable! Moi, je n'y crois pas.

Le traité de Francfort a terminé un gigantesque duel, dont l'univers civilisé est resté le témoin muet et inquiet; c'est un acte de force militaire; ce n'est point un instrument d'apaisement et de réconciliation. Point d'intermédiaires entre la force énervée de l'un des adversaires et l'épuisement momentané de l'autre; ni puissances amies, ni puissances neutres; un accord provisoire, imposé par la nécessité, et qui n'a point reçu cette sanction du concert européen, que le bon sens public juge indispensable à toutes les questions internationales. L'Europe n'a point ratifié le démembrement de la France; elle ne l'a point approuvé; la convention de 1871 n'engage que les deux contractants. La gravité de cette situation particulière fait redouter que la France ne soit contrainte, dans un temps plus ou moins prochain, lorsqu'il s'agira, par exemple, d'un essai de partage de l'Empire turc, de siéger dans un congrès où se dressera devant elle cette alternative : ou de faire ses réserves contre le fait accompli, ce qui serait hardi; ou de ne point protester, ce qui deviendrait un acquiescement consacré par le silence des autres puissances.

Il a paru récemment, à Berlin, une brochure dont le titre : *Après la guerre!* résume le sens général. L'auteur anonyme de cette publication cherche, avec une courtoisie dont il faut lui savoir gré, à désarmer les rancunes, à adoucir les regrets de la nation française. Il parle de notre pays dans les termes les plus honorables et compare la guerre de 1870 à un duel *entre deux adversaires dignes l'un de l'autre, et duquel le vaincu ne doit pas plus que le vainqueur sortir humilié.* La France et l'Allemagne, dit-il ailleurs, peuvent vivre à côté l'une de l'autre *sans que l'une ait le droit de s'enorgueillir, ni que l'autre ait sujet de ressentir quelque honte,* car toutes deux ont un passé glorieux, et nul ne peut empêcher que le vent tourne et que le destin change.

Cette brochure semble être la réponse du parti libéral à la publication, toute récente aussi, qu'a faite, à Berlin, le parti militaire. Ce dernier libelle, dont les attaches officielles n'ont pas été démenties, et que la *Gazette de Cologne* a comblé d'éloges, est un réquisitoire caché sous le masque d'une bienveillance hautaine. Son auteur, dont l'anonyme est transparent, s'y prononce, en termes qui n'admettent pas la discussion, *sur la satisfaction que doit éprouver la France de s'être vue respectée,* et sur la réconciliation nécessaire, en quelque sorte forcée, à bref délai, entre la France et l'Allemagne, *sur les bases désormais inébranlables du traité de Francfort.*

Le publiciste allemand reconnaît que l'Allemagne est disposée à faire la paix aussi sérieusement qu'elle a fait la guerre, *et à respecter le territoire de la France,* l'indépendance et l'honneur de la nation française. Il ajoute que la France pourra, dès qu'elle se décidera *à faire quelques avances*, renouer avec l'Allemagne des relations amicales.

Il est difficile de faire accepter les bases du traité de Francfort comme de sérieuses garanties de la paix européenne ; quant aux avances à faire à l'Allemagne, c'est un manque de tact étrange que de les imposer à la France. Le gouvernement impérial a été mieux inspiré quand, à l'Exposition horticole de Cologne (septembre 1875), il a convié notre pays à ces fêtes internationales du travail, du goût et de l'invention, qui ne sont complètes que par la présence de nos ouvriers et de nos artistes. Ce premier essai sincère d'un rapprochement entre la France et l'Allemagne a réussi ; un échange de paroles courtoises a, pour la première fois depuis cinq ans, modifié ce qu'il y avait d'aigreur dans des rapports jusque-là soumis aux règles étroites d'une politesse froide. Mais il ne faut point s'abuser ; et les révélations de la curieuse brochure de M. d'Arnim *(Pro nihilo)* sont de nature à provoquer notre attention, beaucoup trop dédaigneuse des petits faits et des nuances internationales.

La revanche peut être prise de bien des manières ; il n'est pas indigne de notre orgueil national de recouvrer, par l'échange de nos produits, les milliards que le hasard de la guerre nous a enlevés. Ce premier essai d'entente cordiale me permet d'énoncer, sans être taxé d'illusion, l'idée d'une pacification des esprits plus complète et plus durable, à la condition d'effacer ce que le fait accompli conserve d'agressif et de haineux.

La *Gazette de Cologne* publiait encore, dans les premiers jours d'octobre 1875, des lettres d'un Allemand qui venait de parcourir la Belgique et qui se plaignait, avec une aigreur mal dissimulée, des sympathies pour la France que conserve, en dépit de nos revers, ce noble et libre pays. Voici quelques extraits qui donneront la note du récit :

En pays Wallon, dit le voyageur prussien, les écoles sont tout à fait françaises. Les livres de classe sont, la plupart du temps, les mêmes qu'en France. Ouvrez un livre de prix : vous tomberez à coup sûr sur un livre sorti des presses de Mame à Tours, et écrit dans un esprit absolument français. *Dans les traités de géographie, le Rhin est encore, malgré tout, la limite naturelle de la France.*

Lorsque l'écolier est devenu homme, il puise son éducation politique dans la presse franco-belge. Il ne lui tombe jamais dans les mains un journal, une revue, un livre quelconque conçus autrement que dans le sens français. De là une étroitesse de vues politiques, une foule de préjugés, d'idées fausses, que j'ai rencontrées à chaque pas, en Belgique, dans les plus hautes classes de la société. La Prusse a partagé la Pologne; elle fait gémir la plus grande partie du Danemark sous son lourd casque à pointe; elle a arraché contre tout droit l'Alsace et la Lorraine *à la malheureuse France*; etc., etc.

... Le vrai Wallon ne se lasse jamais de trotter, Sancho infatigable, derrière le Don Quichotte français. **Son suprême orgueil est de ressembler au Français.**

Et l'Almanach pour 1876, publié à Berlin sous ce titre : *Véridiques prophéties pour l'an du Seigneur 1876,* débute par ces mots :

La France, dont la haine contre l'empire allemand n'est pas éteinte, mais brûle comme un charbon ardent, emploiera, en 1876, ses dernières forces pour tenter une guerre de revanche qui serait son naufrage suprême.

Non, nous ne hasarderons pas cette folie. Nous laisserons l'empire allemand se disloquer sous le poids de ses victoires ; le temps est proche où les Allemands du Sud se lasseront d'être les instruments d'une politique égoïste pour laquelle la religion n'est qu'un moyen ; un ver rongeur s'est logé au cœur de l'Allemagne, et les désordres qu'il y cause vont bientôt apparaître : la franc-maçonnerie et son armée, *l'union internationale des travailleurs,* ont un théâtre fait à souhait dans le pays qui a vu les atrocités des Hussites, des Rustauds et des Anabaptistes. Demain, peut-être, *le coq rouge* épouvantera les femmes de Berlin et les enfants de Munster et de Hambourg.

Toutefois, au milieu des progrès modernes, avec le caractère moral qui doit éclairer toutes choses, avec la nécessité de la vie sociale et de la liberté des échanges, est-il possible que deux grands peuples, en contact sur tant de points, juxtaposés en quelque sorte l'un à l'autre, demeurent longtemps dans un état d'hostilité que déguisent mal des concessions forcées ?

La publication des récentes brochures allemandes, toutes pacifiques, et dont le caractère doctrinaire et sentimental ne laisse pas que d'aborder parfois la réalité pratique, est-il un symptôme de l'apaisement des esprits ou du besoin de la paix ?

Certains soupçonnent un piége dans ces avances. Je ne veux y voir qu'une intention bienveillante. La crise qui menace l'Allemagne, dit-on aussi, l'engage à ces démarches intéressées. Soit. Mais la courtoisie française s'est-elle donc perdue au contact de la rudesse germanique ? Et ne peut-on discuter les chances d'un accord ?

La brochure : *Après la guerre!* s'exprime ainsi sur ce point délicat :

« Il sied bien à deux grandes nations de saisir les
» armes et de faire décider par le jugement de Dieu
» les différends qui ne peuvent être réglés d'une
» façon pacifique ; pourtant, il répugne à tout cœur
» noble, et c'est un crime contre la civilisation mo-
» derne, que l'Allemagne et la France, plusieurs
» années après la cessation de la guerre, vivent
» ensemble dans des rapports que l'on peut jus-
» tement désigner par le mot de *cannibalisme*
» *moral.* »

Tous les Prussiens ne sont pas de cet avis ; le vieux levain fermente encore. La *Gazette nationale* n'applaudit pas à ces conclusions ; elle déclare nettement (octobre 1875) *que les esprits ne sont point préparés à l'amitié que recommande l'auteur entre les deux peuples*. Elle regrette que la France ne témoigne pas à l'Allemagne *plus de respect !* Elle constate, une fois de plus, *le sérieux et profond antagonisme qui sépare les deux nations.* Les allures hautaines et agressives de M. de Bismarck vis-à-vis de tout ce qui est encore fier et généreux de l'autre côté du Rhin, et surtout la persécution incessante, inexorable, dont il poursuit les catholiques sur son territoire et même au dehors, les atteignant à Rome par ses inspirations, à Genève par ses agents, ne sont point en effet de nature à ménager les transitions et à multiplier entre nous les points de rapprochement. Pourtant, l'Allemagne a soif de paix, d'économies, de liberté ; nous-mêmes, nous serions bien inconséquents de penser à une revanche sans avoir d'alliances ; et qui peut s'attacher à un pays dont l'état est provisoire ? Notre avenir est dans nos mains ; nous ne mériterons l'estime de l'Europe que par beaucoup de prudence, d'énergie et *d'esprit de suite.* Quand nous aurons *jeté de côté toutes les Piperies des mauvais Français,* selon le mot de Blaise de Montluc, l'accord de la Russie et de l'Autriche pourra nous rendre, *par un congrès,* ce que les hasards de la guerre nous ont fait perdre.

Mais sur quelles bases assurer l'équilibre européen et faire appel à la réconciliation des Allemands avec la France ? C'est encore dans l'histoire qu'il faut chercher les jalons de l'avenir. Plus d'annexions brutales, plus de conquêtes plus ou moins justifiées par l'identité de race ou de langue ; respect aux droits acquis, mais respect avant tout au droit éternel qui ne prescrit pas. Que ce ne soit plus le rêve décevant des *nationalités*, l'idée dangereuse des *grandes agglomérations* qui dominent; ce qui est trop grand se brise, ce qui est démesurément étendu se disloque.

La politique a ses bornes comme la nature; elle est impuissante à maintenir certaines dominations excessives, comme l'homme le serait à soulever des poids trop lourds. Revenons aux sages combinaisons de notre diplomatie d'autrefois, à la sagacité de Richelieu, à la prévoyance de Mazarin, aux larges vues pacifiques de Henri IV et de Turenne. Reprenons les errements de 1678 et de 1748; imitons, vis-à-vis de l'Italie, la prudence de M. d'Argenson, vis-à-vis de la France rhénane, la modération de Vauban et de Choiseul. C'est *la politique de neutralité* qui doit écarter les périls de la politique des nationalités et les caprices de la politique d'intervention. La France est assez mûrie par l'expérience pour ne plus faire la guerre pour une idée. Ce qui lui importe désormais, c'est la solidarité des intérêts et, par suite, celle des devoirs internationaux.

Résumons les enseignements des récits qui précèdent. La nationalité française, blessée au cœur par le démembrement, est menacée, au midi, par l'agrandissement de l'Italie et surtout par la ruine temporelle de la Papauté; au nord, par la conquête imminente de toute *la France rhénane* et par la suppression des États secondaires. Que **résoudre** ? Quels remèdes à tant de dangers ?

Examinez la carte de l'empire allemand que la Prusse impose à son enseignement scolaire ; c'est la résultante des erreurs historiques accumulées avec préméditation depuis bien des années par ses philosophes, ses historiens, ses poëtes. Pour mettre obstacle à cette exubérante présomption, ce ne sera pas trop de l'effort de tous les États européens pacifiquement associés.

Mais, dira-t-on, si la paix doit dépendre de l'attribution définitive de ce territoire rhénan, dont, depuis vingt siècles, Français et Allemands se disputent la possession, la paix est impossible ! Jamais les Allemands ne consentiront à céder Trèves, Mayence, Strasbourg, plus vieilles dans leur histoire que Vienne et Berlin, Cologne, la ville des martyrs, Aix-la-Chapelle, la cité karolingienne, la ville impériale par excellence. La France, d'autre part, peut-elle renoncer à ses limites du Rhin et des Alpes ? Ce sont ces prétentions contraires qu'il s'agit de concilier ; si l'orgueil allemand se refuse à céder à la France, l'orgueil français à céder à l'Allemagne, que les deux nations transigent *en abandonnant toutes deux leurs droits à un peuple neutre.*

Un publiciste éminent examinait, il y a quelques jours, les défauts naturels qui ont souvent mis obstacle à notre développement politique. « Il est dur, assurément, de se souvenir que l'on a été vaincu à Sedan après l'avoir été à Waterloo ; que l'on vient de perdre deux de nos vieilles provinces après avoir perdu au commencement du siècle plusieurs départements voisins de récente annexion et après avoir laissé échapper, un demi-siècle auparavant, nos vastes colonies de l'Amérique du Nord et de l'Inde : oui, c'est là une humiliation qu'on a de la peine à porter devant le monde, et dont il ne faudrait pourtant ni se distraire ni se consoler. »

« Mais ce qui est plus dur encore qu'un pareil souvenir, ajoutait le même écrivain, ce qui parfois abat le courage, c'est de penser que les mêmes fautes, les mêmes défauts nous ont successivement valu tous ces désastres, et que l'on s'habitue chez les nations étrangères à nous croire incapables de nous en guérir. »

« Les mêmes défauts : c'est-à-dire l'infatuation, l'esprit de caste ou de parti, porté à l'excès aux dépens du sentiment national ; l'habitude de ne point observer loyalement les faits, les situations, les maux, les périls pour y appliquer des moyens appropriés ; trop peu de réflexion et de possession de nous-mêmes ; en somme, un certain défaut de sérieux dans la vie politique et dans la conduite de nos affaires. »

Tout cela revient à dire que l'histoire ne nous enseigne rien et que nos oreilles sont fermées aux grandes voix prophétiques du passé. Corrigeons-nous de ce défaut capital qui est *l'amour-propre ;* ayons l'humilité de reconnaître que nos grands-pères avaient parfois l'esprit juste, et que les diplomates du temps jadis, les Aubéri du Maurier, les Choisnin, les Rouillé, les Torcy, les Noailles, les d'Argenson, les Dupleix, les Choiseul, et tant d'autres, rédigeaient des notes et rendaient compte de leurs impressions et des projets des chancelleries avec autant de perspicacité, de prévoyance et de précision que leurs successeurs du XIXe siècle. S'ils sortaient de la tombe, ces esprits alertes qui avaient un grand cœur et l'âme française, ils feraient revivre des combinaisons discutées et approuvées par le bon sens bien avant les ébranlements de 1792. Ce sont ces combinaisons, adaptées au temps présent, que nous empruntons aux archives diplomatiques du XVIIIe siècle. Hier, les journaux de Berlin traitaient cette solution de fantaisie, de chimère ; demain, peut-être, ils appelleront fous ceux qui la contrediront. Je résume les points saillants de ce compromis international que rêve M. de Carlowitz et que le prince de Gortschakoff ne désavouera point.

Le rachat de l'Alsace et de la Lorraine ferme nos plaies, supprime toute cause persistante d'irritation entre les deux peuples. Les incendies de Bazeilles et de Châteaudun ont payé ceux du Palatinat, qui n'étaient eux-mêmes qu'une revanche.

L'indépendance des États secondaires est assurée par la clôture du débat franco-allemand. La neutralité de la France rhénane se consolide par le partage de ce territoire litigieux entre la Hollande et la Belgique.

Le règlement de la question d'Orient permet d'offrir à l'Allemagne des compensations qui la dédommagent de son évacuation de la rive française du Rhin. Tandis que le rachat international du canal de Suez et sa neutralisation empêchent la Méditerranée de devenir un lac britannique, tandis que la mer Noire se rouvre à la Russie, et que les Turcs, impuissants à rien fonder, à rien soutenir, cèdent les provinces des Balkans au nouvel empire Gréco-Slave, l'équilibre européen renaît de ses ruines par l'accord de la Russie, de l'Autriche-Hongrie et des trois nations latines contre l'alliance avide de l'Angleterre et de la Prusse.

XVIII

CONCLUSIONS

Je résume le détail des combinaisons indiquées dans le chapitre précédent. Le *Testament* de Pierre le Grand et les narrations piquantes et perspicaces du Prince de Ligne s'y trouvent d'accord avec les lettres de Vauban et les conseils du maréchal de Turenne. Il n'y a pas d'inventions en politique; et les négociateurs les plus heureux sont ceux qui n'ont pas la mémoire courte.

1° *Rachat de l'Alsace et de la Lorraine.* — M. de Bismarck a commis une grande faute en faisant à la France une telle blessure; un pays ne peut vivre le glaive au sein. On aurait pu accepter la neutralisation de l'Alsace; il n'est pas de paix durable sans la restitution de ces deux provinces, si maladroitement annexées.

Quant à l'Alsace et à la Lorraine, écrivait Henri Heine en 1845, je ne puis pas les incorporer aussi facilement que vous à l'empire allemand. Les gens de ce pays tiennent fortement à la France à cause des droits civiques qu'ils ont gagnés à la Révolution française, à cause de ces lois d'égalité et de ces institutions libres qui flattent l'esprit de la bourgeoisie, bien que cela laisse encore beaucoup à désirer pour l'estomac des masses.

Les Lorrains et les Alsaciens se rattacheront à l'Allemagne *quand nous finirons ce que les Français ont commencé*, le grand œuvre de la Révolution, la démocratie universelle, quand nous aurons chassé la misère de la surface de la terre... Oh! oui, alors le monde entier sera allemand, *s'il y a encore une Allemagne en ce temps-là* [150].

Ces deux provinces manquent à la France et créent à l'Allemagne un perpétuel danger; pourquoi les grandes Puissances, à titre de transaction, ne proposeraient-elles pas leur rachat ?

L'épargne française est assez riche pour payer deux milliards de plus aux collecteurs prussiens. Quel enthousiasme le jour où s'ouvrirait *l'emprunt de la délivrance!* Ne serait-ce pas un jour de fête nationale ? Nos paysans, depuis les charbonniers des Ardennes jusqu'aux vignerons de la Bourgogne, du Médoc et de la Provence, depuis les fromagers des Alpes jusqu'aux pêcheurs d'Avranches, de Dieppe ou du Croisic, depuis les mariniers de la Loire jusqu'aux caboteurs de Nice, se feraient tous un honneur, un devoir de porter à la caisse du percepteur les vieilles pièces d'or jaune et les écus tout battant neufs amassés par tant de sueurs et d'économie. Quelle sereine et pacifique victoire que celle de l'épargne sur la force brutale ? Nos blés battus sur l'aire en cadence, nos raisins gaiement vendangés, nos toiles patiemment tissées aux veillées d'hiver, tous ces fruits du travail et du sol sauvant la patrie, creusant à la frontière un infranchissable fossé que ne parviendrait plus à combler ni la guerre avec son sang, ni la haine avec ses rages.

2° *Rectification des frontières* : sur la Méditerranée, jusqu'à Vintimille, ville provençale ; dans les Alpes de Savoie, sur le plateau du Mont-Cenis et au col du Petit-Saint-Bernard [151] ; au Nord, restitution *des quatre places de la frontière de Vauban* : Landau, Sarrelouis, Mariembourg et Philippeville [152].

3° *Neutralisation de la France rhénane*. — La Belgique, identique de race, de mœurs et de religion avec la France, n'a jamais perdu ses affinités politiques avec la mère patrie ; à tous ces points de vue, c'est la Savoie du Nord. Mais, libre et prospère sous un gouvernement sage et éclairé, rien ne l'attire aujourd'hui vers une annexion. Elle doit demeurer, dans notre intérêt même, indépendante, et continuer à vivre de la vie intelligente et très-personnelle qu'elle a su se créer depuis quarante-cinq années d'autonomie. Toutefois, la Belgique n'est point assez forte pour faire respecter ses droits d'État neutre.

L'histoire contemporaine en fournit deux fois la preuve.

En 1840, la coalition s'étant reformée contre la France, la Prusse avait eu la pensée d'occuper la Belgique, de même que les Autrichiens avaient violé la neutralité de la Suisse, en 1814 et en 1815, soi-disant *pour hâter le moment où cette neutralité pourrait devenir sérieuse et permanente* [153]. Le gouvernement français fit demander au gouvernement belge s'il pouvait s'opposer à l'entrée des Prussiens, le prévenant que, s'il était impuissant à le faire, l'armée française entrerait immédiatement en Belgique et y prendrait position.

En 1858, la création du camp retranché d'Anvers, s'ouvrant par l'Escaut aux flottes anglaises, par Hasselt à la garnison de Cologne, prouva que la Belgique pourrait, le cas échéant, redevenir la citadelle des coalisés. Les journaux de Londres n'en firent point mystère ; on y redoutait alors une descente des Français et la conquête de l'Escaut. Le général Renard disait au Parlement belge (séance du 27 juillet 1858) :

> Au point de vue militaire, et quelles que soient les alliances que l'avenir nous réserve, Anvers, fortifiée et bien occupée, prêtera un appui également efficace à la nation qui sera notre alliée. Par ses flottes, l'Angleterre, maîtresse de s'approcher d'Anvers, y trouvera toujours une excellente base d'opérations. Quant à l'Allemagne, cette position n'est pas moins bonne pour elle, soit qu'elle occupe la Belgique, soit que, repoussée, elle ait à redouter une attaque sur ses possessions du Rhin. An-

vers, tant qu'elle sera debout, empêcherait l'ennemi de se poser solidement sur la Meuse.

Dans ces éventualités, il n'est pas question de neutralité ; on y suppose le cas de défense du pays contre la France, *ou par la Prusse, ou par l'Angleterre.*

Tout ceci n'est plus à craindre. Ce qu'il nous faut, c'est moins la possession de la Belgique, que l'existence d'une Belgique assez puissante pour décliner aussi bien le protectorat de l'Angleterre que la pression de la Prusse.

La situation géographique de la Belgique en fait une nécessité; l'histoire des trente dernières années en démontre l'urgence. Placée entre la France, la Hollande, l'Allemagne et l'Angleterre, la Belgique se ressent de toutes les commotions que subissent ces puissances. Si la paix les unit, elle continue avec ce calme qui lui est propre le développement de ses progrès matériels et de ses libres institutions; mais, si quelque nuage se montre à l'horizon, si quelque conflit s'annonce, si quelque guerre paraît imminente, elle s'inquiète, se trouble ; les transactions s'arrêtent ; le gouvernement s'épuise en préparatifs militaires que son apparente neutralité commande et que la petitesse de son territoire rend onéreux. Cette terrible question : *Vivrons-nous?* est dans toutes les pensées [154].

Il en résulte un état équivoque, aussi peu digne de la fierté des Belges que peu rassurant pour leur autonomie menacée par tant de surprises. La France a donc un intérêt personnel à l'agrandissement de ce royaume.

Pour atteindre ce but, il faudrait attribuer à la Belgique : 1° le Luxembourg ; 2° la Prusse rhénane entre le Rhin et la Moselle.

La Hollande, en contact avec la Prusse dans le bassin de l'Ems et le bassin du Rhin, semble prédestinée aux invasions allemandes par la nature de son sol et sa configuration géographique. Ses frontières sont aussi indécises que son territoire, où l'homme use sa vie à lutter contre le vent et l'eau.

La Prusse convoite ses villes où la science, l'art, le négoce ont entassé des richesses ; mais ce peuple patriote connaît sa force et ses droits. Pour rendre son territoire inviolable, il suffirait d'y annexer la Prusse rhénane entre la Moselle et la Meuse, ainsi que la rive gauche de l'Ems, étroite lisière qui sert de tête-de-pont à l'invasion pour aborder le Zuiderzée.

La Hollande aurait ainsi pour limites naturelles en harmonie avec sa nature maritime et fluviale, non plus une frontière capricieuse et de convention, mais la Moselle jusqu'à Coblentz, le Rhin jusqu'à Wesel, une ligne de Wesel à Steinfurt, et l'Ems jusqu'à la mer.

4° *Union Scandinave.* — Le Danemark, injustement dépouillé en 1864, rentrerait en possession du Sleswig et même du Holstein, si ce pays consulté préférait le retour à ses anciennes destinées.

L'Union Scandinave consacrerait la *neutralité de la Baltique*, si intéressante pour le commerce des nations du Nord.

Je n'insiste pas. Il me suffit de citer l'extrait suivant de la *Gazette de Silésie* (18 décembre 1875), pour établir que l'alliance franco-danoise est une des nécessités de notre situation. Nos sympathies ne nous y porteraient pas que nous y serions entraînés par notre intérêt :

On renoncera à la vaine espérance que l'on avait conçue de voir certaines relations de parenté venir en aide au Danemark lors d'un changement de gouvernement en Allemagne ; on finira aussi par reconnaître que si le Danemark persiste dans son amitié pour la France, il aura plus à perdre que l'Allemagne dans une guerre future.

Si le Danemark ouvrait jamais ses portes du Jutland septentrional à une armée française destinée à envahir l'Allemagne, il pourrait être sûr de voir finir pour toujours sa domination sur le continent.

Le Danemark sera donc finalement poussé par la raison d'État, aussi bien que par son intérêt économique et intellectuel, à vivre en bonne intelligence avec l'Allemagne.

5° *Règlement de l'équilibre italien.* — La question romaine est ici le nœud du débat; elle intéresse plus de trois cents millions de catholiques. Ce n'est point une question purement italienne, ni même internationale ; elle touche aux sentiments, à la conscience de l'univers entier.

L'alliance italo-prussienne est, dit-on, fondée sur une égale haine de l'Église. C'est une erreur. Les Italiens sont catholiques ; ils sont patriotes ; leur patriotisme a des susceptibilités dont, maintes fois, les Allemands eurent à souffrir ; les Italiens n'oublieront pas que Rome est leur mère spirituelle et que d'elle ils ont reçu la vie morale avec la lumière des arts et le prestige de la conquête universelle.

Les diplomaties tudesques ne prévaudront jamais contre de tels souvenirs. Leur alliance avec la Prusse, imposée par les hasards de la politique, s'évanouira avec les circonstances qui l'ont vu naître. La vraie, la fidèle alliée de l'Italie, c'est la France, la France à qui elle doit son indépendance, et qui a perdu cette folle passion des conquêtes d'outre-monts.

L'Italie, dit-on, désire se compléter par l'annexion de *Trieste et de l'Illyrie* ; l'Autriche trouvera sur le Danube d'assez larges compensations. Mais alors, que l'Italie, d'elle-même, consulte le val d'Aoste, *cette petite province française qui dépendit toujours de la Savoie*, par la géographie, par les mœurs, par les lois [156], et qui en est une porte, la plus praticable et la mieux ouverte. Qu'elle nous l'offre spontanément, en gage de sincère amitié, sauf, pour éviter jusqu'à l'ombre d'un soupçon, à étendre à cette étroite vallée le principe de la neutralité helvétique.

6° *Règlement de la question d'Orient.* — La succession *de l'homme malade* est ouverte, et sa faillite est un mauvais début pour amener les transactions pratiques qui doivent régler le partage d'un héritage aussi embarrassant. Cette succession n'est plus limitée à la mer Noire et au littoral des Échelles du Levant et des mers de Grèce, comme en 1855; elle embrasse désormais la Méditerranée presque entière et la mer Rouge.

Si la Russie ou l'Autriche prennent possession de ces provinces grecques, perdues par l'Europe depuis quatre cent vingt-trois années, l'Angleterre n'ira plus s'épuiser en guerres lointaines; elle fera prendre position à ses escadres, et le pavillon britannique flottera sans coup férir sur les phares de La Canée et d'Ismaïla, tandis que l'Italie occupera Tunis et La Goulette. M. Disraëli a pris ses précautions; le récent emprunt fait par le Khédive, en échange de ses actions du Canal, n'est que le début d'une série de mesures financières où le prince se trouvera fatalement engagé, comme l'imprudent pris dans un engrenage. M. Disraëli achètera bientôt, n'en doutez pas (si ce n'est déjà fait), la co-propriété des rives du Canal et du sol des villes fondées par M. de Lesseps, co-propriété dont le vice-Roi peut encore disposer; il achètera ensuite les moulins, les plantations, les usines avec lesquels le prince sera forcé, à bref délai, de battre monnaie.

Les ministres anglais ont usé de procédés analogues vis-à-vis du Portugal. La prépondérance commerciale et politique de l'Angleterre, dans cette partie de la Péninsule, date de l'accélération du déficit et de la nécessité d'emprunts soumissionnés par les banquiers de Londres moyennant hypothèque sur les ressources disponibles de l'État. On disait en 1850 : *Que cela dure vingt ans encore, et l'Angleterre sera maîtresse du Portugal par voie de saisie immobilière* [156].

L'expédition d'Abyssinie n'est qu'un moyen pour le Khédive, *ce prince hindou*, comme l'appellent aujourd'hui avec une piquante malice les journaux russes, d'aggraver le déficit ; les agents de la diplomatie anglaise, possédés, comme les agents prussiens, de la fièvre patriotique, ne se feront pas scrupule d'attirer l'Égypte dans une voie de revanche qui rendra plus prompte l'aliénation des gages territoriaux dont la possession servira de motif à l'occupation de l'Égypte par les délégués financiers et politiques du cabinet de Londres, en attendant qu'un incident prévu lui permette d'occuper militairement le canal de Suez, ce grand chemin des Indes.

Dès les premiers jours de novembre 1875, bien avant le coup hardi de M. Disraëli, un des journaux les plus réputés de Londres, la *Pall-Mall Gazette*, publiait sous ce titre : *la Solution de la question d'Orient,* un article réclamant l'annexion de l'Égypte au Royaume-Uni.

En voici la conclusion, qui passerait inaperçue sans l'éclat d'hier :

Il n'est pas un homme d'État, en Europe, qui n'ait considéré depuis longtemps l'avenir de l'Égypte comme intimement et nécessairement lié à l'avenir de l'empire britannique. — La possession de l'Égypte est devenue une nécessité pour ainsi dire désespérée *(an almost desperate necessity).* L'occupation de Constantinople par les Russes, ou simplement d'une partie du territoire turc en Europe, même par un mouvement concerté entre les cours du Nord, signifie la prise de possession de l'Égypte par les Anglais ou la chute de l'empire britannique. Les Russes sur le Bosphore, les Anglais à Suez et au Caire, tel est le double terme du problème.

Quel remède opposer à cette invasion régulière et légale? Aucun, sauf ce principe de *neutralisation* qui, en Égypte, comme sur le Rhin, comme dans la Baltique, comme dans les Dardanelles, admis à titre de base internationale des congrès futurs, pourra seul arrêter les conflits armés et prévenir d'incalculables désastres. Le *rachat du Canal* par les grandes puissances maritimes et le maintien de son libre parcours, à titre de *route internationale,* sont l'unique solution de cette grave question.

Si le règlement du canal de Suez intéresse la France, celle-ci reste désintéressée en ce qui touche les provinces grecques de l'Empire ottoman.

Supposez la Prusse dépossédée de ses conquêtes sur la rive gauche du Rhin, que se partageraient la Hollande et la Belgique (sauf l'Alsace et la Lorraine restituées à la France), la Prusse exigerait des compensations à l'Est. Si la Bavière résistait à cette attraction qui l'obsède, si l'Italie repoussait la prétention des Allemands de créer un port militaire à Fiume, on pourrait, il est vrai, abandonner à la Prusse les provinces allemandes de l'empire d'Autriche-Hongrie ; mais quelle rupture d'équilibre dans toute l'Europe centrale !

Les Turcs rejetés en Asie ; l'Autriche reculant des Karpathes sur les Balkans, et Vienne se trouvant à deux pas de la frontière : ce ne serait pas trop payer un si douloureux sacrifice, que de confier au chevaleresque fils des Habsbourg la vallée du Danube, que ses ancêtres défendirent si vaillamment contre les Turcs : la Bosnie, la Servie, la Valachie, la Bulgarie ; et ces autres vaillantes provinces au-delà des Balkans : l'Herzegovine, le Montenegro, l'Albanie, la Roumélie, où l'oppression des Ottomans accumula tant de ruines morales. La Grèce, royaume provisoire, qui n'a de raison d'être que par le voisinage des Turcs, serait fière de se rattacher au nouvel empire d'Arpad.

Les Hongrois, les Serbes, les Grecs formeraient ainsi le véritable empire de l'Est *(Œstreich)*, et la Prusse ne pourrait plus rêver l'hégémonie de l'Europe entière, sous le prétexte que *la race germaine, seule, est faite pour les grandes choses et que, seule, elle possède cet esprit de suite qui rend les peuples maîtres du présent et de l'avenir.*

Le remaniement de l'Est-Européen en faveur de la

dynastie des Habsbourg pourrait, dès lors, être accepté par la Russie, trop puissante pour être jalouse.

L'empire de Hongrie, avec ses trois capitales : Ofen (*Bude-Pesth*), Vienne, Constantinople, s'étendant de la Vistule à la mer d'Ionie et de Linz à Varna, verrait renaître ses beaux jours du XIVᵉ siècle, lorsque ses princes, d'origine française [156], régnaient à la fois sur les rives du Danube et sur la Pologne, battaient les Turcs et dominaient l'Allemagne.

Séparant la Russie de l'Allemagne, servant de transition et de modérateur entre les races latines, slaves et tudesques, le nouvel empire de Hongrie, s'inspirant de ces reliques précieuses, la couronne de Saint-Étienne, le labarum de Constantin, l'épée brisée de Constantin-Dracosès, ferait revivre les grâces athéniennes et les vertus spartiates, en les fécondant par l'idée chrétienne. Quel plus grand rôle pour un prince? Quel plus merveilleux théâtre et plus admirablement disposé par la nature, par l'histoire, par la poésie, pour le développement d'un grand peuple? A quelles destinées ne pourrait pas prétendre une nation qui disposerait à la fois des inventions de la vieille Europe et de la séve ardente de l'Orient rajeuni, et qui, touchant d'une part, aux sources du Danube, de l'autre, aux flots de la mer de Crète, réunirait sous son drapeau les escadrons des Madgyars, les Arnautes de Janina et les matelots d'Hydra et de Naxos!

La Russie n'a point intérêt à s'approprier Constantinople. *Ce serait un danger de mort pour l'Empire*, disait le czar Nicolas en 1857. La vieille Russie ne saurait admettre qu'on abandonnât Moscou et Pétersbourg pour Stamboul, la cité sainte et la cité impériale pour la ville turque. L'Asie tout entière s'ouvre devant l'action commerciale et civilisatrice des Russes; à eux le littoral asiatique et la mer Noire, et ces immenses plateaux de l'Asie centrale qui les conduiront aux mers de l'extrême Orient [157].

On pourrait, toutefois, pour satisfaire à de naturelles revendications, annexer à l'Empire russe la Moldo-Valachie, de façon à faire du Danube, depuis Orsowa jusqu'à Ismaïla, la limite normale des deux empires.

Le journal *le Nord* a donné un curieux résumé d'une double conversation du czar Nicolas avec les ambassadeurs d'Angleterre et de France, relative à l'occupation éventuelle de l'Égypte et à l'effondrement politique et financier de la Turquie. Les circonstances actuelles donnent à cette conversation d'il y a vingt-cinq ans une importance considérable.

L'empereur Nicolas, parlant à l'ambassadeur d'Angleterre, sir Hamilton Seymour, s'exprimait ainsi :

Je ne me fais pas, au sujet de Constantinople, les mêmes illusions que Catherine II ; au contraire, je regarde l'immense étendue de la Russie comme son seul véritable danger. Je voudrais voir la Turquie assez forte pour se faire respecter des autres puissances. Mais, si elle est destinée à périr, il faut que la Russie et l'Angleterre s'entendent pour mettre quelque chose de mieux à sa place. Je propose donc qu'on fasse des principautés danubiennes, de la Serbie et de la Bulgarie, un État indépendant, placé sous la protection de la Russie, *et je déclare que la Russie n'ambitionne aucune domination sur les territoires turcs.*

L'Angleterre peut prendre l'Égypte et la Crète, mais je ne puis pas permettre qu'elle s'établisse à Constantinople, et je le dis expressément. Par contre, et je suis prêt à promettre que, de mon côté, *je ne prendrai jamais Constantinople,* si la convention que je propose aboutit entre la Russie et l'Angleterre. Si la Turquie venait à se dissoudre rapidement avant la conclusion de cette convention, et *s'il devenait nécessaire d'occuper Constantinople,* je ne puis naturellement pas prendre l'engagement de ne pas le faire.

A l'ambassadeur français l'empereur Nicolas donnait, presque en même temps, d'autres raisons encore. Il lui disait :

C'est à prendre ou à laisser. Je ne puis pas permettre qu'une puissance maritime, aussi forte que l'Angleterre, occupe le Bosphore, par lequel le Dnieper et le Don débouchent dans la Méditerranée. Bien que la mer Noire soit entre le Don et le Dnieper et le Bosphore, l'occupation de ce détroit tuerait le commerce de la Russie et fermerait à sa flotte le chemin de la Méditerranée.

Si un empereur russe en venait un jour à conquérir Constantinople ou s'il était forcé de l'occuper d'une manière permanente et de le fortifier de façon à le rendre imprenable, alors commencerait le déclin de la Russie.

Si je n'y transportais pas ma résidence, mon fils le ferait, ou peut-être seulement mon petit-fils ; mais cela arriverait tôt ou tard, car le Bosphore est plus chaud, plus agréable et plus beau que Pétersbourg ou Moscou, et si une fois le czar réside à Constantinople, la Russie cesse d'être la Russie. *Aucun Russe ne peut souhaiter ce résultat.* Il en est peu, du reste, qui le croient possible. *Il n'est pas un Russe qui ne désire une croisade chrétienne pour délivrer la mosquée de Sainte-Sophie ; je ne le désire pas moins qu'un autre,* mais personne ne désire voir le Kremlin transporté aux Sept-Tours.

Telles pourraient être les conditions d'une paix durable, si l'Europe voulait écouter la grande voix du passé proclamant les leçons de l'histoire.

La France, entourée d'alliés sincères, l'Italie, l'Espagne, le Portugal ; défendue contre l'Europe du Nord par la neutralisation de la Suisse, contre la Prusse, par la neutralisation de la France rhénane, s'appuyant au nord sur la Belgique, la Hollande, le Danemark, reconstitués assez puissamment pour être en mesure de faire respecter leur neutralité, trouvant dans la Suède un vieil ami de guerre et d'instinct, dans la Russie, une alliance naturelle et dont les sympathies chevaleresques redoublent la force, la France n'a plus à redouter ni l'Autriche, ni l'Angleterre, ni la Prusse, les seuls États qui aient, dans les conditions actuelles de l'Europe, quelque profit à tirer de sa ruine.

Sa modération la défend contre les coalitions, sa force expansive lui permet de rayonner dans le monde ; ses instincts monarchiques, ses besoins de liberté, sa foi catholique, son esprit de découverte, son goût pour les arts, les qualités généreuses et attrayantes de ses enfants, la fécondité de son sol, ses entraînements, ses ressources et jusqu'à ses caprices : que de raisons pour ne point désespérer de l'avenir !

DIEU SAUVE LA FRANCE !

NOTES ET ÉCLAIRCISSEMENTS

[1] *Fragments historiques sur l'Inde*, XXXIII.

[2] *Histoire ancienne*. — Œuvres, t. IV, 457.

[3] F. Combes. — *Depuis l'origine de la Monarchie jusqu'à nos jours*, Palmé, Paris, 1873, in-8°.

[4] Mignet. — *Essai sur la formation territoriale et politique de la France, depuis la fin du XIe jusqu'à la fin du XVe siècle*.

[5] Michel Bréal. — *Souvenirs d'un voyage scolaire en Allemagne en 1873*.

[6] Les Allemands ont, entre autres prétentions, celle d'avoir rajeuni le sang du monde romain, *d'avoir remis la vie aux veines de l'Europe* par leurs invasions et leurs conquêtes, après cette terrible peste qui revint à quatre fois (de 165 à 168 de notre ère, de 187 à 189, de 250 à 262, douze ans de suite, de 270 à 272), qui devint endémique dans le monde civilisé et qui, sous le nom de *peste des Antonins*, marqua le point de départ d'une dégénérescence morbide de l'humanité, d'une altération profonde et radicale de la santé des peuples. Le professeur Hecker, dans sa dissertation *De peste Antoniniana*, publiée en 1835; le docteur Zumpft, dans son livre sur *la Population dans l'antiquité (Bevolkerung in Alterthum)*, et d'autres érudits, ont insisté sur le rajeunissement physique et moral de l'univers par la race germanique.

[7] Il y a près de quarante ans que les Allemands, experts à semer des ferments de discorde entre les peuples dont les affinités naturelles et l'entente cordiale les gênent, ont persuadé la nation britannique qu'elle est formée d'*Anglo-Saxons*, tandis qu'elle se compose d'Angles, venus de ces provinces danoises livrées aujourd'hui à la Prusse, de Celtes et de Neustro-Normands. Macaulay, Carlisle, Tennyson, ont complaisamment accrédité ces faussetés historiques, qui ont posé les prétendus Anglo-Saxons en antagonistes héréditaires de la race latine dont ils sortent pour une bonne part, grâce aux vainqueurs de Hastings.

[8] Cette parodie du chant allemand : *Was ist des deutschen Vaterland?* parut à la fin de 1870. Le tour en est vif. L'expression ne s'y pique pas d'atticisme : *Où est la patrie allemande? Partout où plane l'oiseau de proie. Là où le fort peut écraser le faible, où le bec sanglant de la guerre peut déchirer le cœur de la liberté, là, soyez-en sûrs, Allemands, là est votre patrie!*

[9] Michel Bréal. — *Souvenirs d'un voyage scolaire en Allemagne en 1873 : le patriotisme dans l'enseignement.* (Revue des Deux-Mondes, 1875.)

[10] *Encyclopédie pédagogique* de Schmid, t. VI, p. 109 (10 vol., 1859-1874).

[11] M. Thiers. — *Discours au Corps législatif,* du 14 mars 1867.

[12] Leur mouvement tournant, tactique qui leur a valu tant de succès, n'est autre chose que la conversion par la droite, dont Végèce, l'écrivain militaire du IVe siècle, nous a laissé la description, et qui était alors la manœuvre unique de leur cavalerie.

[13] Pour ceux qui n'auraient pas sous les yeux l'original, il suffira de consulter les extraits partiels, mais littéraux, qui en ont été donnés cette année même par deux professeurs de l'Université, M. Charles (*Lectures choisies,* texte allemand, p. 314. — Delagrave, éditeur à Paris) et M. Ph. Kuhff (*Géographie de l'Allemagne d'après les auteurs allemands,* p. 274. — Hachette, éditeur à Paris).

[14] *De Bello gallico*, lib. I, I.

[15] *De Moribus Germanorum.*

[16] *Commentaires*, liv. VI, ch. XXIV.

[17] *Des Mœurs des Germains*, ch. XXVIII.

[18] César, I, XXXI.

[19] *L'Esprit des lois*, liv. XIX, ch. V.

[20] *Commentaires*, liv. IV, ch. V.

[21] *Ibidem*, liv. VI, ch. XIX : *Non interire animas, sed ab aliis post mortem transire ad alios.*

[22] *Ibidem*, liv. VI, ch. XI.

[23] Les meilleures éditions de son *État du monde* (De situ orbis) sont celles de 1696 et 1722.

[24] *Commentaires*, liv. VI, ch. XXIII. — *Mœurs des Germains*, ch. XIV.

[25] *Mœurs des Germains*, XX, XXIII, XXXI.

[26] *Ibidem*, ch. XV et XIX.

[27] Zeller. — *Origines de l'Allemagne et de l'Empire germanique*, t. I, p. 68, éd. de 1872.

[28] *Geschichte des Teutschen Rechts* (Histoire du droit allemand).

[29] *Histoire de la Constitution allemande*, I, 400.

[30] *Das Recht des Besitzes* (Le Droit de propriété, 6e éd., 1837).

[31] *Dell' Inferno*, VII.

[32] *Histoire d'Allemagne*, I, 129.

[33] Guizot. —*Essais sur l'histoire de France*, 5e éd., p. 43.

[34] Zeller *(loc. cit.)*, I, 217.

[35] Où les modernes ont creusé le canal de la Marne au Rhin.

[36] Canal du Rhône au Rhin.

[37] Dont on vient de retrouver, au sommet du Puy-de-Dôme, les ruines monumentales. *(Revue des Sociétés savantes*, 1875, t. I, p. 249.)

[38] Wild. — *Apologie pour Avenches*, Berne, 1710.

[39] *Notitia dignitatum Imperii romani*, LXV, éd. Pancirolo.

⁴⁰ V. de Saint-Genis. — *Histoire de Savoie*, éd. de 1868-1869, t. I, 112.

⁴¹ Claudien. — *Poemata*, XX, 584. *Invective contre Eutrope*. — *Mémoires de l'Académie des inscriptions et belles-lettres*, V, 386.

⁴² On forma du pays ainsi occupé deux provinces nouvelles : *Germania prima, Germania secunda*.

⁴³ Amédée Thierry. — *Histoire d'Attila et de ses successeurs*.

⁴⁴ Combes. — *Histoire des invasions germaniques en France*, in-8°, 1873, p. 29.

⁴⁵ *Essais sur l'histoire de France*, 5e éd., p. 47.

⁴⁶ Muller. — *Histoire des Suisses*.

⁴⁷ Voir les pages intéressantes consacrées à ce sujet par M. Combes. (*Histoire des invasions germaniques en France*, p. 77.)

⁴⁸ Lavallée. — *Histoire des Français*, 17e éd., t. I, 131.

⁴⁹ *Histoire de la civilisation française*, t. II, 304.

⁵⁰ Lavallée. — *Histoire des Français*, I, 168. — Comité des Travaux historiques, 1865, p. 855 ; 1868, p. 113.

⁵¹ Voir ci-dessus, ch. III.

⁵² Fustel de Coulanges. — *Histoire des institutions politiques de l'ancienne France*.

⁵³ Voir dans la *Revue des Deux-Mondes* de nombreux articles publiés par le savant académicien avec la finesse de plume et la délicatesse de cœur qui caractérisent son talent

⁵⁴ *Origines de l'Allemagne et de l'Empire germanique*, 1872.

⁵⁵ Cette bataille, qui n'a pas de nom dans l'histoire, et qui se livra en octobre 732 *sur la route du Midi, entre Tours et Poitiers*, eut pour théâtre la vaste plaine qui s'étend entre les rivières de la Vienne et du Clain, à une lieue de Châtellerault. Le centre de l'action a conservé le nom de *Moussais-la-Bataille*.

⁵⁶ Ce serment, dont le texte, *en langue romane*, a été conservé par l'historien Nithard, l'un des généraux de

Charles, est le plus ancien monument de la langue française.

⁵⁷ Florus de Lyon, cité par M. Guizot. — *Civilisation française.*

⁵⁸ *Scriptores rer. franc.*, t. X, 297 à 300.

⁵⁹ Th. Lavallée. — *Histoire des Français*, 17ᵉ éd., t. I, 503.

⁶⁰ Froissart. — *Chroniques*, I, 14 et 122.

⁶¹ Guillaume de Nangis. — *Chroniques*, 222.

⁶² Lavallée. — *Histoire des Français*, I, 250.

⁶³ Cet épisode a inspiré au peintre Jean-Paul **Laurens** deux des meilleurs tableaux du Salon de 1875 : *l'Excommunication* et *l'Interdit.*

⁶⁴ La Diète de Pavie, en 1875, avait offert la couronne impériale à Charles de France ; en 1024, l'appel fait à Robert partit de la même ville. Vingt-deux ans plus tôt, la Diète de Roncaglia, rivale de celle de Pavie qui venait de proclamer roi d'Italie le marquis d'Ivrée, avait hésité entre Robert et Henri II.

⁶⁵ Il faut noter la simultanéité d'origine des quatre grandes seigneuries des Alpes : les comtes de Maurienne apparaissent entre 1003 et 1027 ; les comtes de Genève, entre 1012 et 1019 ; les barons du Faucigny, entre 1002 et 1025 ; les comtes d'Albon, dauphins du Viennois, entre 1016 et 1025.

⁶⁶ *Scriptores rer. franc.*, XV, 511. — Lettre de l'abbé Suger à l'archevêque de Reims.

⁶⁷ Th. Lavallée. — *Histoire des Français*, 17ᵉ éd., I, 320.

⁶⁸ Voir les chroniques du temps et surtout la *Philippide* de Guillaume le Breton.

⁶⁹ *Mémoires*, ch. cxxxvii.

⁷⁰ Aymon, frère cadet d'Edouard, était chanoine et comte de Lyon. Il obtient du Pape les dispenses nécessaires à son nouvel état et épouse Yolande de Montferrat.

⁷¹ *Histoire de Savoie*, I, 324.

⁷² *Preuves* de Valbonnais.

⁷³ La Croisade de 1345, dont il fut le héros.

[74] Archives nationales. — Corresp. relat. aux négoc. entre le Pape d'Avignon et les délégués de la noblesse dauphinoise relativement à la cession du Viennois, du Dauphiné, etc. *(Copies des Archives du Vatican.)*

[75] *Histoire de Savoie*, t. I, ch. VIII. — *Les Règnes chevaleresques.*

[76] Circonscription ecclésiastique, qui devint plus tard l'archevêché de Chambéry. Depuis 1248, le doyen de Saint-André, transféré à Grenoble après le tremblement de terre qui engloutit l'abbaye, y occupait au Chapitre la première place après l'évêque; en 1343, ce doyen fut remplacé par un archiprêtre ayant les mêmes attributions que ceux du Viennois et du Drac.

[77] Les rapports d'affinité entre la France et la Savoie étaient tels, à cette époque, que certains édits du roi de France purent être rendus, sans modifications, exécutoires dans les États de Savoie. Ainsi, une charte du comte Amédée, du 18 septembre 1343, relative aux priviléges des officiers de la Monnaie, intercale *dans son texte latin*, où le comte appelle le Roi *nostrum Dominum*, la transcription littérale des lettres patentes de Philippe de Valois, d'avril 1337, *écrites en français*, et réglant le même objet.

[78] Voir l'*Histoire de Savoie*, I, 359.

[79] Les guerres féodales des XIIIe et XIVe siècles furent le point de départ de l'émigration périodique des habitants des Alpes au-delà du Rhône, d'où résulta bientôt, par l'habitude, par les échanges, par la solidarité des intérêts, une sorte de fraternité inconsciente qui renouvela parmi ces populations les affinités instinctives qui résultaient de leur commune origine.

Et ce n'est merveille, dit un chroniqueur, *si du temps de la guerre plusieurs abandonnoient le païs pour vivre, puisque du temps de la paix coutumièrement se jette sur le païs de France un grand nombre de gens venant des montaignes de Savoye et Daulphiné, desquels sont la plupart massons de Savoye et merciers du Daulphiné, qui est argument que lesdits païs sont plus stériles de biens que d'hommes ou les femmes plus fécondes que la terre.* (Le chanoine Paradin, *Chronique de Savoye*, éd. de Lyon, 1552.)

[80] Archives de Turin : M[ss]. — *Recherches des Titres qui ont acquis à la royale maison de Savoie les États qu'elle possédait en 1792.*

[81] Le traité de cession fut ratifié par le vote d'une assemblée populaire, composée des délégués des villes, bourgs et châtellenies, réunis sous le grand chêne du monastère de Saint-Pons, aussi célèbre que les arbres historiques de Guernica en Biscaye et d'Ustaritz dans la Navarre française. (*Histoire de Savoie*, I, 380.)

[82] Voir les détails compliqués de ces querelles entre le comte de Poitiers, les seigneurs de Saint-Vallier, Charles de France, Amédée et Louis de Savoie, au tome I, p. 393 à 397 de l'*Histoire de Savoie*.

[83] Charlotte de Savoie, mariée fort jeune au Dauphin (14 février 1452, à Genève), malgré la défense de Charles VII, ne l'épousa que six ans plus tard (1457), à Namur. Le Dauphin était veuf de cette belle Marguerite d'Écosse, fille de Jacques Ier, morte en soupirant cette plainte touchante : *Fi de la vie ! Qu'on ne m'en parle plus !*

[84] J'ai l'espoir d'obtenir l'autorisation de publier cette Correspondance, devinée par M. de Barante, par M. Michelet et par M. Gingins.

[85] Archives royales de Turin : *Traités publics*. — Conventions des 20 février 1471, 20 juin et 1er juillet 1472, 30 janvier 1475.

[86] Le double caractère du temps était la guerre et le négoce. L'art militaire venait de faire un pas décisif ; le négoce, au contraire, par le renversement des conditions de la production et de l'échange, allait subir une atteinte profonde. La route des Alpes, désertée par les marchands que pillaient les armées de passage, frappée d'interdit par le système prohibitif de Charles-Quint, cédait son trafic à la voie de mer. Louis XI avait rétabli les foires de Lyon, qui firent une rude concurrence à celles de Genève et d'Annecy. La suppression de nombreux péages sur le Rhône, le rétablissement de l'ordre aux foires de Beaucaire, ramenaient dans la vallée du Rhône le mouvement commercial ; mais les nations-maritimes du Nord font concurrence à celles du Midi ; la Méditerranée perd, par la découverte de l'Amérique et la

conquête des Indes, son privilége d'être le carrefour du monde civilisé ; l'Océan en devient le grand chemin : autant de causes générales dont l'influence agit sur les rapports d'expansion et d'attraction de la France au milieu de la région des Alpes. De 1475 à 1480, le marquis de Saluces avait fait percer un souterrain à travers le Mont-Viso, *à frais communs avec le Dauphiné ;* ce *pertuis,* qui détournait au profit du versant français des Alpes une partie du trafic savoyard, resta très-fréquenté pendant de longues années. Obstrué pendant les guerres du xviie siècle, il n'est aujourd'hui praticable qu'aux piétons. On l'appelle *le trou de la Traversette* (canton d'Aiguilles, dans la vallée du Guil, au-dessus de Château-Queyras). Privé de toute voie d'accès du côté de France, tandis que les Italiens entretiennent avec soin les chemins qui y conduisent sur le versant piémontais, ce passage serait d'une importance exceptionnelle en cas de guerre. Nos voisins semblent être les seuls à s'en douter.

[87] L'annexion à la France de la province des Trois-Évêchés ne s'opéra point brusquement, comme nos historiens le laissent croire. L'entrée du roi Henri II dans les murs de Metz, de Toul et de Verdun, en 1552, ne fut que le couronnement d'une œuvre d'assimilation qui s'élaborait depuis des siècles. Pour s'en convaincre, il faut rapprocher quantité de petits faits, inaperçus dans le grand courant de l'histoire, mais qui, coordonnés, révèlent nettement l'intention de la Couronne de France de rentrer en possession de ce royaume d'Austrasie que lui avait fait perdre Charles le Simple.

Les populations d'entre la Meuse et le Rhin se sont peu à peu détachées de l'empire d'Allemagne, les liens de suzeraineté se relâchant de plus en plus à chaque nouvelle ingérence de l'influence française. Cette influence de désagrégation ne dépassa point le Luxembourg, parce que, au delà, la diplomatie française rencontra de petits souverains qu'elle ne pouvait exciter l'un contre l'autre. Ils étaient unis par l'identité de leur principe, plus encore que par la communauté d'origine. Il n'y avait point d'intérêts de famille qui pussent les diviser et leur faire essayer des alliances offensives ; leur nature les forçait à la défensive. Ces petits souverains, qui purent résister à l'annexion française, étaient les archevêques de Trèves, de Mayence et de Cologne.

La France, au xiii° siècle, était bornée, à l'Est, par la Meuse et la Marne ; du côté de la France, le comté de Champagne et le duché de Bourgogne ; de l'autre, le duché de Lorraine, le comté de Bar, le comté de Luxembourg avec leurs enclaves : les trois villes impériales, Metz, Toul et Verdun. Saint Louis, le premier, s'immisça avec succès dans les affaires de ces pays, soustraits à l'influence française depuis la chute des Karolingiens. (Comité des Travaux historiques : *Mémoires* de 1868, p. 127 à 168.) — *Essai sur la formation territoriale et politique de la France, depuis la fin du xi° jusqu'à la fin du xv° siècle*, par Mignet (Mémoires de l'Académie des sciences morales et politiques, 1839, t. II).

⁸⁸ *Histoire de France au* xvi° *siècle.* — La Réforme, éd. de 1855, p. 37.

⁸⁹ Voir l'histoire de ce prince au tome II, ch. iii et iv de l'*Histoire de Savoie*.

⁹⁰ On débattit longtemps la question de savoir si le *Petit-Bugey,* entre la cime du Mont-du-Chat et le Guiers (Mandements de Saint-Genix, d'Yenne ; Bailliage de Novalaise, etc.), *qui avait à toute époque dépendu du Bugey pour la justice et la religion,* suivrait le sort de la rive droite du Rhône. Le duc ne conserva sur la rive droite que le pont de Grésin, sous le canon du fort de l'Écluse, et 4 paroisses le long de la montagne, route pour aller en Bourgogne. Il lui était interdit d'établir, le long du fleuve, des péages ou des redoutes.

⁹¹ Voir l'*Histoire de Savoie*, II, 230.

⁹² *Traités publics de la maison de Savoie*, I, 280 à 284.

⁹³ Voir l'Almanach espagnol de Jérôme Olerius, imprimé en novembre 1609. — *Moniteur universel* du 16 septembre 1864 : article de M. Nisard *sur les Prophéties*.

⁹⁴ F. Combes. — *Histoire des invasions germaniques en France*, p. 164.

⁹⁵ Combes *(loc. cit.)*, 166.

⁹⁶ Dareste. — *Histoire de France*, t. V, p. 162.

⁹⁷ Lavallée : *Frontières de la France*, 7° éd., 29. — V. de Saint-Genis : *Histoire de Savoie*.

[98] Fieffé. — *Histoire des troupes étrangères au service de France*.

[99] Une publication récente (*Campagne de Turenne en Alsace, en 1674*, H. Choppin) établit que les cruautés les plus authentiquement constatées furent le fait des troupes anglaises à la solde de France (se rappeler l'incendie du palais d'Eté pendant la campagne de Chine); que, d'ailleurs, les horreurs commises par les paysans du Palatinat sur nos soldats méritaient les châtiments les plus effroyables.

[100] *Histoire de Savoie*, II, 386. — Cette réflexion a été écrite en 1868 et imprimée en 1869.

[101] Comte de Saluces. — *Histoire militaire du Piémont*.

[102] *Histoire de Savoie*, II, 429 et suiv. — Les journaux de Chambéry et de Genève ont reproduit, en 1871, les détails de cet incident.

[103] Archives de cour à Turin. — *Négociations avec l'Angleterre*, VI, 235. — *Traités publics*, II, 203.

[104] Duc de Saint-Simon. — *Mémoires*, éd. de 1862, t. V, ch. v (année 1709).

[105] Saint-Simon, VI, ch. xx.

[106] Archives du Sénat à Chambéry : *Registre secret ; Correspondance*, etc.

[107] De Flassan. — *Histoire de la diplomatie française*, VI, liv. iv.

[108] Voir les détails de la guerre dans mon *Histoire de Savoie*, III, 72, éd. de 1868.

[109] Voir les détails diplomatiques curieux aux *Traités publics de la maison de Savoie*, III, 161.

[110] *Traités publics*, III, 166.

[111] Voir les détails inédits des préliminaires de la Révolution dans l'*Histoire de Savoie*, III, 127.

[112] Michelet. — *Histoire de la Révolution*, éd. de 1869, III, 468 et 470.

[113] Avignon et le comtat Venaissin, qui appartenaient aux papes, la province depuis 1274 (Philippe le Hardi),

la ville depuis 1348 (Jeanne de Sicile), furent réunis à la France en 1791.

[114] *Histoire de Napoléon Ier*, t. I à III, 1868; IV, 1869; V, 1875. — Voir l'*Histoire de Savoie*, III, 195, à la Note.

[115] *Frontières de la France*, ch. IX.

[116] *Correspondance diplomatique*, I, 376.

[117] Ce document, demeuré longtemps inédit, a été publié par moi en 1869. (*Histoire de Savoie*, t. III. Preuves: Document n° C.)

[118] Voir le Mémoire confidentiel présenté à la Commission diplomatique de la Diète de Zurich par M. Pictet, sous le titre de: *Considérations sur la géographie militaire de la Suisse et de Genève*.

[119] Augoyat. — *Abrégé des services du maréchal de Vauban*, éd. de 1839.

[120] C'est ainsi que Landau et son territoire furent donnés à l'Autriche, qui les céda à la Bavière; que les ducs de Saxe-Cobourg et d'Oldenbourg reçurent chacun un lot de 10,000 habitants sur la rive gauche du Rhin, etc.

[121] Comte d'Angeberg. — *Le Congrès de Vienne et les Traités de 1815*, Paris, Amyot, 1864, t. I. (Négociations de 1813 et de 1814.)

[122] Voir l'*Introduction historique* de M. Capefigue, qui précède les documents publiés par le comte d'Angeberg, t. I, 83.

[123] Première Note du mois de mai 1815.

[124] 4 volumes, 1860, 2e éd.

[125] Dépêche du comte de Caraman au duc de Richelieu, rapportant une déclaration du prince de Metternich.

[126] Voir les documents relatifs à ces négociations dans l'*Histoire de la Restauration*.

[127] Lavallée. — *Histoire des Français*, IV, 657. — *Frontières de la France*, ch. X.

[128] *Histoire de Savoie*, III, 276.

[129] *Mémoires pour servir à l'histoire de mon temps*, VIII.

[130] On se rappelle le mot de ralliement des patriotes danois: *Le Danemark jusqu'à l'Eider!*

[131] *Histoire de Savoie,* t. III, ch. xi et xii.

[132] Qui date de la cession de Vintimiglia par les Génois aux comtes de Provence en 1266.

[133] *Histoire de Savoie,* t. II, p. 17 et 534; t. III, p. 343 et 367. — Rey : *Quelques Mots sur la situation politique de la Savoie avant et après le traité du 24 mars 1860.* — Annuaire des Deux-Mondes, 1858-1859, p. 224.

[134] *Dix Ans d'administration française en Savoie, de 1860 à 1870, d'après les documents officiels et inédits.* — *Études statistiques.*

[135] L'Académie des sciences, dans sa séance du 21 juin 1875, a décerné à ce travail une mention honorable pour le concours de Statistique de 1874. (*Journal officiel* du 24 juin 1875.)

[136] Mes études ayant porté spécialement sur les deux départements de Savoie, je laisse la question de Nice à part.

[137] C'est rendre service à la pudeur publique que de laisser dans l'ombre le nom de ces feuilles et celui de leurs rédacteurs.

[138] Voir les circulaires du Comité républicain de Bonneville (Haute-Savoie) en novembre 1870, et les publications de celui d'Albertville (Savoie) en mars et avril 1871.

[139] Duc d'Aumale. — *Institutions militaires de la France,* 1867.

[140] Napoléon. — *Précis des campagnes du maréchal de Turenne* (8e Observation).

[141] *Le Correspondant* (10 octobre 1872). — L'Allemagne et les Germanisants français.

[142] *De l'Allemagne.*

[143] Préface de sa traduction du *Walstein,* de Schiller.

[144] *Germania,* 1845.

[145] *Études sur la Révolution en Allemagne.* — *Histoire et Philosophie religieuse.*— *Correspondance de Gœthe et de Schiller,* 1859.—*Maurice de Saxe.* — *Essais sur l'Allemagne,* 1869 à 1873.

[146] *Mémoires de lord John Russel,* cités par la Revue des Deux-Mondes du 15 avril 1875.

[147] L. Lefébure : *Études sur l'Allemagne nouvelle*, 1872. — Anonyme : *La Politique prussienne et le Catholicisme en Allemagne*, 1872. — H. de Sarrepont : *Le Bombardement de Paris par les Prussiens en janvier 1871-1872*. — Heinrich : *Les Invasions germaniques en France*, 1870. — Duvergier de Hauranne : *Histoire du Gouvernement parlementaire*, t. IV, p. 437 (*Libération du territoire et Payement de l'indemnité de guerre en 1818*). — Félix Oger : *Les Bonaparte et les Frontières de la France*, 1872. — Anonyme : *La Prusse et la France devant l'histoire*, 2 vol. (Amyot, 1874-1875.)

M. Edouard Hertslet vient de publier à Londres un recueil indispensable à qui veut suivre dans l'imbroglio de l'écheveau diplomatique les traités de paix ou de délimitation qui ont eu lieu depuis 1814, les décrets d'annexion de territoires, les protestations qu'ils ont soulevées, etc., sous ce titre : *The Map of Europe by treaty* (la Carte d'Europe d'après les traités publics). C'est le répertoire complet des documents officiels qui ont amené l'Europe à se transformer de 1814 à 1875.

[148] Ce 4e bataillon dont on a tant parlé, nos ennemis le possèdent, et il constitue dans leur outillage de guerre une puissance d'action que nous n'atteindrons pas. Les publications spéciales, telles que la *Revue militaire de l'étranger*, etc., constatent que, depuis 1872, la création d'un 4e bataillon actif est préparée dans tous les régiments d'infanterie de l'armée allemande, pour le cas de guerre, et que les réserves qui lui sont spéciales sont organisées. Chacun des régiments allemands comprend donc à l'heure présente cinq bataillons à 4 compagnies, dont trois bataillons mobiles pour le service de campagne, un quatrième bataillon de réserve mobile, et un bataillon de dépôt. Le système de levées embrasse tous les hommes de 17 à 42 ans et s'étend, par le fait, à quiconque est en état de porter les armes. Des cadres constitués en permanence permettent de donner aux opérations de la mobilisation une rapidité extrême. (*Gazette de l'Allemagne du Nord*, 18 avril 1875.)

[149] M. Thiers. — *Histoire du Consulat et de l'Empire*. — Voir ce que dit de cet ouvrage M. Lanfrey, dans ses *Études et Portraits politiques*. (Paris, 1864-1865.)

[130] Préface de la *Germania*.

[151] *Histoire de Savoie*, t. III, p. 365.

[152] *Frontières de la France*, p. 42, à la Note.

[153] Texte du traité conclu, le 20 mai 1814, entre les Alliés et la Suisse.

[154] *Annuaire des Deux-Mondes*, 1858-1859, p. 128.

[155] De Saint-Genis. — *Histoire de Savoie*, t. I, 236, 415; t. II, 85, 434, et surtout t. III, p. 366, à la Note.

[156] *Annuaire des Deux-Mondes*, 1850, p. 431.

[157] *Charobert*, comte d'Anjou, arrière-petit-fils d'Étienne V par les femmes, roi de 1308 à 1343, remplaça la dynastie des Arpades; sa propre dynastie fut supplantée en 1386 par un Allemand. Mathias Corvin, roi national, est élu en 1458 en haine des Turcs.

[158] Rawlinson (sir Henry). — *England and Russia in the East*. (Londres, Murray, 1875.)

TABLE DES MATIÈRES

                                                Pages.

Au Lecteur Français........................   v

I. Les frontières naturelles de la France et l'unité française. — L'histoire falsifiée suivant les besoins de la politique est, en Allemagne, une arme de guerre et un moyen de gouvernement. — Comment l'enseignement des écoles de Prusse est organisé pour entretenir le Patriotisme et exalter le sentiment national. — Conséquences actuelles des découvertes de l'érudition allemande. — Les limites naturelles de l'Empire allemand en 1875. — L'Europe entière est menacée. — La Prusse doit écraser la France, ou devenir son amie. — La Russie, arbitre de la paix universelle. — Conditions de cette paix...   1

II. Les Alpes et le Rhin, limites naturelles de la Gaule avant la conquête romaine. — Instincts contraires des races gauloise et germanique. — Les Allemands jugés par les auteurs anciens...   25

		Pages.
III.	Premières invasions des Germains dans la Gaule et en Italie. — Marius délivre la Gaule des Cimbres et des Teutons. — César la défend contre les invasions germaniques. — De l'an 109 à l'an 48 avant l'ère chrétienne....................	33
IV.	Installation militaire des Romains sur le Rhin et le Danube. — Les Gaules catholiques. — Défense de la civilisation contre l'assaut des Barbares. — Les grandes invasions. — De l'an 48 avant l'ère chrétienne à l'an 406 de J.-C.........	41
V.	Les Franks succèdent aux Romains dans la défense des Gaules. — Dynastie des Mérovingiens. — Lutte de la Neustrie (Franks-Gaulois) et de l'Ostrasie (Franks-Germains). — Cinq invasions. — Triomphe des Karolingiens. — De l'an 406 à l'an 814.......................	53
VI.	La Gaule perd ses limites naturelles. — Le traité de Verdun, premier essai d'équilibre européen, a pour but de séparer par un État neutre la France de l'Allemagne. — Lotharingie : son démembrement ; duché de Lorraine ; royaume des Deux-Bourgognes ; royaume d'Arles. — Établissement de l'Empire allemand. — La constitution des grands-fiefs sur la frontière de l'Est ajourne l'unité française. — Dynastie nationale des Capétiens. — De l'an 814 à l'an 1040.......	72
VII.	L'effort des Allemands se porte sur l'Italie. — Dans un intervalle de cinq siècles la France ne subit que deux invasions, vite repoussées. — Les Capétiens reprennent possession de la vallée du Rhône. — Démembrement du royaume d'Arles ; achat du Dauphiné ; échange du Faucigny. — De 1040 à 1355.....................	95

		Pages.
VIII.	Frontières du Nord et de l'Est. — Politique des princes de Savoie, maîtres des portes de l'Italie. — Le duc Charles le Hardy essaie de reconstituer le royaume de Bourgogne et d'Arles sous le nom de Gaule-Belgique. — Politique du roi Louis XI. — De 1355 à 1483.............................	115
IX.	Les guerres de conquête ont toujours compromis l'intégrité territoriale de la France. — Fautes politiques de Charles VIII, de Louis XII et de François Ier. — La Réforme. — Alliances coupables des Huguenots français avec l'étranger. — Progrès menaçants de la maison d'Autriche. — Huit invasions germaniques en soixante-cinq ans. — De 1483 à 1589.......................	124
X.	Importance de la question des Alpes. — Alliance nécessaire de l'Italie et de la France. — Rôle de la Savoie au xvie siècle, de Genève et du Piémont au xviie. — Henri IV et ses plans d'équilibre. — Richelieu. — De 1589 à 1635.........	144
XI.	Politique nationale de Richelieu et de Mazarin. — Nos alliés naturels : Suède, Hollande, Portugal, Suisse, Piémont. — Les traités de Westphalie assurent la puissance de la monarchie des Bourbons. — Retour de l'Alsace et de la Lorraine à la France. — Traité des Pyrénées. — La Suisse, la Savoie, les États allemands de la rive gauche du Rhin deviennent des annexes militaires de la France. — De 1635 à 1660..................	156
XII.	Louis XIV abandonne la politique d'intérêts pour la politique de principes. — Rupture avec les États secondaires. — Invasion de la Hollande. — Coalition de l'Europe. — Traité de Riswick qui rétrécit nos frontières. — Traité d'Utrecht	

qui renverse contre la France l'équilibre des traités de Westphalie. — Le Piémont et la Prusse deviennent des éléments nécessaires du concert européen. — Chacun de leurs accroissements sera fatal à la France. — De 1660 à 1713... 173

XIII. Politique de Louis XV. — La guerre des Alpes recommence au moment où la question d'Italie reparaît. — Politique de M. d'Argenson. — Coalition de l'Europe contre la République française. — Invasion de 1792. — La France reprend possession de ses frontières naturelles. — Le Directoire viole la neutralité de la Suisse. — Paix de Lunéville. — La conquête fait dépasser à la France ses limites naturelles; la coalition de l'Europe les lui fait reperdre. — Invasions de 1814 et de 1815. —.De 1713 à 1815............. 192

XIV. Traités de 1815. — Restauration de la maison de Bourbon. — Rôle confié par la coalition à la Prusse, aux Pays-Bas, au Piémont, pour resserrer et surveiller la France. — Inimitié de l'Angleterre et de la Prusse contre la France. — De 1815 à 1830........................ 215

XV. Révolution de 1830. — Belgique et Hollande. — Révolution de 1848. — Belgique et Savoie. — Révolution d'Italie. — L'unité italienne. — L'annexion de la Savoie et de Nice complète la frontière de l'Est. — Théorie des nationalités. — Progrès de la Prusse. — Danemark. — Confédération germanique. — Autriche. — De 1830 à 1869.. 235

XVI. Guerre franco-allemande de 1870. — 28ᵉ invasion des Allemands en France.—Traité de Franc-

Pages.

fort. — Perte de l'Alsace et de la Lorraine. — Les prétentions européennes de la Prusse et les Cartes de son enseignement scolaire. — De 1870 à 1876... 256

XVII. Conséquences du traité de Francfort, signé en dehors du concert européen. — Danger de cette situation. — Tentatives de rapprochement faites par la Prusse. — Conditions actuelles du désarmement en Europe. — Indépendance des États secondaires. — Rachat de l'Alsace et de la Lorraine. — Neutralité de la France rhénane assurée par le partage de ce territoire entre la Hollande et la Belgique. — Règlement de la question d'Orient. — Rachat et neutralisation du canal de Suez; compensations accordées à la Prusse; attributions des provinces européennes de l'Empire ottoman à l'Empire gréco-hongrois. — Rôle asiatique de la Russie....... 276

XVIII. Conclusions................................... 289

Notes et Éclaircissements.................... 307

Carte de l'Europe centrale d'après l'enseignement prussien.. IV

Carte de la France rhénane attribuée à la Hollande et à la Belgique.............................. IV

Carte générale des invasions germaniques en France... 306

POITIERS. — IMPRIMERIE GÉNÉRALE DE L'OUEST.

OUVRAGES DU MÊME AUTEUR

Soixante ans de l'Histoire de Savoie (1499-1559), in-4° de 107 pages, titre rouge et noir. — Rousseau-Leroy, imprimeur à Arras (1865).

Réflexions sur l'Alesia de Savoie et le chapitre X de l'Histoire de Jules César, plaquette in-8° de 24 pages, tirée des *Mémoires de la Société de Statistique et d'Archéologie de la Drôme*. — Chenevier et Chavet, imprimeurs à Valence (1867).

Les Femmes d'autrefois : Jacqueline de Montbel, veuve de Coligny (1561-1599), in-16 de 157 pages, papier de Hollande, titre rouge et noir. — Rousseau-Leroy, imprimeur à Arras; Didier, éditeur à Paris (1869).

Saint François de Sales et son Temps, in-18 de 100 pages. — Pouchet, imprimeur à Chambéry (1869).

Histoire de Savoie, d'après les documents originaux, depuis les origines jusqu'à l'annexion de 1860, 3 volumes in-8° de 520, 560 et 622 pages, avec cartes, tableaux et tables alphabétiques. — Bonne, Conte-Grand et Cie, imprimeurs et éditeurs à Chambéry (1869-1870). [*Ouvrage couronné par l'Académie française*, et désigné par le Ministre de l'Instruction publique pour faire partie des bibliothèques scolaires et être donné en prix dans les lycées.]

Manuel du Surnuméraire de l'Enregistrement, des Domaines et du Timbre (dixième édition), in-8° de xxi-604 pages. — Radenez, imprimeur à Montdidier; Delamotte, éditeur à Paris (1873). — En préparation : la onzième édition.

Le Général de Boigne (une page inédite de l'histoire des Indes), in-8° de 438 pages, avec un portrait et 2 cartes. — Dupré, imprimeur à Poitiers (1873).

EN PRÉPARATION :

L'Administration française en Savoie de 1860 à 1870, études financières, administratives, commerciales, agricoles et statistiques, présentant l'état économique et social de l'ancien duché de Savoie en 1859 et des départements de la Savoie et de la Haute-Savoie en 1869, d'après les documents officiels analysés dans les archives des divers services publics; 1 volume grand in 4°, avec 210 tableaux. (Manuscrit *honoré d'une mention par l'Académie des sciences*; concours de Statistique de 1875.)

En vente chez E. DENTU, Éditeur

COMTE BEUGNOT. — **Mémoires** (1783-1815), publiés par son petit-fils le comte Albert Beugnot, 2 volumes in-8°.   12 »

BIGNON. — **Souvenirs d'un diplomate** (1811-1813), avec une préface par M. Mignet. 1 fort volume grand in-18. .   3 50

DE BOURGOING. — **Souvenirs d'histoire contemporaine.** Épisodes militaires et politiques, 1 volume in-8°. . . .   7 »

MARQUIS DE BOISSY. — **Mémoires** (1798-1866), rédigés d'après ses papiers, par Paul Breton, 2 volumes in-8°. . .   10 »

D'ALBANÈS-HAVARD. — **Voltaire et Madame du Châtelet.** Souvenirs intimes, 1 volume grand in-18. . . . .   3 »

C. DESNOIRESTERRES. — **Les Cours galantes.** Histoire de la société polie du XVIIIe siècle, 4 volumes in-18. . .   12 »

PH. AUDEBRAND. — **Souvenirs de la tribune des journalistes** (1848-1851), 1 volume grand in-18. . . . . .   3 »

DE LESCURE. — **Nouveaux Mémoires du maréchal duc de Richelieu** (1696-1788), 4 volumes grand in-18 jésus. .   14 »

CHAMPFLEURY. — **Souvenirs et Portraits de jeunesse**, 1 volume grand in-18. . . . .   3 50

F. DE LAMENNAIS. — **Œuvres inédites.** Correspondance et mélanges philosophiques publiés par A. Blaise, 2 volumes in-8°.   14 »

GAILLARDET. — **Mémoire sur la chevalière d'Eon**, la vérité sur les mystères de sa vie d'après des documents inédits, 1 volume in-8°. . . . .   6 »

MARIE-ANTOINETTE. — **Correspondance inédite**, publiée sur les documents originaux par le comte Paul Vogt d'Hunolstein, 5e édition, 1 volume in-8° avec portraits et fac-simile.   8 »

MARIUS TOPIN. — **L'Homme au masque de fer**, 1 vol. in-18.   3 50

ALF. MICHIELS. — **Histoire des idées littéraires** au XIXe siècle, 4e édition, 2 volumes in-8°. . . . .   12 »

BAUDOT. — **Napoléon Ier peint par lui-même**, 1 volume grand in-18. . . . .   3 »

MARQUIS DE VALFONS. — **Mémoires et souvenirs du règne de Louis XV**, 1 volume grand in-18. . . . . .   3 50

MARQUISE DE LAROCHEJACQUELEIN. — **Mémoires sur les guerres de la Vendée**, 2 volumes grand in-18 jésus, ornés de gravures et cartes. . . . .   6 »

DE TALLEYRAND. — **Souvenirs intimes**, recueillis par Amédée Pichot, 1 volume grand in-18. . . . . . .   3 50

VIENNET. — **Histoire de la puissance pontificale**, 2 volumes in-8°. . . . .   10 »

POITIERS. — IMPRIMERIE GÉNÉRALE DE L'OUEST.

www.ingramcontent.com/pod-product-compliance
Lightning Source LLC
Chambersburg PA
CBHW060503170426
43199CB00011B/1307